역사는 진보하는가

윤명철 지음

학연문화사

역사는 진보하는가

2013년 5월 6일 초판 1쇄 인쇄
2013년 5월 10일 초판 1쇄 발행

지은이 · 윤명철
펴낸이 · 권혁재

편집 및 디자인 · 박현주
출력 · 엘렉스프린팅
인쇄 · 한영인쇄

펴낸곳 · 학연문화사
등록 · 1988년 2월 26일 제2-501호
주소 · 서울시 금천구 가산동 371-28 우림라이온스밸리 B동 712호
전화 · 02-2026-0541~4
팩스 · 02-2026-0547
E-mail · hak7891@chol.net

ISBN 978-89-5508-297-5 03900
ⓒ 윤명철, 2013
협의에 따라 인지를 붙이지 않습니다.

책값은 뒷표지에 있습니다.
잘못된 책은 바꾸어 드립니다.

역사는 **진보** 하는가

윤명철 지음

학연문화사

서 문

역사
영원히 풀릴 길 없는 화두인가?

효봉선사는 멸(滅)을 좇아 생(生)을 맺으면서
한 덩어리의 돌과
그 속에 쏟아 넣은 글귀를 남겨 놓았다.

사자평을 바라보는
효봉의 법은 이렇게 말하고 있다.
그리고
돌덩이를 굽어보는
나의 혀는 저렇게 말하고 있다.

─

구름은 서쪽으로 날고 햇살은 동쪽으로 흐른다고 했지만
나는 東으로 西로 때없이 날며
천지 사방에다 나의 어린 마음을 뿌려댄다.
숨결이 있든 없든 간에 ─

法이야
때로는 있기도 하고 없기도 하는데
철없는 마음이야
한 번 품으면
구천을 떠돌아도 멸하는 법이 없도다.
―

껄껄껄

효봉이 들으면 정말 웃기는 소리로구나

그래
그래도 이건 나의 소리, 내 마음이란다.
마음이 법(法)을 낳는다고 했으니
법이
도리질을 해도
이건 마음이란다.

하늘은 울고
나는
신나게 웃는구나 ― .

  어제도 흐르고 오늘도 흐르고 그리고 내일도 역사는 흐른다. 그러고 나는 그 길고 한없을 것 같은 흐름 속에서 찰라를 채울 뿐이다. 그런데도 나의 삶은 왜 이리도 힘이 들고 고통스러운지 모르겠다.
  애당초 나의 삶이 남의 삶으로, 나의 고통보다는 남의 고통을 알고 이해하고자 하는, 삶의 구체성보다는 본질적인 것이 더 절실한 삶이었는데 요즈음의 어려운

나의 생활은 점점 나의 문제로 관심을 더 기울어지게 하는 것 같다. 그런데 바로 이러한 시기에 걸맞지 않게 이 책이 나오는 것이 왠지 나의 세상에 대한 행보와 눈길을 곤혹스럽게 한다. 하지만 나는 지금껏, 어린 날부터 공인으로 살아왔고 세상과의 관계성 속에서 나를 키워왔다. 때때로 마음이 약해지지만 그래도 역시 나는 지금껏 살아온 방식을 고집할 수밖에 없을 것이다.

주위를 둘러본다.
아우성 소리뿐이다. 대부분은 걷잡을 수 없는 혼돈의 도가니 속에서 뜻 없이 비명을 지르면서 죽음을 향해 돌진하고 있고, 또 한 무리들은 그 도가니 속에서 벗어나려고 기를 쓰며 허공에 매달린다. 그리고 정말 적은 한 줌의 무리들은 그 혼돈의 정체가 무엇인지 알려고 혼돈 속을 휘젓고 다니며 무의미해 보이는 몸짓을 하고 있다.
현재에 사는 우리 민족에게 절실하지 않은 문제는 아무것도 없다.
내부적으로는 인간성의 상실과 논리와 명분의 파괴, 그리고 인간들 사이의 온갖 불평등, 인간을 억압하는 사회의 분위기와 제도들이 있다. 외부적으로는 우리의 행보를 부자유하게 하고 자주적인 역사 발전을 억압하는 국제질서가 있다. 국제질서가 재편되어가는 지금 어쩌면 우리의 의사와는 무관하게 우리 집단의 운명이 결정되었는지 모르는 기막힌 상황 속에 있다.

도대체 우리는 무엇을 어떻게 해야 하나?
도대체 개체인 나는 우주의 한 분자로서 어느 곳에 위치를 설정해야 하고 어떠한 삶을 살아야 하나?
또 역사라는 도도하고 유장한 흐름 속에서 찰라의 미미한 물결을 채우는 나는 역사와의 관계성 속에서 어떠한 역할을 해야 하는지?

삶이란 무엇인가?
민족이란 무엇인가?

인간이란 무엇인가?
우주란 무엇인가?
역사란 무엇인가?
그리고
진보란 무엇인가?
진보란 법의 또 다른 한 표현인가?
각자(覺者)들의 법(法)이란 역사에서 어떠한 모습으로 투영이 되는지?

이러한 의문들은 이 시대 우리들 모두에게 부과된 매운 業의 한 덩어리였다.
하지만 이런 의문들을 푸는 것은 차라리 쉬웠다. 해답의 실천과 차질 없는 집행이 더 큰 어려움이었다. 아마도 그것이 역사가 철학이나 종교와 다른 점이겠지? 상구보리(上求菩提) 하화중생(下化衆生)의 보살도는 역사의식의 발로일 것이다.

홍익인간(弘益人間)
그것은 말하는 사람들에 의해, 혹은 시대와 상황에 따라 각각 그 표현된 모습이 달라졌을 뿐이지 결국은 인간이 추구하고 실천하고자 하는 자유의 획득과 인간의 해방에 다름아니다. 오늘날 인간들은 홍익인간이라는 말에 부정하고 싶은 과거의 곰팡내가 난다고 해서 색다른, 세련되게 포장된 단어들을 빌어다 쓰고 있다. 그리고 나 역시 이 시대를 채우는 또 하나의 물결 속에 몸을 맡기고 있기에 비슷한 짓거리를 한다.
진보란 홍익인간의 또 다른 표현이다. 저 먼 옛날 환웅이 가져온 홍익인간은 이제 오늘날 진보란 이름이 되어 이 시대 이 땅에서 살고 있는 사람들의 진한 바람과 고통과 좌절을 담고 있다.

인간의 역사는 과학적으로 단정지을 수 없을 만큼 오래 전에 시작되었다. 그리고 우리 민족도 이 땅에 정착하기까지, 그리고 이 땅에 정착한 이후 오늘날까지 오랜 역사 속에서 신바람나고 피눈물 흘리는 다양한 경험을 간직하고 있다. 냉정하게 과거를 반추해 보면 민족사나 인류사에 있어서 현재보다 더 암울하고 격동기였던 시기는 많이 있었다. 그런데도 불구하고 우리는 현재야말로 역사의 격동기이고 가장 어려운 시기로 생각한다. 당연한 일이다. 인간은 장구한 역사 속에서 단위시간 속에 존재하는 제한된 존재로서 우주에 잠깐 몸을 드러내기 때문이다.

'역사학은 인간학(人間學)'인 것이다. 물론 인간을 다룬 모든 학문 가운데서 진수를 선정한 것이 역사학이지만 그렇다고 해서 인간학에서 완전히 독립해 있는 분야는 아니다.

역사학은 인간에 대한 기본적인 이해가 선행되어야 한다. 가장 궁극적이고 본질적인 것은 아니라 해도 왜 인간은 존재해야 하는지, 인간은 무슨 의도와 목적을 가지고 역사를 창조해 왔는지에 대해서 이해를 해야 한다. 역사 활동의 주체에 대한 이해 없이 역사를 이해할 수 없는 것이다.

역사학은 또한 인간의 삶에 대해 총체적으로 이해해야 한다. 각개 분야의 삶 속에서 특정 부분만을 선택하거나 특정 요인만을 강조해서는 정확성이 결여된다. 그리고 다양한 요인을 인정한다 해도 그들을 단절된 것들의 통합으로 파악해도 문제가 있다. 역사 활동의 다양한 모습들을 관계성 속에서 통일적으로 파악해야 한다.

역사학에 대한 이러한 요구에도 불구하고 실제 풍토는 그렇지 못한 것이 현실이다. 당위와 현실이 반드시 일치하지 않기 때문일까? 역사학의 본질 혹은 역사를 이해하는 전제로서 인간에 대한 역사학자들의 이해는 의외로 부족하며 그에 대한 인식도 진중한 편은 아니다. 그것은 일차적으로 역사학자들의 나태함과 역사학의 임무에 대한 직무유기 때문이리라. 그러나 그것보다 더 직접적인 요인이자 영향력을 갖고 있는 풍토는 '식민주의'이다.

타(他)의 논리와 역사적 경험을 여과없이 차용하여 수용하며 그것으로 자신의 삶과 역사를 재단하려는 식민주의의 풍토 속에서 역사학자들의 적극적인 저항이 다소 어려웠을 것이라는 현실에 연민을 느낀다. 특히 근대 이후의 역사는 더욱 그러하다.

민족의 개념을 어떻게 설정하든 이 땅에서 다수의 인간들이 삶을 영위하며 그들 나름대로의 역사를 이루어 왔다. 그리고 지금도 이 땅에서 우리들이 주체가 되어 역사를 이루어 가고 있다.
우리는 우리의 몸으로 역사를 마주해야 한다.
우리는 우리의 가슴으로 역사의 아픔을 느껴야 한다.
우리는 우리의 머리로 역사에 대한 고뇌를 해야 한다.
그리고 그것을 우리말로 표현해야 하고 우리의 글로 기록해야 하며 우리의 마음으로 이해해야 한다.

역사에서 사실의 발견 확인과 함께 중요한 것이 해석이다. 그것은 역사가 인간에게 살아가는 명분과 논리를 제공하기 때문이다. 인간을 가장 잘 해석할 수 있는 것은 신도 자연도 아니고 오로지 인간이다. 역시 우리를(그 우리가 민족이든 문화집단이든 국가든 상관은 없다) 가장 잘 해석할 수 있는 것은 우리밖에 없다. 책임감과 운동 방식의 일치, 그리고 숨겨진 정서를 파악할 수 있기 때문이다.

필자는 이 책에 4개의 논문을 싣고 있다. 3편의 논문은 이미 발표된 것에 약간의 손질을 거쳐 그대로 실은 것이고, 첫 번째에 실린 「진보란 무엇인가?」는 이 책을 위해서 새롭게 쓴 것이다.
이 글들은 많은 한계를 가지고 있다. 논리가 허술하며 이론 전개에 다소 미숙성을 보이기도 한다. 여기에는 여러 가지 이유가 있겠지만 인용문이 매우 적고, 전개된 이론에 대한 구체적이 예가 부족한 것도 크게 작용하리라 여겨진다. 또한 논리의 전개가 다소 생경한 느낌을 주는 것도 한 이유가 되리라.
그 외에도 추상적이고 지나치게 관념적인 것도 한계로 지적될 수 있다. 그러나 이 글이 논지가 애매모호하거나 실체가 불분명한 것은 아니다. 단지 구체적인 사실의 나열이 적고 방법론의 제시가 비가시적이며 현실에 직접적으로 적용할 수 있는 것이 아니기 때문이다. 특히 진보를 다룬 글에서는 진보의 상태와 실천의 방법을 구체적으로 제시하지 않았다. 그것은 이 글의 목적도 아니었고, 현 단계로서는 불필요한 작업이라고 판단되었기 때문이다. 이 글은 시론적인 성격이 강하고, 또 태산을 오르기 위해 이제 막 떼어 놓은 첫 발자국이기 때문이다.

역사를 이해하고 분석하는 데 중요한 수단이 되는 것은 현상이다. 인간은 본질이 어떠하든 인간의 몸을 빌어 우주에 그 구체적인 모습을 드러냈고 그것을 통해 우주의 한 부분이 되기 때문이다. 그러나 그것은 궁극적인 본질과 근본에 대한 인식 내지 체득을 전제로 한 것이다. 본질에 대한 최소한의 이해와 공감대 없이 현상에만 매달리는 것은 각론에 집착하여 총론을 소홀히 하는 것과 같다.

첫 번째 논문인 「진보란 무엇인가?」는 기존의 진보에 대한 견해나 진보에 대한 접근 방식을 그다지 염두에 두지 않고 진보 그 자체를 대상으로 해서 필자의 생각을 기술하는 방식을 취했다. 인간의 역사는 진보를 실천해 가는 과정이고, 그것은 존재와 인식 사이에서 발생하는 불일치를 일치로 전환시켜 가는 과정이다. 그리고 인간에게 주어진, 또는 인간이 스스로의 의지에 의해 선택한 진보의 과정은 양·질의 측면이 모두 중요하지만 주체인 인간의 입장에서 보다 의미를 가지는 것은 질이다. 그리고 진보를 실천하는 데 있어 진보의 실천 의지뿐만 아니라 발산된 운동의 배합 비율도 중요하다. 특히 운동량이 과도하게 발산되는 현재의 입장에선 더욱 그러하다.

두 번째, 「사관이란 무엇인가?」는 일차적으로 역사에 대한 개념 이해를 기초로 하고, 역사 해석의 도구이자 그 산물인 사관을 구성하는 요소들을 분석해 보았다. 특히 주체를 집행주체와 수혜주체로 구분하여 주체의 의미를 더욱 부각시켰다, 이 글에서 다룬 것 외에도 시간, 공간의 문제, 경험의 문제,

법칙의 문제 등 많은 것을 다음 기회로 미루고자 한다. 사관에 관한 기존의 훌륭한 글들이 많음에도 불구하고 이 논문을 쓰는 과정에서는 의도적으로 멀리했다.

세 번째, 「역사 활동에서 나타나는 운동의 문제」라는 글은 「진보란 무엇인가?」의 전신에 해당하는 글이다. 역사에서 운동의 측면을 강조하고 그 운동의 발생 동인과 과정, 그 목적 등을 살펴본 것이다. 역시 완결되지 못한 논문으로서 다음에 구체적으로 논하고자 한다. 특히 음양오행론, 이기론 등 구체적인 동양사상 속에서 운동의 이론을 전개시키고자 한다. 후반부는 빠른 시일 내에 손을 대고 싶다.

네 번째, 「역사학 연구대상으로서의 민속」. 이 글은 역사에 대한 본질적인 이해와 민족주의 역사학의 모습은 무엇이어야 하는가를 생각하는 과정에서 나타난 산물이다. 인간의 역사상, 특히 특정 시대, 특정 공간, 특정 계급들만의 역사가 아닌 모든 사람들의 역사상을 복원하기 위해서는 민속이 역사학 연구 영역 속으로 적극적으로 편입되어야 함을 말하고 있다. 또한 민족의 자주가 위협당해 온 경험을 간직한 우리에게 있어 민속이란 민족의 역사 복원에 유용한 도구가 된다. 민속은 민족과 계급의 문제를 동시에 해결해야 할 과제를 지닌 우리들에게 많은 것을 시사해 준다.

머리말을 쓰다 보니 공연히 길어졌다. 머리말은 물론이고 본문의 내용에 있어서도 내용이 부족하고 비약이 있으며 다소 치기어린 모습이 보여진다 해도 깊은 이해와 아량을 부탁드린다. 역사학도이기에 앞서 한 인간으로서, 이 시대를 힘겹게 살아가는 한 사람으로서 역사와 역사학에 대한 고뇌를 풀이하고 싶었기 때문이다.

재판 서언

그 때
효봉의 法網 날 에워쌌다.
하산한 妙音
내 맘과 만나 살 섞었다.
그늘에 스민 흰보라빛 문신
만지작거리며
또
법 결 찾는다.

또 다시 20여 년의 세월이 흘러갔다.
아니 그 역사 위에 또 다른 역사가 덧씌워졌다고나 할까?
그 무렵 한국 사회는 또 다른 상황이 도래하고 있었다.
　사회도 사람도 달라졌지만, 생각도 달라졌고, 사상도 급하게 달라지고 있었다. 우리 선배들도 자신들의 시간과 경험을 남다르게 생각하고 시대적인 사명감에 벅차했을 것이다. 물론 그러한 열정과 자신감 때문에 본의 아닌 오판이나 교만, 크지 않은 사고도 저질렀을 것이다. 그 시절의 젊은이들도 마찬가지였다. 한 가지 다른 점이 있다면 덜 겸손했고, 심지어는 전 시대를 멸시하는 태도를 보였다는 것이다.
　그 시절에 많은 이들이 떠올렸고, 사용하였고, 그 후에 다양한 색깔로 덧칠해진 단어가 진보이다. 지금도 한국 사회는 진보라는 단어와 개념을 놓고 혼동을 일으키고 있으며, 이 단어는 언설 이상으로 정치와 권력과 불가분의 관계를 맺고 있다. 경이로운 일이다. 한 단어 또는 말을 놓고 이렇게 수십 년 동안 제각각 편하게 해석하면서 이용해먹는 풍토가 존재한다는 것은. 공감대를 찾으려는 노력도 없이 말이다. 교활한 건지, 무지한 건지, 순수한 건지는 모르지만.

그 무렵 난 박사과정에 있으면서 대학교에서 역사를 강의하고 있었다. 대학가는 역동적이면서도 새로움을 추구하고, 문제를 해결하려는 의지와 정의감이 넘쳐 흐르는 분위기였다. 지적 르네상스 운동이라도 일어날 듯한 분위기였다. 그 가운데에서 금기시되었던 마르크스주의, 즉 유물사관에 대한 갈증과 필요성이 커져 갔다. 수요가 급증한 가운데, 그래도 조금 공부한 전력이 있다고 평가되어 유물사관, 정확하게 표현하면 역사철학을 강의하기 시작하였다. 그때도 지금도 마찬가지이지만, 내 성격상 남의 이론을 그대로 수용할 수는 없었다. 더구나 보편적인 개념과 일상적인 단어인 진보를 어느 특정한 유파나 집단 세력의 전유물로 보고 전파하기는 싫었다. 그리고 그것이 우리의 삶과 역사 속에서 우러나온 것이 아니라면 더욱 그랬다. 그래서 진보를 놓고 사회 통념이나 지적 눈치의 부담이 없는 논의를 시작했으며, 다만 가능한 한 우리 삶과 역사 속에서 논리의 틀을 길어올리려 의식했다. 서툴렀지만 아무튼 그 결과가 이 책에 실린 몇 편의 논문들이다.

이 책에서 역사와 진보 등에 대한 이론들을 전개했는데, 물론 기본적인 몇 가지 틀과 지식을 제외한 나머지 내용들은 필자의 독자적인 생각이고 이론들이다. 물론 우리 역사 속에서 찾아낸 것들이지만 말이다.

난 90년대 초엽 그 시절이 가진 의미와 가치가 얼마나 중요한가를 본능적으로 깨닫고 있었고, 이 전환기를 긍정적이고 미래지향적인 토대로 만들어야 할 사명감을 느꼈다. 이 책에 실린 글들을 불쏘시개로 삼아 진보에 대한 근원적인 질문이 생겨나면서 논쟁과 토론들이 난무하길 바랬다. 난 순진했다. 또 세상의 수준에 대한 기대치가 터무니없이 높았다. 그리고 시대 상황을 제대로 진단하지 못했었다.

그 후 한국 사회는 진보라는 이름을 내걸고 다양한 논쟁들과 정치투쟁,

사회운동들이 이루는 거대한 물결에 뒤덮혔다. 거기에는 다른 어떤 것도 끼어들 수 없었다. 보수라는, 또는 극우라는 이름을 갖고 있는 세력들도 숨죽이는 판에 내가 지향하는 어정쩡한 소리와 색깔은 싹도 틔워보지 못한 채 움 속에 내내 묻혀 있을 수밖에 없었다. 그 때 만약 진보에 대한 진정한 탐구와 논쟁들이 벌어졌다면 지금 한국 사회가 갖고 있는 많은 문제점들(이루 말로 할 수 조차 없는 비루한 현실들이다.)은 많은 부분이 해소됐거나 애당초 발생하지 않았을지도 모른다. 모두 정치를 했다. 아니 권력들을 탐했다. 그래서 여러 종류의 권력들이 생겨나고, 색다른 종류의 권력자들이 창궐했다. 많은 이들은 자신들을 누르는 더 많은 권력자들이 생겨난 것을 나중에야 깨닫기 시작했고, 서둘러 그 대열에 합류하기도 했다.

난 다시 진정한 의미의 진보논쟁이 벌어지길 희망한다.

근래에는 또 다시 '진화'라는 정체불명의 단어들이 횡보하고 있지만, 진보는 인류 역사의 첫 출발부터 있었던 개념이 아닌가? 진보는 말 그대로 평범하게, 나아진 상태로 좀 더 앞으로 나아가는 것을 말하는 게 아닌가? 편안한 삶, 가치있고 의미있는 삶, 아름다운 삶을 실현시키도록 하는 움직임이 아닌가? 옛날부터 선인들, 환웅이나 석가모니, 공자나 예수 등이 추구해온 삶이 바로 진보 아닌가? 우리가 진보해야 한다면 진보가 무엇인가, 왜 존재해야 하는가, 어떻게 실현시켜야 하는가를 놓고 우린 진정으로 고민해야 한다.

난 그때 낸 책에서 나름의 시도를 해왔다. 역사에 대한 나의 견해를 피력했고, 주장했다. 그 후 그 틀에서 크게 벗어나지 않은 상태로 같은 주제에 매달렸고, 그러한 생각을 기준으로 역사와 인간을 해석해 왔다. 그러한 연구 성과들은 다양한 형태의 이론과 몇몇 논문이나 책으로 발표되었다. 이제 그 작업의 과정과 성과들을 토대로 다시 정공법을 쓰면서 역사와 사상, 진보 문제에 접근하려 한다. 주체, 시간, 공간, 의미, 운동성, 배합비율론 등등 다양한 주제와 소재들이 있다. 그러한 작업을 완수하기 위해 난 20여 년 전에 출판했던 이 책을 다시 세상에 내놓는다. 그리고 싹 틔우려다 굳어버린 씨앗을 제물로 올려놓고 새롭게 책을 쓸 것이다. 다른 여러 문제들이 있고, 집필 계획들이 있어서 단시일 내에 완성되기는 힘들지만, 반드시 오래지않아 세상에 내놓을 것이다. 왜? 시대가 필요로 하기 때문이다. 비록 오래 전에 나온 글이지만, 세상의 소수라도 잘 읽어서 비판과 조언을 해 준다면 힘을 얻고 더 매진할 것이다.

2013. 5. '間'에서

목 차

진보란 무엇인가?   **23**

  Ⅰ. 머리말   25

  Ⅱ. 진보에 대한 일반적 개념(개념과 용례)   30

  Ⅲ. 진보의 발생   40
    1. 운동성   40
      1) 운동성의 소유
      2) 발생의 동인
        (1) 두 힘의 작용
        (2) 두 힘의 구체적 성격
      3) 운동의 목적과 내용 - 역사과정
        (1) 역사적 존재로서의 자각
        (2) 소외.괴리에 대한 자각
        (3) 극복의지의 자각
        (4) 상황
    2. 진보의 발현과정 - 갈등과 합일의 모습   74
      1) 자연과의 갈등과 합일
        (1) 신체적 능력의 강화
        (2) 정신적 능력의 강화(관념의 변화)

17

                (3) 문화적 적응, 노동
            2) 사회와의 갈등
                (1) 내부갈등 · 계급모순의 발생
                (2) 대외관계 갈등 -민족모순의 발생
            3) 인간 개체간의 갈등
                (1) 인간의 본성
                (2) 시공간의 지양
                (3) 시공간의 확대 연장

Ⅳ. 진보의 개념   106
    1. 진보에 대한 견해   106
        1) 개념상의 혼돈
        2) 주체에 대한 혼돈
    2. 주체의 문제   112
        1) 주체의 성격(집단 속에서)
        2) 주체의 성격(역사 속에서)
        3) 가치척도

Ⅴ. 진보의 질   122
    1. 질의 내용   122
        1) 경제
            (1) 생산물의 양
            (2) 분배과정
            (3) 소비절차
        2) 정치
            (1) 관리 조직의 형태와 기능
            (2) 계급의 유무

3) 정신
　　　　(1) 개체의 정신
　　　　(2) 종교의 형태
　　2. 진보의 달성방법　　　　　　　　　　　　145
　　　1) 주체의 역량 강화
　　　2) 목적의 설정
　　　3) 운동성의 소유

Ⅵ. 맺음말　　　　　　　　　　　　　　　　155

사관이란 무엇인가?　　　　　　　　　　　**161**

Ⅰ. 머리말　　　　　　　　　　　　　　　　163

Ⅱ. 사관의 개념　　　　　　　　　　　　　　165

Ⅲ. 사관 성립의 요소와 내용　　　　　　　　170
　　1. 역사 활동의 이해　　　　　　　　　　170
　　　1) 주체
　　　2) 대상체
　　　3) 단위
　　2. 역사 기록에 대한 이해　　　　　　　　189
　　　1) 기록의 주체
　　　2) 기록의 수단
　　3. 학문으로서의 역사　　　　　　　　　　197
　　　1) 역사학 구성의 소개념들

(1) 시간
　　　(2) 인과관계
　　2) 역사학의 역할
　　　(1) 사실의 규명
　　　(2) 역사의 해석
　　　(3) 방법론의 제시

Ⅳ. 사관의 기능과 역할　　　　　　　　　　214
　1. 사관의 순기능　　　　　　　　　　　　214
　　1) 질서화와 범주화
　　2) 일체감획득의 유도
　　3) 미래예측지표
　2. 사관의 역기능　　　　　　　　　　　　220
　　1) 일반성 강조
　　2) 객관성 상실

Ⅴ. 맺음말　　　　　　　　　　　　　　　　224

역사 활동에서 나타나는 「운동성」 문제　　　**225**

Ⅰ. 머리말　　　　　　　　　　　　　　　　227

Ⅱ. 운동성의 문제　　　　　　　　　　　　　228

Ⅲ. 존재를 구성하는 두 힘　　　　　　　　　235
　1. 상대적인 두 힘　　　　　　　　　　　　235

   2. 운동성 속의 두 힘   241

  Ⅳ. 역사 속의 운동성   247
   1. 출발 - 선구성   247
   2. 진행과정 - 상황   250
   3. 도달점 - 목적 지향성   254

  Ⅴ. 맺음말   257

역사학 연구대상으로서의 민속   **259**

  Ⅰ. 머리말   261

  Ⅱ. 역사 활동으로서의 민속   264

  Ⅲ. 민속의 발생과 그 특성   271

  Ⅳ. 민속의 기능과 역할   280

  Ⅴ. 맺음말   283

진보란 무엇인가?

Ⅰ. 머리말

"인류의 역사는 진보해 왔다."

이 말은 역사학은 물론이고 모든 이들에게 당연하게 인식되며 논의되고 있다.

존재물과 인간의 활동물인 역사가 운동하고 있다는 것을 기본 명제로 할 때 이것을 바탕으로 성립한 운동의 방향(方向)과 질(質)에 대한 논의는 당연하다.

진보라는 말은 그 속에 담긴 내용이 어떠하든간에 이미 인간의 활동과 그것의 방향이 인간에게 유리한 것이라는 것을 전제로 삼고 있다. 그러므로 인간은 진보에 대해 고대로부터 현대에 이르기까지 어떠한 형태로건 관심을 가져왔고 그것을 자기 방식대로나마 실천해 왔다.

특히 현대에 이르러 인간들은 자신의 운명을 소수의 대리인들이 아니라 모두의 책임으로 인식하고 행위의 적극적인 주체가 되고자 한다. 그리고 역사 활동에서 그 발전 법칙을 찾고자 하는 노력을 기울이고 있다. 이러한 일련의 흐름 속에서 인간은 자신의 삶의 방식을 결정짓는 진보에 대해서 강한 관심을 표시하고 있다. 말하자면 역사의 주체 자리를 회복하고 그것의 바람직한 구현을 위해 적극적인 태도를 취하는 것이다.

진보에 대한 희구와 실천 노력은 동·서양을 막론하고 역사의 초창기부터 현재에 이르기까지 다양한 형태로서 꾸준히 지속되어 왔다. 그러나 오늘날 우리가 이해하고 있는 형태로서의 진보란 서양의 근대사와 함께 맥을 같이 한다.

서양사의 경우 중세를 통하여 인간의 역사는 단지 신(神)의 목적론만으로 이해되어, 외견적으로는 무질서한 사건의 연쇄에 불과했다. 그러나 중세가 끝나고 역사의 주체 자리를 신 대신 인간이 차지하고 난 다음 새로운 시대가 도래하면서 전 시대와는 다른 질의 진보 신앙이 나타나게 되었다. 엥겔스는 '인류가 그렇게 경험했던 것은 가장 위대한 진보적 혁명이었으며, 그것은 사고력, 열정, 개성, 다재다능함과 박학함을 갖춘 거인들을 요구하고 그들을 생산하던 시대였다'고 이 새로운 시대를 평하고 있다.

자연과학의 발달과 지리상의 재발견에 힘입어 서구인들의 해외 진출이 활발해졌다. 이어 산업의 발달과 식민지의 경영을 통해서 부를 축적한 유럽은 자본주의의 발달이라는 새로운 단계로 접어들었다. 자본주의의 운동은 내부에서뿐만 아니라 밖으로 팽창하여 외부 세계에 대한 침략의 형태로 나타났다. 식민지적 경영이 직전 시대보다 더욱 조직적이고 잔인하게 행해졌다. 유럽인들에게는 이러한 시기가 진보가 훌륭하게 실천되는 시기로 인식된 것이다.

이러한 진보의 신앙은 영국의 번영으로 힘과 자신감이 최고조에 달했을 때 절정에 이르렀다. 영국의 저술가와 역사가들은 이 신앙의 가장 열렬한 신봉자들이었다. 뿐만 아니라 프랑스의 계몽사상가들 역시 인간의 역사는 다소 우여곡절을 겪는다 해도 필연적으로는 거의 일직선상으로 진보해간다고 믿었다[1].

그러나 서구 문명의 한계가 노정됨에 따라 진보에 대한 신앙에도 회의가 생기기 시작했다. 칸트는 진보에 대한 믿음을 가지고 있었음에도 불구하고 그의 『영구평화론』에서 서구 문명에 대한 강한 비판의 어조를 띠고 있다. 그리고 슬라브족의 니콜라이 다니레프스키(Nikolai Danilewskij) 역시 「러시아와 유럽」이라는 논문에서 서구의 진보에 대해 강한 회의를 표하고 있으며,[2] 뒤를 이어 1차세계대전 직후 슈펭글러 등은 서구의 진보 사관에 깊은 회의를

---

1   이찌이 사브로,『역사의 진보』, 편집부 역, 지양사, 1983, 24쪽에서.
2   니콜라이 다니레프스키는 12개의 문화 유형을 만들어 서구 중심의 역사 발전에서 러시아 문명의 역할에 대해 기술 했다.

표명했다. 현재에는 서구인 자신에 의해, 그리고 서구에 의해 침략을 당해 왔던 비서구권에 의해서도 일반적으로 진보에 대한 회의적 평가의 경향이 강하다.

그러나 그럼에도 불구하고 진보는 그 말이 갖는 의미(意味)와 운동성(運動性) 등으로 인하여 인간에게 끊임없는 관심과 환상을 불러일으키고 있다. 19세기의 역사주의에서는 18세기 계몽주의 시대의 진보 개념과는 다르나 역사에서의 발전과 진보를 주장하고 있다.[3] 현대에는 진보가 가진 힘의 논리를 먼저 실천함으로써 발전의 토대를 이룩한 서구 집단의 일부는 물론이거니와, 역설적으로 그들에 의해 삶의 방향과 질이 왜곡되어 왔던 비서구권도 다양한 형태의 억압으로부터 해방되기 위한 목적에서 진보의 욕구와 실천을 더욱 강하고 급하게 요구하고 있다.

오늘날 한국 사회는 진보의 상태를 바라고 있고 그것의 실천을 위해서 질의 높고 낮음에 관련 없이 엄청난 양의 운동성을 발동하고 있다. 그럼에도 불구하고 진보의 실천은 용이하지 않다. 그것은 진보가 실천되는 것을 왜곡하거나 저해하는 계급의 존재, 그리고 사회의 구조적인 특성에 그 원인이 있다. 그러나 그와 함께 중요한 것은 실천이 과도하게 선도하는 특수성 속에서 진보 개념에 대한 탐구가 이루어지고, 진보가 과연 무엇인가, 그것이 실천된 구체적인 상태가 무엇인가 등 진보의 개념에 대한 공통된 의식이 부족하기 때문이다.

그런데 이러한 탐구와 모색의 노력들은 그 대부분이 특정한 형식이나 방법론을 전제로 해서 이루어지는 경향이 있다. 그것은 인식의 출발 근저가 우리 역사 활동, 혹은 역사 속 구성원들의 삶에서 출발한 것이 아니라 다른 문화권의 역사 활동 방식 혹은 그들의 역사관을 토대로 한 것이기 때문이다. 개념의 정확한 설정과 통일된 의견이 없이 막연하게 진보를 생각하고 용어를

---

3 크로체는 진보의 개념이란 그것 없이는 역사를 생각할 수도 없고, 또 그것 없이는 우리 및 과거에 의존하는 우리들의 일을 위한 역사의 의의는 설명될 수 없는 그런 개념이라고 강조하였다. 『사관이란 무엇인가』, 차하순 편저, 청람, 1980, 53쪽에서.

사용하며 그것을 실천한다는 것은 심각한 오류를 범할 확률이 크다.[4]

모든 역사 활동이 그렇듯이, 특히 그것의 진수이며 결정체인 진보는 해당 집단의 구성원들이 주체적으로 가장 정확하게 설명해야 한다. 진보의 개념, 그것의 실천 방식, 또 진보가 실천된 가장 완벽한 상태, 그리고 자신을 가능한 한 완벽하게 해석할 수 있는 것은 그 주체들뿐이기 때문이다.

그러나 화이론(華夷論)적 사고의 잔재와 근대화 진행의 특수한 경험 속에서 우리는 서구의 논리와 그들의 역사 경험을 우리 것으로 수용하고 있다. 특히 보편성이란 명분 하에 보편성으로 위장한 이질 집단 혹은 적대 집단의 특수성마저 오용, 혹은 의도적 수용을 하고 있다.[5]

진보의 과정에도 굴절은 있다. 한시적인 굴절의 상태를 영원한 것으로 오해하고 과거의 역사 활동을 부정하거나 폄하시켜서는 그 굴절의 상태를 영원히 벗어날 수 없다. 한 부분의 해결은 또 다른 부분의 굴절을 가져오기 때문이다. 그런데도 이러한 오류의 지속이 우리의 근·현대사 속에서 거대한 흐름을 형성하고 있는 것이다.

이 글을 쓰는 궁극적인 목적은 진보의 의미를 제고하고, 또한 진보를 실천하려는 것이다. 그러나 우선은 진보에 대해 일반적인 이해를 돕고 개념을 정리하는 데 당면 목표를 두고자 한다. 따라서 복잡한 논리의 전개와 세세한 인용, 실증 등은 가급적 피하고자 한다. 그러므로 논리의 전개가 다소 추상적이고 일반적인 듯한 느낌을 불러일으킬 수도 있다. 또한 기존에 있었던 진보의 이론과 실천 방법에 크게 구애받지 않고 쓰려고 한다. 물론 이들 앞서 간 연구자들의 노력에 도움을 많이 받은 것은 사실이다. 그들은 고루고루 나의

---

[4] 동일한 서구사에 있어서도 각각 자기 문화권에 입각해서 진보와 역사 발전을 설명하고 있다. 특히 헤겔은 독일 민족과 문화의 입장에서 '가이스트(Geist)'라는 독일의 용어와 개념을 만들어가면서 세계사적 민족을 지향했다.

[5] 개화기 이래 한국의 서구 지향적인 지식인들은 그들이 어떠한 논리를 추구하던 일반적으로 이러한 성격을 갖고 역사 진행에 참여함으로써 적지 않은 오류를 범하였다.

논리 구성의, 혹은 사유의 한 부분으로 작용을 했으나 전체는 아니었다. 특히 어떤 특정한 흐름이나 인물의 영향은 받지 않았고, 또 받을 이유도 없다고 생각된다. 때때로 내용의 유사성이 느껴지거나 인용한 부분들이 나타나리라고 여겨지나 그것은 논리의 의도적인 차용이 아님을 미리 밝혀둔다.

이 글은 소박하지만 소중한 몇 가지 전제에서 출발하고 있다.

우리 민족은 적극적인 역사 활동을 해왔고 그것을 뒷받침해 줄 논리와 실천이 있었다. 비록 한시적(限時的)인 굴절이 있었다 해도 나름대로 진보의 개념과 실천 방식을 갖고 역사를 진행시켜 온 것이다. 그리고 역사의 주체가 우리 자신인 것처럼 진보의 주체는 민족적으로나 계급적으로 바로 우리 자신이다.

Ⅱ. 진보에 대한 일반적 문제(개념과 용례)

진보의 개념에 대한 일반적 이해에는 몇 가지가 있다.

첫째, 시간이 흘러감에 따라 상황이 더 나아진 상태로 진행된다는 의미가 있다. 즉 현재의 상황을 완벽하지 못한 상태, 혹은 문제가 있는 상태로 판단했을 때 일단 제기된 문제의 일부를 해결해 가면서 장기적으로 희망적인 관측을 하는 것을 말한다. 이러한 이해는 진보의 상태나 그것의 질, 그리고 진보의 주체에 대한 인식이 명확하지 않은 것으로서 과학성이 지극히 결여되어 있으나 일상적으로 사용되고 있다.

둘째, 이에 비해 한걸음 더 과학적인 이해는 '이익의 증가'라는 실제적인 측면이다. 이것은 운동의 주체 분석이라는 단계에는 못 미치지만 운동의 대상을 비교적 구체화시킨 것이다.

이익의 증가라는 것은 비교의 기준이 되는 시기보다 전 시대, 전 단계에 비해서 단위 집단의 생산물 총량이 증가했거나 자연에 대한 예속의 정도가 약화되었음을 뜻한다. 인간에게 있어 그들이 생산해 내는 생산물의 증가라는 것은 질의 優·열과는 관계 없이, 한 개체는 물론 집단의 존립과 밀접한 관련을 맺는다. 따라서 생산량이 증가하는 경우 이것은 진보임이 틀림없다.

생산물의 증가, 또는 이익의 증가라는 것은 결국 자연과의 갈등 관계가 원만히 조정되었을 경우에 일어나는 것이다. 전근대시대로 올라갈수록 그 정도가 더욱 심해지는 자연에의 예속 내지 갈등은 인간에게 해결하기 힘든 난제였다. 따라서 자연에의 예속 정도가 약화된다면 인간은 스스로 진보했다고 판단할 것이다. 그리고 자연의 예속에서 벗어나기 위한 과학의 발달도 역시 진보의 한 척도가 될 수 있다.

셋째, 사회의 객관적 발전 법칙에 기초한 것으로서 낮은 곳에서 높은 곳으로, 단순한 것에서 복잡한 것으로 전진 운동하는 것을 진보라고 하기도 한다. 이것은 마르크스주의의 견해로서 역사 현상 속에서 구체성을 띤다. 인류사를 진보의 실현 과정으로 보며 역사 과정을 그 특징에 맞춰 유형화시켰을 때 일정한 단계에서 새로운 단계로 이행, 또는 비약하는 것을 진보라고 한다.

사회의 진보는 물질적 재화의 생산 양식 및 그 내적 변화 발전을 말하는데 이것은 사회 구성체의 이행으로 나타난다. 원시 공동체 사회에서 노예제 사회로의 이행, 다시 봉건제 사회로의 이행, 자본주의 사회를 거쳐 궁극적으로 사회주의 사회를 실현하는 것이 역사의 발전이고 진보라고 한다.

넷째, 인간이 누리는 기본권의 범주가 확대되어가는 것도 역시 진보의 한 기준이 된다. 역사의 주체는 그것이 신분 혹은 계급으로 차등되어 있다 해도 인간임에는 틀림이 없고 인간은 누구나 기본권을 누리며 진보를 향유할 권리가 있다. 역사는 인간 모두의 힘으로 이루어진 것이고 인간 하나하나가 모여 결국은 세상을 이루고 역사를 이루어 가는 것이다. 그러므로 그 위치의 상하(上下)는 물론 그 역할의 차이를 떠나 인간은 모두가 기본적으로 동등한 권리를 가져야 한다.

그런데 인간이 누리는 기본권의 범주와 내용은 처한 상황과 자기가 속한 집단의 성격에 따라서 달라질 수 있다. 일반적으로 집단은 시간이 경과함에 따라 기본권의 내용이 더욱 풍성하고 그 권리를 누릴 수 있는 사람들의 범위도 확대된다. 그러나 반드시 그렇지만은 않은 것이 인간의 역사다. 그래서 과거를 이상사회로 설정하고 진보를 실천하기 위하여 그것을 지향하는 경우도 있다. 이러한 사고는 고대인들에게서 보편적인 사고였다. 엘리아데가 '원형과 반복, 혹은 '성과 속'이라는 개념을 통해서 규명한 고대 세계는 바로 질적으로는 진보를, 운동의 방향이나 속도의 면에서는 퇴보를 추구하는 세계였다.[6]

---

6   여기에 대한 구체적인 예는 수없이 많아 일일이 기술할 수가 없다. 『우주와 역사』

고대 중국인들에게 가장 이상적인 세계, 언젠가 반드시 실천해야 할 세계는 요임금과 순임금이 다스리던 상고세계였다. 이것은 질적인 면에서 더 나아진 상태를 진보라고 인식하나 운동의 방향 면에서 역시 과거를 지향하고 있는 점에서 진보의 일반적인 개념과는 차이가 있다.

위에서 언급한 것 외에도, 지극히 막연하고 추상적인 표현이지만 사회정의의 실현이 어느 정도 이루어졌을 경우에도 사용된다.[7]

인간의 역사 자체가 진보의 꾸준한 실천이었듯이 진보에 대해서는 모두 절박한 관심을 가지고 있다. 이러한 움직임은 현대 사회의 어느 지역에서나 공통으로 나타나는 현상이지만 한국사의 경우에는 더욱 절실한 문제로 다가오고 있다. 왜냐하면 한국사의 현재 진행 자체가 많은 문제점을 간직하고 있는데다가 그에 대한 해결 욕구 또한 어느 집단에 비해서도 강하기 때문이다.

진보에 대한 강한 욕구는 인간들로 하여금 자신들의 역사 활동을 막연히 전진적이고 상향적이라고 판단하게 하면서 진보라는 용어를 사용하기 쉽도록 만든다. 그러나 이 진보라는 개념의 불확실한 이해와 어휘의 무책임한 사용은 다소간의 오해와 혼란을 초래할 뿐 아니라 때로는 진보에 역행하는 결과를 낳게도 한다.

첫째, 역사 속의 인간들로 하여금 주체적인 행동과 가치 평가를 불가능하게 한다.

진보라는 어휘의 사용에는 평가 또는 척도의 기준이 일단 설정되어야 한다.

(Cosmo and History), 멀치아 엘리아데, 정진홍(鄭鎭弘) 역, 현대사상사, 1976 참조 바람. 원형(原型·archetype), 모범이 되는 모델(exemplary), 본(本·paradime), 전통 사회 혹은 고대 사회의 인간들은 자기들이 살고 있던 여러 제도의 모델이나 여러 행동의 범주를 위한 규범이 시간을 비롯한 태초에 '계시'된 것이고 그렇기 때문에 그러한 모델이나 규범은 초인간적이고 초월적인 근원을 지니고 있는 것이라고 믿고 있다. 원형(原型·archetype), 모범이 되는 모델(exemplary), 본(本·paradime) 등의 용어들은 그러한 독특한 사실들을 강조하기 위한 것이다.

7 진보의 개념에 대해서는 제4장과 제5장에서 상세히 언급할 예정이다.

막연히 질적인 상승 개념인 진보란 용어의 사용으로 현재의 상황이 과거보다 더 나아진 상태라는 인식을 유도한다면 그것은 현실 상황에 대한 정확한 평가가 이루어지지 않을 수 있으며 현실 극복 의지를 약화시킬 우려가 있기 때문이다.

프랑스의 콩도르세 백작은 "인간 능력의 진보에 있어서 한계는 없으며 인간은 무한하게 완성에 접근해갈 수 있다. 이러한 완성을 지향하는 진보는 절대로 저지할 수 없으며 우리들이 사는 지구가 존재하는 한 완전성을 지향하며 진보를 계속해 나갈 수 있는 것이다"라고 하였다. 이후 산업사회에서 인간은 진보에 대해 무한한 희망을 신봉하여 왔다.[8]

인간은 본능적으로 진보[9]를 지향하고 있다. 그러나 진보의 상태가 구체적으로 무엇인지, 또 어떠한 방식으로 진보를 이루어낼 것인지에 대해서는 정확히 알 수 없다. 그러므로 그것을 찾아내는 과정을 여러 각도에서 시도하고 있으나 한편으로는 상대적 존재와의 비교를 통해서도 진보의 모습을 찾거나 평가하며 진보에 대해 확신하기도 한다.

그런데 때로는 어떤 특정한 집단이 특정한 목적을 가지고 인간을 비교 평가의 대상이 없는 곳에 격리시키거나, 혹은 의도적으로 평가의 기준에 혼란을 일으키게 한다. 그럼으로써 자기 집단의 구성원들에게 진보를 위한 끊임없는 실천을 포기하게 한다. 이러한 현상은 전체주의 국가나 독재국가에서 일반적으로 행해지는 것이고, 민주주의 국가의 경우에도 여론이나 기타의 대중 조작을 통해서 쉽게 나타난다.

이때 진보의 질, 상태, 달성 방법 등에 대한 확실한 이해가 부족할 경우 인간은 진보에의 적극적인 실천을 포기하거나 진보의 방향 등에 대해 탐색하고자 하는

---

8 제레미 리프킨, 김용정 역, 『엔트로피 2』(원제 ALGENY), 원음출판사, 1984. 이 같은 견해는 당시 서구 지식인들의 일반적인 사고의 한 흐름이었다. 서구인들에게 있어서는 역사가 장밋빛으로 찬란히 빛나고 가장 아름답게 느껴질 때였다.
9 이때에 진보란 기준이 되는 상태보다 나아진 것이라는 비교적 단순한 규정을 의미한다. 비과학적이고 추상적인 표현일 수 있으나 결과는 분명하다.

노력을 게을리한다. 그러면서 현실에 무비판적으로 안주하게 된다. 그런가 하면 진보에 대한 그릇된 이해로서 인간의 역사 방향을 그르치기도 한다.

특정 개인이나 집단의 생각이 자기 집단은 물론이고 다른 집단의 존립에도 심각한 위해를 가져온다. 특히 진보는 집단의 희망이고 산물인 만큼 名分의 성격도 강하게 갖고 있다. 그러므로 그것에 대한 확신이 있을 경우에 그것을 바탕으로 한 행위는 그 영향력이 몹시 크다.[10]

둘째, 특정 시간, 특정 공간에 위치하고 있는 인간 개체들의 역사적 역할과 위치가 경시될 수 있다.

'역사의 주체는 인간이다.'라고 흔히들 이야기한다. 진보가 역사의 중요한 활동 중 하나인 만큼 진보에 있어서도 주체의 문제는 매우 중요하다. 인간은 역사 속에서 '집행주체(執行主體)'의 성격을 갖고 있으면서 동시에 수혜의 권리를 갖는 '수혜주체(受惠主體)'의 성격도 갖고 있다.[11]

역사의 과정을 거시적인 관점에서 볼 경우, 혹은 평가의 시점에서 그 이전의 상태, 특히 과거의 상태를 바라보게 되면 인간의 역사는 진보해 온 면이 있는 것을 확인할 수 있다. 그런데 인간 개체는 한시적이고 제한된 조건으로 인하여 특정한 상황, 한정된 역사 과정 속에서 존재할 수밖에 없다. 그러므로 때로는

---

10 우리는 인류의 역사에서 특정한 생각과 신념이 역사의 진보에 역행한 예를 쉽게 발견할 수 있다. 대다수의 집단이나 이른바 힘을 집중시킨 사람들은 대상 집단을 자기가 지향하는 방향으로 이끌어간다. 그리고 그 과정에서 집단의 멸망이나 심각한 피해를 초래하기도 한다. 고대나 전근대사에서 나타나는 왕이나 절대군주, 그리고 종교지도자 등의 지배계급이나 현대에서도 종종 나타나는 독재자, 그리고 특정 성격을 가진 집단들의 행위가 그것이다.

11 역사에서 인간의 역할을 분명히 하기 위해서는 '집행주체'와 '수혜주체'의 구별이 반드시 필요하다. 인간은 역사에서 집행 주체와 수혜 주체의 성격을 동시에 갖고 있다. 그러나 모든 인간이 이 두 성격을 동시에 갖고 그 권리를 행사하는 것은 아니다. 대다수의 사람들이 집행의 권리는 물론 수혜의 권리도 제대로 행사하지 못했던 것이 인간의 역사였다. 역사가 진보하면서 대다수의 사람들은 집행 주체라는 명분을 얻고 수혜 주체의 권리를 조금씩 찾아가고 있다. 더 자세한 것은 필자의 다른 논문 「사관이란 무엇인가?」를 참조할 것.

진보를 누려야 할 수혜 주체가 존재해 있는 상황은 인간의 역사 속에서 진보가 아닌 퇴보의 과정 속에 있는 경우가 많다.

과학이나 기술상의 진보는 비교적 그 속도가 일정하고 꾸준하게 진행되는 특징이 있다. 그리고 설사 퇴보된다 해도 그것은 새로운 기술이나 과학상의 발견·발명에 의해 극복되는 것이거나, 그것을 운영하는 집단의 운명에 의해 야기되는 외적인 것이지 적어도 과학이나 기술 자체가 전면적으로 퇴보하는 것은 아니다. 그러나 인간의 일상적인 삶의 영역 속에서는 그렇지 않다. 더구나 인간의 역사는 때때로 퇴보의 과정 속으로 역행할 수 있다.

1894년에 일어난 동학농민혁명은 그 과정이나 혁명 직후의 결과 등을 종합해 볼 때 성공한 것은 아니다. 그러나 당시 조선 사회의 역사 진행 과정을 볼 때 혁명은 필연적으로 발생되어야 했고, 결국 거기서 제기됐던 문제들은 일정한 시간적 차이를 두고 해결됐다. 물론 모두가 긍정적으로 해결된 것은 아니다.

그런데 그 사건이 끝나고 어느 정도의 시간이 흐르고 난 후 객관적으로 평가할 경우 혁명 직후나 실패로 인한 반동의 시기가 도래할 당시는 진보를 향한 운동이 분명히 하향곡선을 그리고 있는 것이다. 이처럼 역사는 전반적으로 전진운동과 상승운동을 하고 있지만 특정한 시기나 상황 속에서 하향곡선을 그리는 경우도 많다.[12]

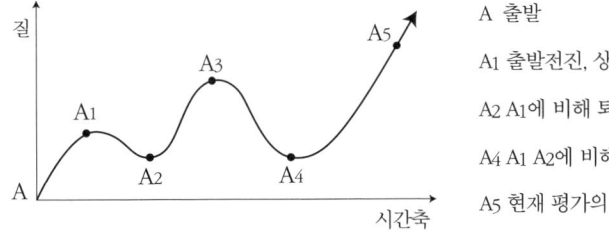

12 랑케는 역사에 있어서의 직선적이며 획일적인 상향 발전, 즉 진보를 부정한다. 차하순 편저, 『사관이란 무엇인가』, 52쪽에서.

A5에서 볼 때 인간의 역사는 전반적으로 진보하고 있음을 알 수 있다. 그러나 그 단절된 과정 과정에서 평가할 경우 개체인 인간 또는 짧은 단위의 집단들은 퇴보의 상태 속에 있을 수도 있다.

그런데 이처럼 역사의 진행 과정에서 반드시 있을 수밖에 없는 퇴보, 혹은 운동의 하향 곡선은 그 속에 다수의 인간과 그들의 삶을 담고 있다. 그럼에도 불구하고 이 하향의 과정, 즉 퇴보의 과정 속에서 인간들은 그 사실을 깨닫지 못하거나 망각하기 쉽다. 그리하여 자신이 역사의 진보가 이루어져 가는 한가운데 있는 것으로 착각을 함으로써 그 속에서 자신의 위치 설정(位置設定)과 자기의 권리 주장에 비교적 관대해지는 어처구니없는 모습을 띤다.

이렇게 역사의 과정을 일방적(一方的)인 진보, 혹은 단선적(單線的)인 진보의 과정으로 파악한다면 '단위시간(單位時間)' 속의 '단위존재(單位存在)'인 인간 개체는 진보라는 커다란 흐름 속에서 자기의 역사적 위치를 자각하지 못한다. 그뿐 아니라 의식적이건 무의식적이건 퇴보의 과정 속에서 진보를 실천하고 향유할 권리도 상당히 유보하게 된다. 서구권의 침략으로 인한 비서구권의 비극과 서구 내부의 정치 군사적 갈등은 개개의 인간이 역사의 진보에 대하여 비과학적으로 맹신하는 일이 얼마나 심각한 불행을 초래할 수 있는가를 보여준다. 또한 히틀러에 의한 제3제국의 건설과 전쟁의 도발은 독일 국민들이 주체의 위치와 진보의 질이 맺고 있는 관계를 잘못 인식함으로써 겪게 된 비극을 보여준다.

셋째, 진보 주체들의 이익이 상치될 경우 강한 주체가 상대 주체의 진보를 억압하거나 때로는 전체의 파멸을 가져올 수 있다. 진보는 역사 활동이고 특히 적극적인 행위의 결과이며, 활동 단위의 궁극적인 목적이다. 그런데 역사 속에서 진보의 주체는 다양하기 이를 데 없다. 그것은 개인일 수도 있고 소규모의 집단일 수도 있고 더 나아가서는 계급, 민족, 국가, 그리고 거대한 문화권(文化圈)이 될 수도 있다. 이렇게 각각 다양한 단위들은 처한 시간과 공간, 즉 상황에 따라 목표로 하는 진보의 궁극적인 상태도 다르고 그것을 실천하기 위한 방법론도 다양하다.

그런데 진보란 가치의 개념이고 그것의 실천은 이익의 획득을 전제로 하는 경우이기 때문에 단위들의 충돌 가능성이 많다. 한 집단의 진보는 상대 단위에게는 억압으로 나타나는 경우가 많다. 어느 일방의 진보가 다른 일방의 퇴보로 다가오는 것이다. 신분과 계급의 구별이 명확하고 그들이 갖고 있는 권리와 의무 등이 서로 상반된 사회일 경우에는 단위 내부에서 진보의 문제를 놓고 갈등을 빚는다. 신분제 사회에서의 신분 해방 운동은 신분 혹은 계급의 유지를 놓고 이익이 상치되는 대표적인 예이다. 고려 후기의 농민, 천민들의 신분 해방 운동이 그러하고 로마시대 스팔타카스의 노예 해방 운동, 중세 유럽에서 일어났던 농노의 난 등이 그러하다.

그러나 그에 못지 않게 활동의 단위들이 계급이나 국가, 민족 혹은 서로 다른 문화권일 경우에도 문제가 많다. 아니 오히려 더욱 복잡하고 심각한 양상을 띤다. 세계사란 바로 이러한 것들로 채워져 있는 것이다. 특히 근대에 들어와 자본주의가 발달하면서부터는 이 같은 대외 침략을 통한 자기 집단의 진보를 추구하고자 하는 것들이 보다 조직적으로 행해졌다.

서구 제국들의 비서구권에 대한 식민지화와 그를 위한 약탈과 침략 전쟁은 바로 그러한 것의 대표적인 예이다. 일찍이 칸트가 그의 영구평화론에서 제기한 진보에 대한 회의는 바로 이러한 상황에 대한 반성에서 나온 것이다.

"유럽의 제 민족은 …… 상업적 식민을 의도한다는 구실을 앞장세워 외국 (서구)의 군대를 들여보내고 그것에 의하여 원주민을 압박하고 그 제 국가 (인도지역의)를 광범위한 전쟁 지역으로 만들고 말았으며 기아, 내란, 배반, 기타 인류를 괴롭히는 모든 禍와 惡의 탄식을 있는대로 모조리 발생시켰다."[13]

다윈의 진화론은 바로 이러한 시대적 배경 속에서 등장한 이론이었다. 다윈에게서 제기된 진화론과 적자생존의 원리, 자연도태설 등의 생물학적

---

13 이찌이 사브로 지음, 편집부 역, 『역사와 진보』, 37쪽에서 부분적으로 재인용.

원리들은 사회진화론 등 사회 역사의 원리로 차용되어 서구의 진보를 실천하고 설명하는 훌륭한 이론으로 여겨졌으며, 자본가 계급과 서구만의 진보를 정당화시켰다. 진화론과 스펜서 등의 사회진화론은 인종적 식민주의 사관, 사회 진화론적 식민주의 사관 등 서구 사회의 침략을 정당화시키는 이론적 토대가 되었다.

그러나 그뿐만 아니라 약육강식 우승열패의 논리, 적자생존의 논리 등은 서구의 침략을 받는 비서구권에서도 수용되어 서구의 침략에 대응하는 이론적 무기로 쓰여졌다. 일본을 비롯해 중국의 변법자강운동, 그리고 조선 말의 장지연·신채호 등이 주도한 '개화자강운동(開化自强運動)' 등이 이러한 논리를 배경으로 해서 민족의 보존과 자주를 꾀하고자 하였다.

이러한 식민지의 획득과 이를 통한 진보의 실천은 서구 제국들 사이의 갈등을 야기시켰다. 선발 자본주의 국가와 후발 자본주의 국가 사이에 식민지 쟁탈전이 벌어진 것이다. 그리하여 서구 제국들간에 전쟁이 벌어져 세계 전체가 파멸될뻔한 지경까지 있었다. 이로 인해 서구사에 대한 진보에 회의를 갖는 흐름이 강하게 나타났다. 오스왈드 슈펭글러(Oswald Spengler)의 『서구의 몰락』(Der Untergang des Abendlandes)은 바로 이에 대한 반성의 소산으로 여겨진다.

한편 집단 내부에서 일정한 계급이 다른 상대 계급의 이익을 무시하거나 침탈하면서 자기 집단의 진보를 다른 집단의 진보로 강요하는 경우도 있다. 지배계급에게는 진보로 비춰지고 진보를 구가하는 시대임에도 피지배계급에게는 진보에 역행하는 경우가 있다. 오히려 계급이 제도로서 고착되었던 신분제 사회에서는 진보의 개념과 평가 척도, 그리고 그 산물을 놓고 계급간의 이익이 상치되는 경우가 많았다. 그리고 그 상치 자체가 바로 진보의 왜곡이기도 했다.[14] 이처럼 진보라는 용어는 그 긍정적인 의미와 역할에도

---

14 레닌이 『민족 및 식민지 문제에 관한 테제』에서 — 피착취지의 이해와 실제로는

불구하고 오용될 경우 상당한 문제점들을 발생시킨다. 그리고 그러한 실례를 우리는 역사에서 자주 확인하는 것이다.

이 글에서는 진보란 개념의 역할과 가치를 절감하고 그에 대한 명확한 의미를 찾고자 한다. 아울러 실천의 측면에서 '역사는 진보한다' 라는 명제의 타당성 여부도 살펴보고자 한다. 따라서 진보의 과정을 3단계로 나누어 각 단계의 진행 과정을 살펴보는 방법을 취하려 한다.

그것은 첫째, 발현의 단초가 되는 운동의 발생 과정에 대한 문제이고, 둘째는 발생한 운동이 방향성을 갖고 있는지의 여부와 방향성을 갖는 이유 등에 대한 고찰이다. 그리고 셋째는 목적 지향성을 갖는 운동이 도달한 상태의 궁극적인 모습이다. 즉 진보의 내용과 상태를 말한다.

지배계급의 이해에 불과한 인민의 이해 일반을 구별하려고 한 것이나, 특권을 향유하는 민족과 — 평등의 권리를 박탈당한 민족을 구분한 것 등은 바로 진보의 상대성을 표현한 것이다. 마르크스 역시 민족 문제에서 견해를 표명하고 있다.

Ⅲ. 진보의 발생

1. 운동성

1) 운동성의 소유

진보라는 단어에는 이미 '운동성'이 내포되어 있다. 운동의 양이나 방향, 질에 대해서는 운동의 주체나 성격에 따라서 차이가 있을 수 있으나 기준보다는 더욱 나아졌다는 긍정적인 의미를 갖고 있다.

우주 내에 존재하는 모든 존재물은 - 사건, 자연 현상, 생물, 무생물 등 - 존립에 필요한 모든 기본 조건을 갖고 있다.

존재물이라는 것은 이미 그 자체가 완전(完全)함을 뜻한다. 그것이 역사적 사건이건 자연 현상이건, 혹은 인간을 포함하고 있는 자연물이건 일정한 조건을 갖추고 있지 않으면 결코 성립될 수 없기 때문이다. 비록 그것이 부분적으로 또는 일시적으로 결함은 있을지라도 기본적인 조건은 다 갖추고 있어야 한다.

그런데 사실은 기본 조건의 성립 자체가 이미 운동의 발현을 전제로 한 결과이다. 따라서 이 기본 조건에 대한 검토는 일정 존재의 본질을 인식하는 데 가장 중요한 작업이 될 수 있다. 특히 인간의 활동에 의해 끊임없이 '창조'[15]되는

---

15 여기서 사용된 '창조'라는 용어는 자연 혹은 주위 객관적인 요건을 전혀 인정하지 않고 독자적으로 만들어간다는 의미는 아니다. 단지 시대가 흐름에 따라 인간의 역할이 강해지고 자연사적 과정과 인간의 역사 과정을 분명히 구분하기 위하여 창조란 개념을 사용했다. 특히 필자는 역사에 있어서 인간의 역할과 그 의지에 비중을 많이 두고 있기 때문에 창조란 용어를 사용함에 별다른 무리를 느끼지는 않는다.

역사에 있어서 '활동인자(活動因子)'의 본질을 아는 것은 역사 활동의 방향을 측정하는 데 절대적인 도움이 된다. 그러나 그 조건에 대한 검토는 이 글의 주제가 아니므로 일단 존재물의 성립을 전제로 한 상태에서 논의를 전개하고자 한다.

'우주는 존재하고 있다. 그리고 그 구성물인 존재물 역시 존재, 혹은 존립하고 있다.' 존재함은 인식 여부 혹은 개체의 인식 방법과 관련 없이 오직 사실(事實) 그 자체이다. 이것을 대명제로서 예시한다. 그리고 여기서 파생된 것으로서 또 하나의 소명제를 제시하고, 그것을 통해서 논의를 전개시키고자 한다.

'존재물은 자기 유지 본능이 있다.'

이것은 바로 운동성의 출발점이다. 이 명제가 깨지는 것은 오로지 일정 단위존재(一定 單位存在)가 스스로를 파기시켰거나 또는 외력(外力)에 의해 일정 단위존재가 절멸되었을 때이다. 그런데 우리가 다루고자 하는 것은 파기되지 않는, 존립하고 있는 존재에 대한 운동성이다. 존재하지 않는 것은 이미 인식의 대상이 되지도 않고 인식할 능력도 없으므로 앞에 예시한 명제는 계속 유효하다.

존재물은 현재 존립하고 있고 또 본능적으로 이의 지속적인 유지를 추구하고 실천하고자 하는 강한 의지를 갖고 있다. 이 같은 상황의 지속적인 실천은 존재를 구성하는 조건 역시 지속적으로 충족되어야 가능하다. 만약 이 구성의 조건이 불충분하면 존립이 위태롭게 되고, 또한 조건이 갖추어지지 않거나 조건 구성에 오류가 생기면 존재물은 파기되고 만다.[16] 따라서 조건 구성의

---

16 이러한 예는 생물계에서 쉽게 확인할 수 있다. 생물체는 개체의 존속을 위해서, 그리고 종(種)의 영속과 번창을 위해서 주위 환경에 적응 작용을 한다. 만약 의지와 실천이 미약할 경우 적자생존의 원리에 의하여 자연 도태가 된다. 최근에는 적자생존의 원리나 자연도태설에 부정적인 견해들이 나타나고 있다.

충족을 위해서 존재물은 어떠한 형태로든 행위를 할 수밖에 없다. 그러므로 조건이 일시적으로 갖추어지든 시·공간으로 분화되어 단계적으로 갖추어지든 구성 과정은 운동을 필요로 하고 그 작업 자체가 운동성을 내포하고 있다.

그런데 우주는 스스로를 포함하는 운동의 가장 큰 단위이고 (적어도 인식 상으로) 모든 존재물은 최대 단위인 우주의 한 구성분자이다. 더구나 이 우주에는 한 종류의 존재물만이 있는 것이 아니며 모든 존재물은 자기 이외의 어떤 다른 존재와, 혹은 그것을 포함한 전체와 어떠한 형태로든 관계를 맺고 있다. 따라서 이 같은 내외(內外)의 관계성 속에서 존재물은 필연적으로 운동을 발할 수밖에 없다. 특히 외적 조건의 끊임없는 변화는 관계성의 지속적인 변화를 수반하므로 파국을 방지하기 위해서 필연적으로 관계 조정을 위한 운동이 필요하게 된다.

이렇게 존재물 성립의 기본 요건이 운동성을 전제로 하고 있고 존재물이 운동성을 갖고 있다는 사실은 대단위 존재물 역시 운동성을 갖고 있으며 그 질이나 양의 진폭이 한층 크다는 것을 보여준다. 대단위 존재물은 소단위들의 집합체이며 그것들이 상호작용을 하고 있는 장(場)이기 때문이다.

위에서 언급한 것은 부분에서 출발하여 전체로 귀결되는 운동성 소유의 논증 방법이다. 이제 다음에는 역으로 전체에서 출발하여 부분, 혹은 대단위에서 출발하여 소단위로 귀결시키는 방법을 사용하려고 한다.

'우주는 운동을 하고 있다.'[17]

이것 역시 하나의 명제이다. 그러나 상대적으로 우주는 정지(停止)해 있을 수도 있고 또 인간에 의해 그렇게 인식될 수도 있다. 때로는 정지라는 용어

그러나 필자가 여기서 사용한 개념은 환경 혹은 조건과 그에 대한 적응 태도에 관한 일반적 개념이다.
17 자연물로서의 우주, 자연 현상으로서의 우주, 형이상학적인 의미의 우주, 인간을 비롯한 개체를 상징하는 우주 등의 다양한 의미를 내포한 개념으로 사용하고 있다.

대신에 불변(不變)이라는 용어를 사용할 수도 있다. 그래서 '우주는 정지하고 있다'라는 명제를 사용하는 경우도 있다. 그러나 그것은 우주를 하나의 단위로서 대상화시켜 인식할 때 나타나는 결론이다

우주는 인간의 인식이 도달할 수 있는 가장 궁극의 것이다. 시간적으로 영원하고 공간적으로 무궁하다. 한계 상황의 개념으로도 인간의 의식이 도달할 수가 있는 최고, 최후의 영역이다. 그러므로 인간은 인식 한계일 수도 있는 우주를 대상으로 할 때 때때로 혼동을 일으킨다. 1개의 독립된 단위로서의 우주와 모든 것의 집합체로서 다양한 존재물들의 운동으로 이루어진 우주는 명확히 구분해야 한다. 그것의 혼동에서 우주를 '불변'의 '고정'된 것으로 보는 견해와 우주를 끊임없이 생성 변화(生成變化)하는 것으로 보는 견해가 각각 다르게 주장되고 있다.

우주의 운동성을 부정하는 견해들은 우주를 구성하는 다양한 존재나 운동을 인식의 대상에서 제외시키고 우주를 고정된 하나의 단위로서 파악하고 있다. 그리고 변화하는 모습으로 비춰지는 것들은 다만 본질과 무관한 현상이라고 파악하였다. 그러나 본질과 현상은 다름없고 각 현상들의 다양함도 결국은 동일한 것의 다른 표현에 불과하다.

우주에는 다양한 현상들이 있으며 그 각개의 현상들은 현상을 낳게 하는 본질이 배후에 있다. 본질이 어떠하든간에 현상이 실재하는 것은 부정할 도리가 없다. 특히 역사의 주체로서 우주 내의 모든 현상들을 인식할 수 있는 인간은 스스로가 현상으로서 실재(實在)하고 있다. 그리고 그 현상들의 관계 속에서 인간의 거대한 역사는 이루어지고 있는 것이다. 그렇기 때문에 '인간의 역사는 현상의 역사이다' 라고 정의하기도 하는 것이다.

그러나 엄격하게 말하면 역사의 영역은 현상과 본질 모두 다 포함한다. 개체의 인식 여부와 관계없이 본질은 실제고 현상도 실재한다. 본질과 현상이 상호 대립되는 존재나 별개의 개념이 아닌 이상 현상은 본질의 다른 모습이고 본질은 현상의 다른 모습이다. 어떤 특정한 현상은 본질이 가진 또는 나타낼 수 있는 여럿 중의 하나이다. 반면에 본질은 현상을 낳고 현상이 존재하는 순간

뿌리를 박고 있는 근본이다. 마치 탯줄로 연결되어 있는 어머니와 아기처럼.

이처럼 본질은 개체의 인식 여부나 태도에 관계없이 언제나 그 자체이고 현상의 변화에 상관없이 언제나 본질로 있으며 그 속에서는 일체의 차별이 없다. 그러므로 본질을 찾고 그 입장에서 바라보게 될 경우 인간과 자연의 차별은 처음부터 없는 것이다. 그런데 우리가 감각을 통해서 확인할 수 있고 실제로 우리가 몸을 담고 살아가는 자연은 본질임에는 틀림이 없으나, 그것은 현상의 형태로 나타나 있다. 따라서 운동의 모습은 본질보다는 현상 속에서 더욱 구체적으로 확인할 수 있다. 전체로서의 자연은 현상 속에서 비로소 제 모습들과 존재물들이 구체적으로 나타났다. 그리고 그 과정 중의 하나로서 인간이 생겨났다.

그러므로 인간을 비롯한 우주의 모든 것은 결국 가장 크고 거대한 단위인 우주 속에서 하나로 존재하고 있는 것이다(물론 이때의 우주는 본질이고 동시에 현상이다). 하나가 시간과 공간의 변화에 따라 나누어지거나 변하면서 각각 다른 모습으로 나타나는 것이다. 결국 현상을 낳게 한 조건이 깨져 차별이 사라지게 되면 다양한 모든 현상들은 회귀하여 하나의 전체 혹은 본질로 표현되는 상태가 된다. 그러므로 현상들은 본질을 내포하고 있으며 우주는 자기를 포함하고 있는 본질의 또 다른 표현인 각각 다른 현상들의 관계에서 이루어지고 있다. 화엄경에서 말하는 '일중다 다중일(一中多 多中一)', '다중일 일중다(多中一 一中多)'는 바로 이 본질과 현상과의 통일성을 표현한 것이다.

또한 우주라는 궁극적인 단위는 자체로서도 완결성을 가진 '소단위 우주(小單位 宇宙)'들의 合으로 이루어져 있다. 자연 현상, 자연물, 생물, 인간 등은 그 자체가 완결성을 갖고 있으며 고유의 운동을 하고 있는 단위이다. 이 소단위들이 모두 모여서 일정한 법칙에 의해 운행하는 것이 바로 우주이다.

이러한 우주의 상대성을 이해하게 되면 소단위 우주들의 집합체인 우주는 결코 고정불변의 존재가 아니라는 것을 알게 된다. 소단위들은 자체가 완결성을 가진 독립된 우주일뿐만 아니라 개별 분리되어 다른 소단위들과의 관계성을 상실하고 있는 것도 아니다. 그러므로 궁극적인 단위인 우주는 스스로가 운동을 하고 있는 것임을 인식하게 된다.

소단위들의 집합체인 우주가 운동을 하고 있을 때, 그 구성원의 일부가 되는 일정한 존재는 소속된 대단위 우주의 운동 속에서 자기 위치를 명확히 할 필요성이 대두된다. 운동을 하기 위해서, 그리고 가장 완전하게 존재하기 위해서이다. 이때 가장 손쉽게, 절박하게 다가오는 문제는 우선 존재를 지속시킬 것인가, 아니면 존재를 파기시킬 것인가에 대한 자신의 태도를 결정해야만 한다. 그리고 만약 존립을 원할 경우, 어떠한 위치에서 어떤 작용을 할 것인가를 정해야만 한다.

그런데 앞에서 언급한 대로 존재물은 자기 유지 본능에 의해 존립을 위한 최대한의 시도를 해야 한다. 이 과정에서 우주라는 전체와의 관련성으로 인하여 존재물은 운동하지 않으면 파기될 수밖에 없다. 그러므로 이 같은 자기의 「단위설정(位置設定)」이란 바로 운동의 첫 출발을 뜻한다. 그리고 1차적으로 위치 설정이 끝나면 다음으로는 위치의 성격, 작용 등에 대한 조절이 있어야 한다. 물론 이것은 보다 복잡한 단계의 운동을 뜻한다. 결국 우주 속에서 존재물은 무엇을 막론하고 운동할 수밖에 없다.

우리는 위에서 상대적인 두 가지의 논증 방법을 사용하였다. 그리고 그것을 통해서 개체, 즉 일정 존재는 자체에 운동성을 소유하고 있으며 스스로 운동을 하고 있다는 것을 알았다. 이제는 다음 단계로 존재가 가진 자체의 운동성은 어떻게 해서 발생했는가 하는 문제, 즉 발생의 동인(動因)과 과정(過程)을 살펴보아야 한다. 그리고 운동성의 질과 양, 또 '자연사적 과정'과 '역사'의 구분 등도 살펴보아야 한다. 논증의 손쉬운 이해를 위하여 소명제를 먼저 제시하고 그것을 입증하는 추론 과정을 기술하는 방식을 취하려 한다.

2) 발생의 동인 - 두 힘의 작용
(1) 두 힘의 작용
존재는 2개의 상대적인 힘(作用으로 해석해도 무방하다)으로 구성되어 있다.
모든 존재물은 운동성을 갖추고 있으며 그 운동은 1차적으로 존재물 자체에서 발생한다고 언급하였다. 즉 존재는 존재하고 있는 이상 존재를 지속하기 위하여 운동의 내적 필연성을 가질 수밖에 없다. 그런데 하나의 고정된 실체, 혹은 다수의 힘이 있다 하더라도 그것들이 서로 관계를 맺거나 상호 작용을 하지 않으면 운동이 발생할 수 없다.

　존재의 구성 요소 또는 작용(힘이라고 통일을 하자)은 최소한 하나의 고정된 요소만으로 이루어지지는 않았다. 다양성을 상실한 한 가지의 동일한 힘은 운동을 일으키지 않고 그냥 정지해 있을 뿐이다. 정지는 곧 존재의 성립이 끝난 것, 즉 파기를 뜻한다. 그러므로 정지하지 않고 존재물 내부에서 각각 다른 힘이 관계를 일으키며 운동을 하기 위해서는 최소한 2개 이상의 힘이 있어야 한다.

　따라서 이 우주에는 어느 사건, 어느 장소, 또한 시간과 공간을 축으로 해서 이루어진 어떤 존재물을 막론하고 내부에는 두 개 이상의 상대적인 힘이 존재하고 있으며 존재물은 그것들의 관계와 작용에 의해서 비로소 성립된 것이다.

　그 구성되는 힘들은 인간의 인식 능력에 따라서 아주 세분화되고 다양하게 성격매김이 이루어질 수 있을 것이다. 또한 후술되겠지만 존재와 운동과의 역학 관계로 보아 그 힘의 종류나 질 또는 양은 무수히 다양하다. 그러나 이 다양한 힘들은 궁극적으로 두 개의 가장 대표적인 힘으로 모여진다. 그리고 서로 상호 작용을 함으로써 운동을 야기시킨다.

　우리는 운동의 본질을 정확히 이해하기 위하여 두 개의 상대적인 힘으로 모여지는 과정을 역시 살펴볼 필요가 있다. 그것은 첫째, 인식(認識)을 통한 유형화이며. 둘째, 힘들의 작용에 의한 결과이다.

　먼저 첫째, 인식을 통한 유형화의 경우,

　존재를 구성하는 힘은 매우 다양하다. 힘의 종류도 무수히 많으며 질·양도 다를 뿐 아니라 이 힘들의 모습은 그때그때 상황에 따라서 끊임없이 변화하기 때문이다. 사실은 힘의 단위와 척도를 어떻게 설정하느냐에 따라 무한대에 가까운 종류의 힘들로 구분할 수 있을 것이다. 그러나 이 다양한 힘들은 인식을 통해서 유형화시킬 수 있다.

일정한 존재는 전체로서 자기 고유의 성격을 갖고 있다. 그러나 그것은 역시 고유한 성격을 가진 각각의 부분들이 모여서 이루어진 것이다. 예를 들면 다민족으로 구성된 국가는 다른 국가의 문화와는 다른 고유성을 갖고 있다. 그런데 그 국가 안에는 더 작은 단위인 몇 개 민족들의 언어와 혈통, 생활 습관 등 고유한 것으로 구성되어 있다. 이처럼 전체 속의 부분부분들을 비교하면 각개의 단위들은 다시 몇 개의 공통 부분을 갖고 있음을 알 수 있다. 이 '공통성(公約數)'을 기초로 하여 하나하나 모아갈 때 유형화, 즉 전체의 집합이 가능해진다.

이 집합들의 적용 폭을 확대시켜가면서 그 전체 단위의 범주는 커지고 결국 고유성의 공통분모가 가장 많은 각각 다른 두 개의 단위로 대별되게 된다. 결국 공통성을 기초로 유형화시켜갈 때 남는 것은 두 개의 상대적인 존재, 혹은 두 개의 상대적인 운동, 또는 운동을 일으키는 두 힘의 존재이다.

길이 1m 크기의 막대 자석이 있다. 이 자석의 양 끝은 남극과 북극으로 그 성질이 모여져 있다. 그런데 그 자석을 두 동강 내어 50cm로 만들었다 해도 역시 양 끝은 남극과 북극으로 각각 자기 성질을 유지하는 것이다. 그 자석은 아무리 작게 쪼개도 마찬가지로 두 개의 상대적인 성질을 갖고 있는 것이다. 우주를 구성하는, 또는 물체를 구성하는 성질은 그것이 아무리 다양한 성질, 종류가 있어도 결국은 그 힘의 크기나 비례는 별개로 하고 두 개의 상대적 성격, 두 개의 상대적인 힘으로 압축된다.

그런데 이 같은 작용은 한 '단위존재' 전체에서 일어나는 것이기 때문에 힘 자체의 분석과 분류는 가능한 것이 아니다. 설사 분류가 가능하다 해도 분류와 동시에 그 단위존재는 파기되기 때문이다. 그러나 우리는 그것을 쪼개지 않고 그 두 힘의 존재를 인정할 수 있다. 바로 하나하나 '추론'이라는 단계를 거치는 논리적인 인식의 작용을 통해서이다.

둘째, 힘들의 작용에 의한 결과,

이것은 앞에서 언급한 인식의 차원이 실제로 집행되어가는 과정을 뜻한다. 두 힘의 운동 과정은 관념상으로 우리 인식 속에만 있는 것은 아니다. 두 힘은 실제하고 있으며 우리의 인식 여부와 상관없이 실제로 움직이며 자기 작용을 한다.

일정한 존재(물) 내부에 있는 다양한 종류의 힘은 자체의 운동 과정에서 그 성격 또는 질에 따라 동일한 성격의 힘들로 모여진다. 힘들은 스스로 자기 위치를 찾으면서 공통성을 기초로 자기 단위를 형성한다. 이같이 새로 형성된 소규모 힘의 집단은 똑같은 과정을 반복하면서 더 큰 단위의 자기 집단을 형성해 간다. 이러한 과정이 되풀이되면서 공통성에 기초한 힘의 단위는 점점 더 커져간다. 그러다가 거의 마지막 단계에 가면 두개의 상대적인 힘의 단위로 압축된다. 하나의 존재 속에 음(陰)과 양(陽), 선(善)과 악(惡), 강약(強弱), 인력(引力)과 척력(斥力), 운동(運動)과 정지(停止)등 서로 상대적인 요소가 있는 것처럼. 그리고 결국 마지막에는 하나의 힘으로서 존재 자체를 구성한다. 마치 분자의 운동과 같다.

그런데 이 존재를 이루는 모든 과정은 힘들이 각각 분리되어 단계적이고 순차적으로 진행되는 것은 아니다. 모든 힘들은 동시에 상호 관련성을 가지면서 통일적으로 진행되고 있다. 때문에 이 다양한 힘의 진행 과정을 단계적으로 분류화시킬 수 없으며 다만 우리의 인식 속에서 단계화, 유형화시킬 수 있을 뿐이다. 그러므로 그 방법으로서 한 개의 존재가 완성되기 직전의 단계를 설정하고 그 단계를 상호 상대적인 힘으로 유형화시킨다.

이렇게 해서 우리는 한 존재 내에 상대적인 두개의 힘이 있으며 존재는 이 두 힘의 상호 작용에 의해서 이루어진다는 사실을 살펴보았다. 이제 우리는 앞에서 설정한 목적의 달성을 위해서 다음 단계로 넘어가야 한다.

즉 두 힘의 구체적인 성격은 무엇이며, 상호 작용은 어떻게 이루어질까? 운동의 구체적인 모습은 무엇일까?

(2) 두 힘의 구체적인 성격

두 힘의 상호 병존은 존재물 자체의 내부에 운동을 일으킨다. 두 힘은 뚜렷하게 구분되어 있고 독립된 별개의 개체로서 만난 것이 아니라 하나의 존재를 이루고 있으며 처음부터 서로 떨어져 있는 것도 아니다. 따라서 이 두 힘은 자신들의 합으로 이루어진 한 존재 내에서 서로가 서로를 배척하거나 또는 전혀 무관계한 것이 아니며 아주 밀접한 관계를 맺고 있다.

'한 힘'은 상대적 힘 내지 그 힘의 성질을 포함하고 있다. 물론 그것은 자기 힘의 성질이 우위를 점하고 있는 기본적인 한계를 설정하고서이다. 그와 마찬가지로 먼저 '한 힘'에 대한 상대적인 힘 역시 자기 속에는 상대적 힘이 되는 먼저의 '한 힘'의 성질을 다수 포함하고 있다. 그리고 그 비율은 일정하지는 않지만 역시 전자와 동일하게 자기 성질(고유성)을 보존할 수 있을 정도이다.

우리는 이 같은 상대적인 두 힘의 관계와 개념을 보다 쉽게 파악하기 위하여 '음과 양'이라는 기호를 차용하고자 한다. 그것은 비교적 우리에게 친숙하고 간결하며 또한 그 개념이 쉽게 이해되는 장점이 있기 때문이다.[18]

음과 양은 서로가 상대적인 위치에 있으며 또한 제각기 상반된 성질을 갖고 있다. 예를 들면 음은 정(靜)하고 그윽하며 어둡고 소극적인 성질을 갖는 반면에, 양은 동적이고 화려하며 밝고 적극적인 성질을 갖고 있다. 그러나 이 음과 양은 위치가 일정불변하여 항상 고정되어 있는 것이 아니며 또한 질의 변화가 정지되어 있는 것이 아니다. 그리고 그것을 구성하는 질료의 배율도 역시 일정한 것이 아니다.

일정 기간 동안에 위치의 고정은 일정한 상태에서의 정체를 낳고 이것을 깨뜨릴 내적, 외적 자극이 미약한 상태가 지속되면 정체는 결국 도그마가 되어버릴 가능성이 높다. 그리고 이같이 상반된 두 힘의 고정과 그 결과로서 나타난 도그마는 내부에서는 물론 외부와의 관계에서도 결국 심각한 갈등과 대립을 야기시키게 된다.

그러나 음과 양은 우리가 흔히 알고 있듯이 전혀 다른 두 가지 성질로

---

18 「하도(河圖)」와 「낙서(洛書)」는 예외로 하고 현존 사료에 근거하더라도 선진(先秦) 시대에 이미 이러한 용어가 출현하였다. 『國語, 鄭語』나 『商書』, 「洪範」 편에는 오행(五行)을 기본 원소로 하여 만물을 생성한다고 기술하고 있다.

이루어진 별개의 것은 아니다. 이 상반된 두 힘은 서로가 상대방의 성질을 어느 정도 포함하고 있다. 즉 음은 전면적으로 음의 성질로만 채워져 있는 것이 아니며, 음 속에는 음과 양의 요소가 7:3(5+a:5-a)의 비율로 공존하고 있는 것이다. 또한 상대적으로 양속에는 양과 음의 요소가 7:3(5+a:5-a)의 비율로 구성되어 있다.[19] 그러므로 양의 내부에 있는 음의 요소는 음과 관계를 맺기 위해 음을 향해 움직이고 동시에 음 내부에 있는 양의 요소는 양과 작용을 시작하는 것이다. 다시 말하면 음과 양으로 상징되는 상반된 두 힘의 각자 내부에는 상대적인 힘 또는 외적인 충격과 상호작용할 소지를 충분히 갖추고 있는 것이다. 자신 속에 상대를 수용하므로서 자신을 부분 부정하고 그 부정을 통해서 전체를 긍정하는 것이다.

그러므로 이같이 대립된 두 성질의 상호 관계를 매개로 해서 발생한 의지 작용은 음, 양 자체의 운동을 가져오고 이 운동은 음, 양의 위치를 상호 반전시킨다. 마치 태극(太極)안에서 음과 양이 회전하는 것과 같다. 그 회전 속에서 태극은 끊임없이 새롭게 생성한다.

우리는 음·양이라는 상징 및 기호의 차용을 통해서 힘이 가진 성질의 한 부분을 살펴보았다.

한 존재 내부에 있는 두 개의 힘은 서로 자기 속에 상대적 성질을 소유하고 있으며 이로 인하여 서로가 작용하면서 운동을 발생시킨다. 이 운동에 의해 존재물은 지속적으로 자기를 유지시켜 간다. 만약 상대적인 두 힘이 자기의 힘을 스스로의 내부에만 간직하고 있다면 이 두 힘은 서로 작용할 여지가 없으므로 운동이 정지된다. 설사 작용한다 해도 그 작용은 상대방을 인정하지

---

19 X는 상대 성질을 표시함. 이 비율은 7:3이 아니라도 상관은 없다. 이 비율은 수학적으로 계산해서 산출한 것이 아니라 상대 속에 자신의 요소가 들어 있다는 것을 표시한 것이다. 따라서 6:4나 5.5:4.5, 또는 다른 표현이라도 상관은 없다. 이러한 의미를 기호나 도형으로 나타낸 경우도 있다. 인도나 네팔의 힌두교에서 나타내는 문장, 태극이나 증산도 등에서 보여지는 상징물들이다.

않는 운동이므로 어느 한쪽의 소멸을 가져오는 운동이 된다. 그런데 어느 일방의 소멸은 운동의 요인 자체를 없애므로 상대방의 소멸을 가져온다.

　상반된 두 힘이 상대방으로 힘의 전이가 되거나 상호 교환이 이루어지지 않으면 두 힘이 관계를 맺을 소지가 없으므로 타협없는 대립이 발생하며 이것은 해결 없는 갈등, 생산 없는 투쟁을 지속시킬 뿐이다. 결국 종국에는 존재 자체의 파기를 가져온다. 이렇게 존재는 자기 내부에 상반된 두 힘을 갖고 있으므로 운동을 일으킨다. 이것은 자전적 개념과 유사한 것으로서 '제 1단계 자기운동(自己運動)'이라고 한다.

　이 같은 우주의 운동 법칙은 우주의 한 분자인 인간에게도 당연히 적용되지 않을 수 없다. 인간 내부의 움직임은 물론이고 그 집합체인 인간 집단에게도 기본적으로 적용된다. 이 음양이라는 상징적인 논리축은 인간 내부에만이 아니라 모든 영역에 적용이 가능하다. 이를테면 인간의 집합체인 사회라든가 아니면 모든 집합체들의 활동인 인간들이 다시 모여 이룩한 총체적 유기체, 역사에도 여러 가지 모습으로 적용될 수 있다. 즉 음은 인간에게 주어진 현상을 그대로 유지하려는 소극적인 의지로 표현되고, 양은 이에 상응해서 현상을 깨뜨리고 새로운 상태를 지향하려는 의지로 표현될 수가 있다.

　자연적 운동 속에서 나타나는 두 개의 상대적인 힘은 사회, 역사적 운동으로서 성격이 변화할 때보다 구체적인 형태를 갖는다. 즉 두 개의 힘 가운데에서 현상을 유지시키고자 하는 힘은 소극적이고 수동적인 의지로서 보수성(保守性)을 반영하고, 반면에 고착된 형상을 타개하고 새로운 상황을 창조하려는 것은 적극적이고 능동적인 의지로서 운동성(進步性)의 표현이다.

　이 상반된 힘에 대해 평가를 내린다고 할 때 우리는 적극적이고 능동적인 의지에 대해 보다 높은 평가를 하지 않을 수가 없다. 물론 감각적으로는 상반된 두 종류의 힘이 어느 정도 평형을 유지하는 것이 바람직한 현상으로 여겨질 수도 있다. 그러나 그것은 결과에 집착한 나머지 그 과정마저도 결과에 관련시켜 생각하려 하는 마음 때문이다. 보수는 강한 힘과 조직을 갖추고 있으므로 두 힘을 평행으로 할 경우 힘의 평형 관계는 금방 변화한다.

앞에서 살펴본 바와 같이 존재물은 '내적 필연성'에 의하여 1단계 자기 운동을 일으킨다. 그러나 운동은 이것으로 끝나지는 않는다. 1단계의 자기 운동은 존재물이 성립되고 유지되는 데 필요한 제 1차의 기본 조건만을 충족시켜 준다. 그리고 충족된 운동의 기본 조건은 운동량의 증가와 지속에 의해 '제2단계 자기운동'으로 변화한다. 이 과정은 질적으로 보다 복잡한 상태로의 이행이며 존재 성립의 조건을 한층 더 충족시켜 주는 '전진적 상향 운동'이다.

이 같은 운동성의 변화는 다음의 두 가지 경우에 의해 촉발된다.

첫째는 내적인 것으로서 운동량의 증가로 인한 질적인 전화이다. 존재물 내부에서 일어난 두 개의 상대적인 힘은 상호 작용에 의해 자체의 힘을 형성하고 팽창시킨다. 힘은 힘을 발생시키기 때문이다. 그러다가 일단 한계점을 넘어서게 되면 힘을 외부로 분출시킨다. 이때 분출된 힘은 존재물 자체의 외부적인 운동을 유발시킨다. 일단 외부로 발생한 힘은 점점 더 큰 힘으로 확대되어 새로운 힘을 발생시킨다. 이것은 공전적인 성격으로서 운동성의 질적인 전화 내지 비약을 의미한다. 이렇게 존재물은 끊임없이 새로운 조건에 의해 새로운 상태로 진행하면서 새로운 상황을 맞이한다.

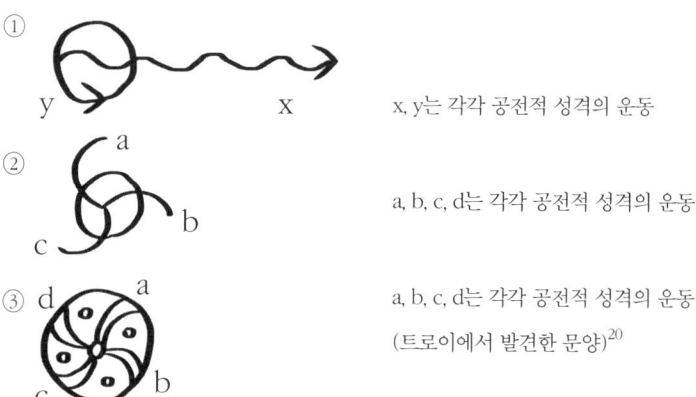

① x, y는 각각 공전적 성격의 운동

② a, b, c, d는 각각 공전적 성격의 운동

③ a, b, c, d는 각각 공전적 성격의 운동
(트로이에서 발견한 문양)[20]

20　③은 D'Alviella의 『The Micration of symbol』, 『神의 起源』, 何新 지음, 洪熹 역, 동문선, 1990(32쪽에서 재인용).

다음 둘째 계기가 되는 것은 외적인 것으로서 외부 압력에 대한 대응이다.

우주에 수다한 종류의 존재물들이 있고 그 존재물들은 자기 존재를 유지시키고 향상시키고자 하는 본능이 있다. 그것은 생명체인 경우「개체 보존 본능」또는「종족 보존 본능」으로 더욱 구체화되어 나타난다.

존재의 성립은 존재와 그 대상체와의 관계에서 발생하고 그 유지 역시 마찬가지이다. 그런데 존재물이 속한 우주는 항상 운동을 하고 있다. 이것은 존재물을 둘러싸고 있는, 존재물이 관계를 맺고 맺을 수밖에 없는 외적 조건이 항상 변화하는 것을 뜻한다.

외적 조건을 이루는 다른 존재는 자기 방식대로의 운동을 하고 있으므로 항상 변화한다. 그러므로 관계성 속에서 어떤 일정한 존재와 관계를 맺는 외적 조건 역시 항상 변화할 수밖에 없다. 따라서 한 존재가 자기 유지 또는 향상을 위해서는 관계의 원활한 성립이 필요하고 그를 위해선 우주를 포함한 외적 조건에 맞게 자신도 운동을 하고 그 운동의 방향과 질 역시 그 조건과 관련을 지어가면서 질서있는 조정을 하여야 한다.

상황이 변화를 강력하게 요구하는데 만약 그 요구를 적절하게 수용하지 못하면 존재물은 파기되어 버린다. 그러므로 어떤 형태로든 적응을 할 수밖에 없다. 즉 다른 표현을 빌리면 존재와 대상체가 일치되어서 그 관계가 '합일(合一)'되어야 비로소 존재는 완전하게 성립된다. 이 합일의 관계를 깨뜨리지 않기 위해서 외부 상황에 적절하게 대응할 때 제2차 운동성이 발생한다. 이 제2차 운동성은 제1차 운동성이 자전적인 데 반하여 공전적인 개념이다. 그리고 발생하는 운동량이 복잡하며 강력하다.

인간 역사의 경우 단위가 되는 집단은 인문 환경, 자연 환경과의 쉬임없는 관계성 속에서 존속하고 있다. 그런데 인문 환경은 항상 변화하고 있으며, 이와 같은 변화는 그 속도와 진폭이 상대적으로 적을지언정 자연 환경에서도 마찬가지이다. 그러므로 대상체의 변화라는 외적 조건에 대응하면서 인간의 역사를 존속·발전시키기 위해서는 그 주체인 인간이나 집단 역시 적절한 대응을 하지 않으면 안된다. 이때 적절한 대응이란 인간의 역사가 단순한 자기운동만이 아니라 어떤 목적성을 띤 운동임을 의미한다.

　이 제2단계의 자기운동은 단순 운동의 모습을 한 것처럼 보여질 수 있다. 그러나 내·외 관계의 조정 기능을 필요로 하며 합일된 상태를 지향한다는 점에서 기본적으로 목적성을 갖고 있다. 그 목적성은 존재의 유지와 지속을 위해 모든 관계, 즉 갈등을 조정하는 기능을 갖고 있으며 궁극적으로는 합일, 관계의 완전한 성립을 지향한다. 이처럼 목적성을 가진 2차 운동성의 발현은 기본적으로 진보의 1차 조건이 성숙되었음을 뜻한다.

　우리는 이제 진보의 개념과 내용을 더욱 구체적으로 알기 위하여 다음 단계로 운동성이 지향하는 목적의 내용을 살펴보아야 한다.

3) 운동성의 목적과 내용
역사 과정

　운동성의 목적과 내용은 운동 주체의 성격에 따라 달라지며 특히 역사의 경우, 성격은 물론 역사적 위치에 따라 달라진다. 이 단계에서 운동의 주체에 대한 구분이 필요하게 된다.

　제1단계, 제2단계 자기운동은 우주의 모든 존재물에 공통적으로 적용되는 것으로서 '자연사적 과정'이다. 그런데 이러한 우주의 운동 법칙이 우주의 한 분자인 인간에게 적용되는 것은 당연한 일이다. 이것은 인간 내부의 움직임은 물론이고 그 집합체인 인간에게도 기본적으로 적용된다. 이런 의미에서 자연사적 과정은 인간의 역사 과정을 포함하고 있는 것이다.

　그러나 이 두 과정에는 각각 차이가 있는 부분이 있고 소단위인 역사 과정의 개념을 분명히 하기 위하여 일반적으로는 구분하고 있다. 양서류와 포유류가 같을 수 없고 동일한 포유류라 해도 원숭이와 인간이 같을 수는 없다.

　자연 자체는 인식 기능이 없기 때문에 존재와 인식 사이에 불일치(不一致)가 생길 우려가 없으며 존재와 그의 반영인 현상이 일치하고 있다. 따라서 불일치나 파기됨이 없이 그 관계가 원활히 이루어지고 있다. 자연이 가진 스스로의 조정 기능은 운행을 완벽한 상태로 만들고 있다. 다시 말해서 자연사적 과정에서는

'보수와 진보'가 자연스럽게 충돌 없이 작용한다. 주체도 없고 주체의 의지가 없기 때문에 진보라든가 격변, 혁명은 있을 수가 없는 것이다. 만약 격변이 있다면 그것은 서로 다른 단위간의 갈등이지 동일 단위 내부에서 일어나는 보-혁 갈등은 아니다. 따라서 이 과정은 운동 목적의 구체적 상태나 운동의 질, 성격 등에 관해서는 탐구를 필요로 하지 않는다.

그러나 인간의 집단이 주체가 되어 이루어 가는 역사의 영역 속에서는 자연사적 과정과는 달리 뚜렷하고 구체적인 목적이 있으며 그곳에서 발생한 운동성은 그 목적을 실현시키려는 움직임이 있다. 인간은 다른 여타의 존재물들과는 다른 특성을 갖고 있다. 그리고 인간을 제외한 모든 현상들이 서로간에 갖고 있는 차별성과는 다른 형태의 차이를 갖고 있다. 즉 인간과 다른 현상들과의 차이는 그 외적인 것을 넘어서는 질적인 차이가 있다.

인간은 스스로 변화하고 있으며 인간을 둘러싸고 있는 외적 조건 역시 끊임없이 변동한다. 이때 운동의 필요성을 인식하고 운동 방향과 강약을 결정하고 지시하는 것은 인간이고, 그것에 대한 평가를 하는 주체 역시 인간이다. 따라서 인간의 모든 활동은 결국 인간 자체의 문제로서 돌아올 수밖에 없는 것이다.

그런데 인간은 인식 기능을 갖고 있다. 자신과 주위와의 관계를 즉자적으로 파악하고 적응해가는 것이 아니라 그 본질을 파악하며, 그 속에서 관계를 조정해 나간다. 그러므로 인간을 움직이게 하는 모든 원천은 궁극적으로 인간의 의식(마음)으로부터 나온다. 따라서 인간은 자연사적 과정과는 달리 운동의 발생을 인간을 둘러싸고 있는 외적 조건의 변화에서만 찾을 수는 없다. 즉 운동에 영향을 주는 질의 종류나 강약의 정도로서 운동의 촉발 요인을 규정할 수 없다.

이렇게 볼 때, 상황에 따라 영향 정도의 차이는 있겠지만 결국 운동의 시초 동인은 인간의 의식이고, 운동 방향의 조절과 책임 역시 인간 의식의 결정 사항이다. 인간의 의식이야말로 역사 발전의 가장 의미있는 원동력이다. 따라서 인간이 목적을 실현하고자 하는 단계에서 발생한 운동성은 인간이 역사의 주체임을 자각하면서 비롯된다.

인간의 역사에 대한 자각은 다음의 세 단계를 거쳐서 완성된다.

첫째는 자기가 「역사적 존재」임을 자각하는 단계에서 출발을 하고, 둘째는 「소외」의 사실과 그 내용에 대한 자각의 단계이며, 셋째는 「극복 의지」의 발견과 「인식」에 대한 자각이다.

(1) 역사적 존재로서의 자각

인간이 자기 스스로가 역사적 존재임을 자각하는 과정은 매우 중요하며 의미가 있다. 이 과정은 한 개인이 주어진 존재로서의 자연적 인간, 그리고 단순 구성원으로서의 사회적 인간을 벗어나 역사적 인간으로 질적 전화하는 것을 의미한다. 또한 이 과정은 인류사적으로 볼 때 인간이 자연 또는 다른 자연 존재물과 결별하고 자연의 일방적인 예속을 벗어나 인류의 역사를 창조하는 첫 계기가 된다.

인간이 역사적 존재임을 자각하는 것은 개체 또는 집단으로서 자기와 관련하여 발생하는 모든 사건과 행위를 인식하고 주도하는 것을 의미한다. 인간의 행위는 인간이 존재하는 한 어떠한 형식으로든 이루어진다. 그러나 그것은 외적 상황(外的狀況)에 의해 어쩔 수 없이 일어났거나 또는 주체적 의사와 관련없이 수동적으로 일어났을 수 있다. 이때 그것은 행위의 주체자가 아니며 역사적 인간의 행위라기보다는 자연사적 과정의 한 부분일 수도 있다. 다만 자연의 일반 분자로서 피동적인 행위를 한 것에 지나지 않는다. 초기 인간의 역사는 이처럼 자연과 자신과의 관계를 명확히 인식하지 못하거나 인식을 했다 해도 '대행자'를 통해서 간접적인 관계를 맺은 것에 불과하다.

한편 인간이 역사적 존재임을 자각했다 하더라도 그것만으로는 행위의 주체로서 완전한 것이 아니다. 인간은 자신 및 자신과의 관계성 속에서 발생한 모든 사건과 행위에 대한 평가를 주도해야 한다. 그런데 사건과 행위는 다양한 동기와 국면의 결합체인 만큼 그것에 대한 평가는 용이하지 못하며 또한 오류를 범하기 쉽다. 이것은 소수의 사람들만이 아니라 다수의 사람들도 행위를 평가함에 있어서 그릇된 결론을 내릴 수가 있다. 그것은 정보의 부재, 정보의 왜곡 전달에 제1차적인 원인이 있다.

　그러나 이 같은 외적 요소는 오히려 부차적인 것이다. 더욱 중요한 것은 평가 주체로서의 철저한 자각이다. 평가는 자신의 의지와 자신의 진행 방향에 대한 스스로의 확립을 전제로 한다. 스스로가 '평가 주체(評價主體)'임을 자각할 때 외적 요인에 의해 흔들리지 않을 수 있으며 사실을 비교적 정확하게 판단할 수 있다. 따라서 진정한 평가 행위를 통해서 인간은 자기 행위의 주체자 자격을 얻는다.

　그런데 평가의 척도란 역시 불완전한 것이다. 존재물은 유지 본능과 향상 본능이 동시에 있으므로 평가와 행위가 반드시 일치하는 것은 아니다. 향상하고자 하는 본능은 행위에 대한 평가 척도를 높이거나 행위 자체에 대해 불만족스러워하거나 경시하는 경향이 있다. 특히 강한 의지와 목적의식을 가지고 있는 개체인 경우 그러한 불일치는 더욱 쉽게 발생할 수 있다.

　그러나 인간이 자연적 존재나 단순한 개체로서의 자격이 아니라 완전한 역사적 존재로서 유지·지속시키고자 할 때 일치의 가능성은 높아진다. 그것은 개체와 전체와의 합일을 통해서 가능하며 '전체성'의 획득 과정에서 인간은 완전에 가까워질 수 있다. 이렇게 일치됐을 때 개체로서의 인간 한계를 극복하고 순간의 이익이나 외적 상황에 고려됨이 없이 사실에 입각한 객관적 평가를 할 수가 있는 것이다.

　이 같은 평가 주체로서의 역사적 인간임을 자각하는 일은 의미를 발견하는 데서도 나타난다. 의미의 발견은 존재의 당위를 뒷받침해주는 명분과 논리로서 이유와 그 근거를 제시해 준다. 의미 발견으로 인하여 인간의 행위는 질적으로 상승한다. 의미 발견이 없는 행위의 연속이란 단순 반복에 불과하고, 타인에게 양도를 해도 그만이며 탈취를 당해도 상관이 없는 것이다. 즉 행위의 주체가 교환이 되어도 의미상에는 별 변동이 없는 것이다. 그러므로 이렇게 될 때 자기 존재의 존립 근거는 희박해진다. 그러나 지극히 단순할 수도 있고 불필요할 수도 있는 행위들 또한 의미의 발견과 부여를 통해서 질적으로 달라질 수 있다.

엘리아데는 인간은 '성화(聖化)'라는 의미의 부여를 통해서 사물을 實在하게 한다고 하였다. 그에 의하면 '고대인들은 사물이나 행동이 어떤 가치를 본래 가지고 있는 것이 아니라 획득하는 것이며 그렇게 함으로써 비로소 실재적이게 된다'는 것이다. 그래서 인간은 꾸준히 사물에다 의미와 가치를 부여해 준다.[21]

의미를 통해서 인간은 스스로의 주체가 되고 그 의미의 적용 대상에 따라서 삶의 범주가 확대되며, 질 역시 향상한다. 인간은 의미 발견을 주체적으로 실현함으로써 역사적 인간으로서의 자각을 하고 역사 활동을 적극적으로 행할 수가 있다. 인간과 동물을 비롯한 다른 존재물과의 차이점은 바로 여기에 있는 것이다. 이런 이유에서 인간은 의미에의 의지를 갖고 있는 동물이라고도 할 수 있다.[22]

(2) 소외, 괴리에 대한 자각

다음 단계인 '소외(疏外)와 괴리(乖離)'에 대한 자각은 전자와는 달리 대상체에 관한 문제이다.

역사 활동은 우선 1차적으로 주와 객, 주체와 대상체와의 만남, 즉 상호작용에서 이루어진다. 어느 한 쪽이 없을 경우 사건 내지 역사 활동은 일어나지 않는다. 기본적으로 양자가 만날 조건이 충족되어 있어야 하고 다음에는 주체 스스로에 대한 자각이 있어야 한다.

그러나 주체에 대한 자각만으로서 이루어지는 것이 아니다. 주체와 함께 중요한 것은 대상체이다. 소외란 대상체와의 만남, 더 정확히는 만나는

---

21 멀치아 엘리아테(Mircea Eliade) 지음, 정진홍 역, 『우주의 역사』(Cosmos and History), 정진홍 역, 현대사상사, 1976, 14~15쪽 참고, 엘리아데의 저서는 여러 개가 있으나 특히 『Cosmos ans Hosttory』에서 '原型과 反復(archetype and repetition)'이라는 그의 생각을 잘 나타내고 있다.
22 오스트리아의 심리학자이며 정신과 의사인 빅터 프랭클은 아우슈비츠 유태인 수용소에서 겪은 자신의 경험과 연구를 토대로 『죽음의 수용소에서』에서 인간을 이렇게 정의했다.

형식에서 처음 비롯된다. 만약 대상체에 대한 자각이 없다면 소외는 발생할 소지가 없기 때문이다. 그러므로 역사의 활동이 주체와 대상체가 특별한 형식으로 만나는 데서 시작된다면 역사는 소외의 발생과 동시에 시작된다고 볼 수 있다.[23] 인간은 그것이 시간의 경과건 역사의 경험의 축척이건 간에, 일정한 계기를 만나 대상체의 존재를 발견한다. 그리고 다음 단계로서 그 대상체에 대해 뭔가를 알고 싶어하며 결국은 본질을 탐구하게 된다.

존재에 있어 대상체에 대한 본질의 탐구는 매우 중요한 의미를 갖고 있다. 그것은 자기 존재의 운동 방향을 결정해야 하며 때로는 자기 존재의 절멸에도 깊은 관련을 맺고 있기 때문이다. 따라서 대상체에 대한 새로운 자각은 인간이 역사적 자각을 하는 데 아주 중요한 계기가 된다. 인간은 이 대상체의 존재로 인하여 역사에서의 관계성을 발견하기 때문이다. 존재는 이렇게 주체와 대상체와의 만남을 통해서 역사 활동을 시작한다. 이 만남의 관계성은 거의 완전에 가깝다. 왜냐하면 성립의 기본 조건이 갖추어져 있기 때문이다.

존재물(자연 현상, 생물, 무생물 등…)이라는 것은 그 자체가 이미 완전함을 뜻한다. 일정한 조건이 갖추어지지 않으면 존재는 결코 성립될 수 없기 때문이다. 비록 그것이 부분적으로 또는 일시적으로 결함은 있을지라도 근본적인 것은 다 갖추어지지 않으면 안된다. 그러므로 존재란 일반적으로 그 자체에 대한 회의나 가부에 대한 물음이 성립될 수가 없다. 그러나 모든 존재물 중에서 유독 인간만은 자신을 완전치 못한 존재라고 여긴다. "존재하고 있다"라는 불변의 사실이 있음에도 불구하고 인간의 인식은 그 사실을 의심하고 때로는 부정까지도 하고 있는 것이다.

첫째, 자기 존재에 대한 불완전한 자각과 개체 자체로서 지닌 불완전성을 인식했기 때문이다.

---

23   주체와 대상체에 관해서는 이 책에 실린 『사관이란 무엇인가』에 비교적 상세히 언급되어 있다. 그러나 필자는 다음 발표 예정인 글을 통해서 이 문제에 대한 보다 구체적인 접근을 하고자 한다.

인간은 개체로서 한계를 느끼며 공포감과 불안감을 갖고 있다. 우주의 한 구성 분자이며 동일한 생명체이자 동일한 동물이면서도 인간에게는 다른 기타의 존재물들과 다른 점이 존재한다. 신체적으로 열악한 조건에도 불구하고 인간이 우주의 운행에 가장 큰 영향을 끼치는 개별 존재가 된 것에는 분명한 이유가 있다. 이는 인간에게 자신의 경험을 축적시키고 그것을 더 확장시킬 능력이 있었기 때문이다.

인간은 자신을 둘러싸고 있는 외적 조건 혹은 환경의 영역을 확대시켰다. 공간적으로 접촉 범위와 활동 범주를 점차 확산시켰고 이의 효과적인 성취를 위하여 운동을 발생시켰다. 이 같은 확장 작업은 그것에 대한 무한한 가능성을 느끼게 했다. 인간의 인식 지평이 확대된 것이다.

인식 지평의 확대는 물론 인간 역사에 진보를 가져왔다. 그러나 그것이 반드시 인간에게 즐거움과 행복만을 가져다 준 것은 아니었다. 인식 지평이 확대되면 될수록 인간은 그에 비례해서 한계를 확인하였고 그 한계의 영역은 점점 더 확대되었다. 특히 육체적·물질적 능력의 한계를 절감하게 되었다. 머리와 가슴은 한없이 뻗어나가고 있었으나 바라보는 눈과 실천에 옮길 발은 그에 항상 못 미쳤다.

여기서 양자 사이의 괴리감이 필연적으로 발생할 수밖에 없었다. 의지를 발하는 주체와 실천을 집행하여야 할 대상체 사이에는 불일치가 생기게 되었다. 다시 말해서 인간의 한계에 대한 자각은 「존재와 인식 사이의 불일치(不一致)」로 전환된 것이다.

이 같은 괴리감은 비단 공간 영역에만 한정된 것은 아니었다. 이것은 시간 영역에도 적용되었으며 특히 이 부분은 인간에게 더욱 심대한 영향을 끼쳤다. 인간이 비로소 시간을 자각하게 된 것이다. 어느 존재물도 할 수 없는 시간의 자각 능력을 인간은 획득하게 된 것이다. 쌓여가는 경험과 지식, 그리고 그것에서 발생한 지혜는 인간으로 하여금 시간의 실체를 자각하게 만들었고 나아가서 시간을 재단하고 조정하는 능력마저 추구하게 했다.

어제와 오늘, 즉 과거와 현재가 구분되고 미래가 구분되었다. 수만 년 전,

수억 년 전에도 우주는 있었으리라는 것을 자각했다. 이것은 인간에게 있어서 대단한 발견이고 발명이었다. 이러한 의식은 더욱 발달하여 각개의 시간을 따라 선·후가 있으며 결국 모든 존재물, 특히 인간 자신은 강력한 시간의 지배하에 놓인 것을 알았다.

강력한 시간의 지배를 의식하게 된 것은 죽음의 의미를 깨닫게 된 것을 의미한다. 시간은 언제나 존재하고 자기와는 무관하게 진행되고 있는데도 인간은 한정된 시간 밖에는 관계를 맺을 수가 없는 것이다. 인간은 드디어 최고 최대의 두려움을 맞이하면서 혼란에 빠지게 된 것이다. 이 혼란은 오늘날까지도 채 정리가 되지 못했으며 정리될 전망도 보이지 않는다. 인식의 지평이 확대되면서 인간의 불안감은 상당한 부분이 해소되었으나 더욱 확대된 부분도 있다. 이렇게 인간은 스스로를 불완전한 존재로서 자각하면서 존재와 인식 사이에 놓인 엄청난 괴리감을 확인하였다. 이러한 소외와 괴리에 대한 자각은 내부에 관한 것만은 아니다.

둘째, 인간은 외적 상황의 간단없는 변화로 인하여 자신의 불완전성을 인식한다.

이것은 개인과 전체와의 관계에서 발생한 것으로서 서로의 연결에 대한 확신이 없을 때 나타난다. 인간을 둘러싼 조건은 수시로 변한다. 그것은 자연 조건일 경우도 있고 사회적 조건일 경우도 있다. 인간은 존재하고 있을 때 혹은 무엇인가 활동을 하고자 할 때 그 조건에 맞는 대응방식(對應方式)을 결정하고 그것을 집행한다. 자연 현상을 해석하고 그것이 자기에게 가지는 의미 등을 파악하고 그것을 활용하는 방식까지도 결정한다. 그러나 유감스럽게도 그 조건은 수시로 변하게 된다. 그리고 조건이 변하게 되면 일단 인간의 위치와 활동은 불완전하게 된다.

이것은 사회 현상의 경우도 마찬가지이다. 일정한 사회 현상이 있고 인간은 나름대로 그것에 대한 적응을 한다. 그리고 적응 과정에서도 그렇지만 적응의 결과를 나름대로 해석해가면서 대응 방식을 강구하고 그것을 정형화시킨다. 그러나 다수의 인간들을 만나서 연출해내는 것이 사회 현상이기에 그 형식은 물론 내용은 계속 변한다. 그러므로 인간은 끊임없이 새로운 상황과 마주칠 수밖에 없다.

이 같은 외적 상황의 간단없는 변화로 인하여 인간은 나름대로 대응 방식을 강구하고 활용함에도 불구하고 항상 불안하고 자신의 불완전성을 강하게 인식한다. 특히 자신과 자신이 속한 더 큰 단위와의 연결에 대한 확신이 없을 때는 더욱 그러한 생각을 갖는다.

인간은 스스로가 완벽한 존재가 아니다. 그리고 인간을 둘러싸고 있는 외적 조건도 끊임없이 변하고 있다. 그러니 적어도 인간이 외적 조건에 내던져지는 이상, 혹은 그것을 의식하고 그것의 극복을 통해서 존재해야만 하는 이상 인간이 스스로가 불완전한 존재임을 부정할 도리는 없다. 인간은 이러한 불안을 극복하기 위하여 사회를 만들어내고 그 속에 소속되길 원하며 나름대로 대응 방식을 강구하는 데서 인간의 역사, 그리고 그것의 시발인 운동성이 발생하는 것이다.

그 외에도 인식의 확인 대상에 한계가 있다거나 기존 보건의 룰을 벗어난 인식의 추구 등이 있다. 이런 것들로 인하여 인간에게 있어서 인식과 존재는 항상 불일치한다. 이 같은 불일치 속에서 소외가 발생하고 인간은 소외감을 느낀다.

(3) 극복 의지의 자각

소외는 '아(我)와 비아(非我)'의 불일치, 앞에서 언급한 주체와 대상체의 불일치. 또는 거기서 발생한 존재와 인식 사이에서의 불일치를 일치시킴으로써 해소된다. 이들 각각 불일치되는 것들이 전체성, 통일성을 획득하게 될 때 소외는 저절로 극복이 된다.

존재와 인식 사이에서의 불일치는 비단 이런 부분만이 아니다. 인간이 한계를 느끼고 그것을 타개하여 해방을 추구하고자 할 때 불일치는 나타난다. 또 다수의 인간이 갖고 있는 통념을 깨뜨리고자 할 때도 불일치가 나타난다.

역사는 비로 이러한 존재와 인식 사이의 불일치를 일치(一致)로 전환시키고 불완전을 완전(完全)함으로 바꾸고 완성(完成)됨을 지향하는 복잡하고 다양한 몸짓의 과장이다. 즉 불일치에서 오는 소외를 극복하고 해소하는 것이다. 여기서 역사적 인간으로서의 세 번째 자각인 「극복 의지(克服意志)와 자각(自覺)」이 나타난다. 이 단계에 이르러서 비로소 인간은 자연과 결별하고 질적 전화를 하면서 역사를 창조하는 것이다.

그러나 이러한 일체감의 획득은 용이한 것이 아니며 완전한 통일성의 획득은 불가능에 가깝다. 그래도 그것을 끝없이 지향해가는 것이 인간의 역사이다. 인간은 불일치를 일치로 전환시키기 위하여 모든 방법을 시도했다. 자신과 자신을 둘러싼 모든 것들을 상대하면서, 여기서 인간은 주체의 변화와 외적 조건의 변화, 즉 기존의 상황을 변화시키고 새로운 상황을 창조하는 것이 필요했다.

이처럼 인간은 소외를 해소하는 방법을 찾고 그것을 실천에 옮기고자 하는 강한 의지를 갖고 있다. 이 같은 소외 해소를 위한 노력들은 존재가 가진 존립 의지의 확인 작업이기도 하다. 그러나 이러한 시도들이 쉽게 이루어지는 것은 아니다. 그것은 소외를 낳고 그것을 심화시켜 가는 과정이 해소의 반작용으로서 작용하기 때문이다.

소외 유지의 힘은 갈등을 유발시킨다. 그런데 소외의 극복 과정은 존재의 존립을 위한 필수 조건이다. 그러므로 존재는 이를 위한 극복 의지를 가질 수밖에 없고 그 자체가 운동의 발현이다. 이것이 실천 단계로 가면 운동성에는 질적 성숙(質的成熟), 양적 팽창(量的膨脹)이 일어난다. 이때 이러한 극복 의지에서 시작된 운동성이 바로 진보이다.

이 과정에서 운동성이 다시 발생하는 것은 필지의 사실이다. 이때 운동성은 두 가지 면에서 나타난다. 하나는 행위 또는 실천의 측면이고, 또 다른 하나는 관념이라는 인식의 측면이다. 행위는 구체적 실천을 통해서 소외의 해소를 시도하여야 하며 관념은 기존의 통념을 수정해 가면서 인식의 전환을 가져와야 한다.

물론 이 두 측면은 상호 관련을 맺고 변증법적인 통일 관계를 유지해야 한다. 인식의 전환은 구체적인 실천으로 나타나고 또 그것을 통해서 확신을 할 수 있기 때문이다. 반면에 구체적인 실천이 있을 때 실천의 주체이며 동시에 그것의 영향을 받는 인식에는 어떠한 형태로든 변화가 발생한다.

운동성이 발생하는 인식의 측면이란 관념의 변화 즉 통념(通念)의 수정, 인식 범주의 확대를 의미한다. 역사 활동 과정에서 나타난 시간과 공간의 확대는 확대되기 전의 상태를 기본 조건으로 성립한 주체로 하여금 소외를 발생시켰다. 소외의 발생은 불일치에서 시작된다. 그러므로 활동을 하는 데 있어서 주체와 조건의 불일치는 당연히 소외의 발생이라는 결과를 가져올 수밖에 없다.

시간과 공간에 대한 인식 확대는 각 존재들이 시간과 공간이라는 두 개의 축을 매개로 해서 연결되고 있으며 그 연결이야말로 존립의 필수 조건임을 확신하는 것이다. 매개가 있음으로써 각 존재는 개체로서 분리, 존재하는 것이 아니라 전체 속에서 전체를 떠난 부분의 입장으로 존립, 활동하는 것이다. 역사는 인간 개체를 전체로부터 더 분리시키는 것이 아니고 개체를 전체 속에 포함하는 것도 아니다. 각 개체들이 고유성을 인정하며 밀접한 관계를 맺고 있고 그것들이 모여 전체를 이루는 것이 역사이다.

바로 이 같은 관계와 연결성을 인식함으로써 인간은 분절된 개별적 존재가 아니라 연결된 전체 속의 한 고유 존재임을 인식한다. 이렇게 해서 인간은 「전체성」(全體性)을 획득하는 것이다. 화엄경에서 말하는 '일중다 다중일'은 바로 이런 의미를 내포하고 있다. '역사적 자유'란 불일치를 일치로 전환시키는 과정이고 그 결과이지 어느 일방과의 관계를 끊는 것은 아니다.

이 같은 인식의 측면은 실천의 측면으로 즉시 작용한다. 소외 극복의 의지가 구체화되면서 실천 단계로 진행되면 운동성은 질과 양의 면에서 변화하지 않을 수 없다. 운동의 양은 점차 팽창되고 동시에 그것은 질적으로도 성숙된다. 이 같은 극복 의지에 의해서 새로운 단계로 전환된 운동성은 진보를 또 한 단계 높인다.

기본적으로 인식과 실천은 양자가 통일되어 움직인다. 그러나 양편 중 어느 한 쪽의 '선차성(先次性)', '주도성(主導性)'이 문제가 될 수 있다. 인식과 실천 가운데 어느 한 쪽이 고정적으로 선차성을 갖는다거나 주도성을 갖는 것은 아니다. 그것은 운동성의 질은 물론이고 양에 따라서도 달라질 수가 있는 가변적인 것이다. 즉 상황이나 조건 등도 그 한 요인이고 주체의 집행 능력과 방식도 중요한 요소가 된다. 그러나 이 문제는 역사 주체, 평가 주체를 개별적인 인간으로 보느냐, 혹은 전체적인 인간으로서 보느냐에 따라 달라질 수 있다.

전체적인 인간은 실제상으로 개별 인간의 산술적인 통합으로 된 것은 아니다. 그것은 전체성의 획득이라는 인식의 과정을 전제로 한다. 그러므로 주도성의 여부는 떠나더라도 인식의 선차성을 인정해 주어야 할 것 같다. 반면에 개별적인 인간은 전체적 인간의 영원성과는 달리 공간은 물론 시간이라는 강한 한계를 갖고 있다. 인간은 언젠가는 사멸해 버리고, 사멸할 경우 소외 극복의 의지 자체도 사라진다. 결국 소외 극복을 전제로 하고 그것을 집행하고 향유할 개체를 존중해 줄 경우 인식의 선차성과 주도성을 인정해 줄 수밖에 없다. '화엄경'[24]도 그랬고 원효(元曉)[25]도 그랬듯이 마음이 모든 것의 시작이고 끝이 아닌가.

인식과 실천이 작용하여 우수한 통일 관계를 이룰 때, 그리고 주체의 위치가 부각될 때 운동은 뚜렷한 목적 지향성을 갖고 움직이고 비로소 진보의 질을 논하는 단계로 상승한다. 극복 의지는 의지의 발현 과정 속에서 다시 끊임없는 상황을 만나게 된다. 이때 극복 의지와 상황이 만나는 과정과 양식이 진보의 질을 결정한다.

새로운 상황의 창조, 끊임없는 확대되는 인식, 다시 확대된 인식에 걸맞는 상황의 창조 요구, 이런 것들은 지속적인 실천을 요구한다. 특히 전체성의 인식은 용이한 작업도, 또 지속성 있는 작업도 아니기에 인간은 상황을 끝없이 새롭게 창조해야만 한다. 자기에게 속한 시간과 공간을 부지런히 움직이며 상황을 창조해야 한다. 여기서 '자연사적 운동'이 아닌 '역사적 운동'이 발생한다.

---

24 "心生卽法生 心滅卽法滅"
25 "心生卽種種法生 心滅卽種種法滅"

(4) 상황

상황은 인간의 행위가 이루어지는 '활동의 장(活動의 場)'이다. 상황은 여러 가지 다양한 종류로 분류되어지고 다양한 형태를 가질 수 있다.

역사는 주체, 대상체, 그리고 주체가 대상체와 만나면서 창조한 상황으로 구성되어 있다. 이 세 가지가 조건에 따라 이합집산을 하면서 다양한 활동을 벌이는 것이 인간의 다양한 역사이다.

동일한 주체가 동일한 대상체를 만나 동일한 조건을 갖고 역사 활동을 하는 경우가 있다. 그런데 그것들이 활동하는 상황이 다를 경우 그 결과는 전혀 다른 것으로 나타날 수 있다. 우리가 흔히 말하는 자연적 조건이나 지리적 조건 등은 상황의 한 부분에 속한다.

주체와 상황이 직면하는 과정과 방식에 대해 부정확한 이해를 할 경우, 우리는 두 가지 상반된 결론을 인정하는 오류를 범할 가능성이 있다. 첫째, 인간은 주체가 되어 상황을 만들고 조정할 수 있다는 자신만만한 주장이고. 또 둘째, 인간은 상황에 의해 영향을 강하게 받는 상황적인 존재라는 주장이다. 이 상반된 주장들은 둘 다 틀릴 수도 있고, 한편 둘 다 옳을 수도 있다.

일반적으로 주체의 역할을 강조하다 보면 주체의 일방적인 역할에 의해 상황이 창조되고 상황의 변화 역시 주체나 대상체가 만나는 조건에 따라 일어나는 결과 정도로 이해하기 쉽다. 그러나 일단 상황은 발단이 있는 최초의 순간, 그것은 최초·최소의 단위가 되고 동시에 주체에 막바로 직접적인 영향을 주기 시작한다. 결국 최초의 순간 이후 주체와 상황은 동시에 움직이며 끝없이 새로운 상황을 창조한다. 즉 상황이 창조된 다음에는 역으로 상황에 따라 주체와 대상체의 행동이 제약을 받기도 하고 영향을 받는다. 그리고 상황에 대한 주체의 평가 역시 달라진다. 심지어는 상황에 따라 주체와 대상체의 위치가 반전되기도 한다.

특히 주체가 직면하는 상황의 범주가 크고 강력할 경우 주체는 맥없이 상황에 굴복한다. 대부분의 경우 주체는 상황에 비해서 그 힘이 미약하다. 상황은 주체 이외의 모든 것이 될 수 있기 때문이다. 심지어는 주체가 될 가능성이 있는 모든 것이 상황이 될 수가 있기 때문이다. 인간의 나약함과 인간이 '상황적(狀況的) 존재'라는 주장이 설득력을 갖게 되는 경우이다.[26]

사실 행위의 기본 원인을 제공하고 있는 주체와 그것의 경과 내지 결과로 인식되고 있는 상황과의 관계가 상호 보완적이고 통일적이라는 것은 우주 형성과 존재의 일반적인 법칙이 될 수도 있다.[27]

우주의 모든 것이 그렇듯이 주체와 상황은 어느 한 쪽이 절대적인 것은 아니고 서로가 상호 작용을 하면서 영향을 주고받고 있다. 다만 그 두 요소가 만나는 방식, 즉 '배합 비율(配合比率)'에 따라 그들의 관계가 달라진다. 그러므로 역할에 경중을 가릴 수는 없다. 그러나 사건의 시작은 주체의 의지와 주체의 실천에서 출발되므로 일단 의미상으로 주체에 비중을 두는 것이 원칙이다.[28]

26 동물학자인 데스몬드 모리스는 '문명의 사회적 구조가 동물이 생물학적 본질을 만들었다기보다는 오히려 동물의 생물학적 본질이 문명의 사회적 구조를 만들었다'고 했다. 데스몬드 모리스 지음, 김석희 역, 『The Naked Ape(털 없는 원숭이)』, 정신세계사, 1991, 91쪽 참조.
이 말은 인간을 영장류의 행동 양식에 깔려 있다는 동물학적인 관점에서 파악하면서, 인간의 의지나 주체의 역할보다는 자연이라는 상황이 주어지고 그것을 극복하는 동물적인 본성이 문명 혹은 역사를 만든 것이라는 의미를 부여하고 있는 듯하다. 저자는 『The Human Zoo(창조적인 삶을 위하여)』, 동문출판사, 1978에서 역시 환경 적응의 예를 들면서 인간에 대한 생물학적인 접근을 하고 있다. 그러나 이것은 인간이 가진 의식의 측면이나 의미 추구의 능력 등 동물의 범주를 벗어난 부분은 경시하고 있다.
27 현대물리학이 '장(場) 이론'이나 그것을 생물학에 도입한 '생물장(生物場)이론' 등은 시사하는 바가 크다. 폴 와이즈는 "생물에 있어서는 조직의 패턴이 부분부분의 움직임을 컨트롤하고 있다"라고 하여 생물체에 있어서의 시스템을 강조하였다. 토니 너틀(T. Nuttal)은 "세포의 위치나 놓여진 장소가 세포에 지령을 내리고 세포를 형성해나간다. 세포의 모임이 생물의 조직을 만드는 것이 아니라 전혀 반대로 조직 전체의 패턴이 세포의 특성을 결정한다"고 하여 유전자나 세포가 놓인 장이 생명현상의 결정 요인이 된다고 주장한다. 제레미 리프킨 저, 김용정 역, 『엔트로피 2』(원제 Algeny), 제6장 참조.
28 그 외에도 주체에 비중을 두는 이유는 많이 있다. 실질적인 이익의 추구를 위해서 주체에 비중을 둘 수밖에 없다. 이 부분은 다음 글인 「사관이란 무엇인가」에서

주체와 상황이 관계를 맺는 방식을 더욱 구체적으로 알기 위해 압축된 관계 속에서 살펴볼 필요가 있다.

상황을 운동량 크기와 질적 압축도를 계량한 파악 정도에 따라서 분류하면 '일반적 상황(一般的 狀況)'과 '극한 상황(極限 狀況)'으로 나눌 수 있다. 일반적 상황은 존재가 운동하면서 마주치는 가장 보편적인 상황으로 우리가 일상 생활을 하면서 겪게 되는 일들을 말한다. 이 상황에서는 운동이 일어나고 있으나 그것은 미약한 형태의 것으로서 상황의 주체는 그 운동을 의식할 경우도 있으며, 그냥 의식을 하지 못한 채 만나거나 극복하기도 한다.

따라서 그것은 기준이 되는 상황보다 더 나아진 상태로 나아간다는 의미에 있어서의 진보 개념과는 다소 거리가 있다. 또한 주어진 상태를 능동적으로 변화시킨다는 의미와도 거리가 있다. 다만 특별한 계기나 주체의 특정 의지가 발현됨이 없이 평범하게 진행된다. 이러한 상황 속에서는 주체의 의지가 상대적으로 강하게 작용할 가능성이 있고 그것에 의해 상황은 보다 용이하게 조정될 수 있다.

거기에 비해 극한 상황은 존재와 상황이 특수한 관계 속에서 발생하는 것이다. 인간은 역사를 이루어 가면서 자의든 타의든 이 같은 상황을 겪지 않을 수가 없다. 개인의 경우에서도 극한 상황은 겪을 경우가 있으나, 특히 역사 집단인 경우에는 집단 내부에서건 집단 간의 갈등에 있어서건 그 구성원 전체의 존립을 건 극한 상황을 자주 겪게 된다.

극한 상황은 주체와 대상체와의 만남이 팽팽한 긴장을 이루고 격렬한 운동이 발생하는 상황이다. 이처럼 강한 운동이 발생하는 것은 주체와 대상체의 운동 방향이 일치하지 않거나 때로는 정반대를 지향하기 때문이다. 인간은 역사를 이루어 오면서 이 같은 극한 상황을 자주 경험해 왔고 또 그것을 극복해 왔다.

극한 상황은 양 존재간 갈등의 폭이 강하게 증대되고, 그 해결의 가능성이 언급된다. 그 이상의 상세한 내용은 별도의 글을 통해서 언급하려 한다.

희박해진 상태이다. 따라서 소외의 폭이 큰 것이며 이것의 불완전한 극복 내지 극복의 포기는 역사의 퇴보, 결정적인 패인을 가져온다. 개체로서의 인간들은 소유한 능력의 한계상 그 극한 상황 속에서 대부분은 자신의 존재를 포기하여 왔다. 존재의 포기란 여러 형태가 될 수 있다. 신체의 위해가 될 수도 있고, 자신의 권리나 신념을 포기하는 경우도 있고, 심각한 경우에는 존재를, 즉 생명의 유지를 포기하는 경우도 비일비재하였다.

그러나 전체로서의 인간은 질적으로 전혀 달라진다. 강한 힘과 인식의 확대를 수단으로 끝까지 저항하면서 결국은 극복해 왔고, 또 계속해서 다가오는 극한 상황을 극복할 것이다. 그러나 극한 상황을 극복할 경우 존재물은 더 나아진 상태로 전진할 뿐만 아니라 그 전진 폭 역시 확장된다. 특히 내부는 양질의 운동성으로 충만하게 되어 극복의 능력이 점차 확대된다. 이처럼 극한 상황을 극복해가는 것이 바로 인간의 역사이며 진보의 중대한 한 모습이다.

그런데 극한 상황의 최고 절정은 '한계 상황'이다. 한계 상황은 지나온 역사 경험과 인간의 통념에 비추어서 그 극복이 불가능하다고 판단된 극한 상황을 말한다. 극한 상황을 포함하면서도 그것의 가장 극적이고 압축된 상태이다. 그러니까 극한 상황 가운데서도 가장 최고·최난의 것이다. 인간의 물질적·육체적 능력을 완전히 초월하고 인식 영역의 범주에서 저 멀리 벗어난 것처럼 보여지는 피안의 상태이다.

인류 역사에는 이 같은 한계 상황이 여러 번 있었다. 인간의 힘으로는 감당하기 힘든 자연 재앙, 대규모의 전쟁, 질병과 기아 등이 그것이다. 이로 인하여 상당한 규모의 인간들이 어이없이 절멸한 경우도 적잖이 있었다.[29]

그런데 개체로서의 인간의 경우에는 그러한 한계 상황을 경험할 수도 있고 경험하지 못할 수도 있다. 설사 그것을 경험한 경우라도 스스로의 의지에 의해

---

29 이러한 예를 우리는 수없이 들 수 있다. 역사상에 기록되거나 전승되어 온 사실들, 그리고 전승되지 않은 사실들이 인간 역사의 어두운 부분을 상당량 채우고 있다.

주체적으로 선택한 경우도 있고 , 또 타의에 의해 어쩔 수 없이 주어진 경우도 있다.

주체와 대상체가 만나서 관계를 맺을 때 그 관계의 질을 결정하는 중요한 요소가 일단은 주체에 달려있듯이 한계 상황을 맞는 태도도 각각 다르게 나타날 수 있다. 인간 삶의 숭고성을 인식하거나 주체 의식이 강한 사람들은 한계 상황에 부딪히면 그것을 극복하고자 하는 강인한 의지를 발생시킨다. 이들은 자기 자신을 위하거나 또는 인류 전체의 이익을 위해 한계 상황의 극복을 시도하는 경우가 있다. 바로 이러한 과정에서 인간은 자신이 가진 운동성을 최대로 발생시킨다. 그리고 이 운동이야말로 최고(最高)의 질(質)과 최강(最强)의 힘을 가진 것이다.

이 운동은 인간 이외의 다른 존재물들에게는 나타나지 않는 것들이다. 인간 이외의 것들은 주어진 조건 내지 상황에 즉자적으로 반응을 하지만 자신에게 주어진 신체적인 능력을 활용하는 정도에 그친다. 그러나 인간은 그렇지 않다. 인간은 발견과 창조의 능력이 있고 이는 신체를 선도해가는 의식의 작용이 있기 때문이다. 그 의식의 질과 강도에 따라서 개체와 집단의 역사 활동이 달라진다.[30]

인간은 자신에게 주어지는 상황을 어느 정도는 극복할 수 있다. 그리고 사람에 따라서는 불가능할 것처럼 보이는 한계 상황도 극복할 수 있다. 그러나 어떠한 인간도 극복하지 못하는 것이 있다. 그것은 바로 죽음이다. 인류 역사 이래 인간에게 주어진 최대 상황이요 극복이 불가능한 한계 상황은 바로 인간의 죽음, 개체의 완전한 소멸이다. 그래도 용감하고 끈질긴 인간은 이 불가능한 한계 상황을 극복하고자 갖가지 형태의 운동을 해 왔고 또 현재도 진행 중이다.

---

30 이 부분에 대해서는 다른 부분에서 다시 언급된다. 인간이 가진 의식의 중요성을 강조하는 것은 이 글의 중요한 내용이다. 진보의 질이란 결국 의식의 문제에서 첫출발하고 있고 그것을 평가하는 척도 역시 최종적으로는 의식에서 결정된다.

그러한 노력은 과학의 발달, 의학의 발달 등으로 이어졌고 실제로 그러한 노력들은 인간의 수명을 연장시키는 데 유효한 역할을 했다. 그러나 인간이 궁극적으로 원하는 것은 수명의 부분적인 연장이 아니라 완전한 연장, 다시 말해서 단절이 없는 영생을 원하는 것이었다. 인간은 이러한 자신들의 엄청난 바람을 실천하기 위하여 몇 가지 중요하고 의미 있는 개념들을 발명하였다. 그것은 바로「신(神)의 발명」과「역사의 창조」였다.

인간은 역사를 인식하고 발명함으로써 개체가 가진 한계를 뛰어넘고자 했다. 육체적으로 소멸될 수밖에 없는 개체의 한계를 영원한 전체 속에서 극복하고자 한 것이다. 인간이 자각한 역사의 범주와 기능은 대단한 것이었다. 개체로서의 인간은 각각 개별적으로 존재하고 있고 각개의 인간들은 분리 독립되어 있다. 그러나 역사 속에서의 인간들은 모두가 개체와 개체가 하나로 연결되어 있었고, 한 개체의 생각과 활동이 모든 것과 불가분의 관계를 맺으면서 영향을 끼쳤다.

동일한 시대에 사는 사람들은 어떠한 형태로든 관계를 맺으면서 서로의 삶에 영향을 끼쳤다. 그리고 시간적으로 큰 격차가 있는 사람들과의 관계에서도 그 영향은 상당히 컸다. 백 년 전 혹은 천 년 전의 인간들과 현대의 인간들이 깊은 관계를 맺고 있다는 사실은 역사 의식을 통하지 않고는 얻기 힘들다. 인간은 역사를 통해서 전체성, 통일성을 획득함으로써 일체감을 인식하고 결국은 개체가 가질 수밖에 없는 죽음이라는 최고의 한계 상황마저도 극복한 것이다.

이 같은 한계 상황을 극복하는 의지가 바로 진보의 중요한 내용이다. 그리고 그 속에서 전체 구성원들의 합일된 상태가 진보의 궁극적인 도달점이다. 한계 상황의 극복을 통한 '자유의 획득', '인간의 해방'은 인간 역사의 궁극적인 상태로서 진보가 지향하는 최고의 목적이다. 이렇게 진보는 단순 운동의 차원을 넘어서 역사적 운동으로 전화될 때 비로소 목적성을 갖는다. 인간은 단순한

생물학적, 물리적, 역학 운동이 아니라 역사적 운동을 통해서 진보해 왔다.[31]

우리는 지금까지 길고 긴 논의를 통해서 운동성의 발현 과정을 살펴보았다. 진보는 운동성 그 자체이기 때문에 진보의 개념을 체계적으로 파악하기 위해서는 운동에 대한 기본적인 이해가 필요했기 때문이다.

2. 진보의 발현 과정 – '갈등과 합일'의 모습

이제는 다음 단계로서 운동성으로 충만된 진보가, 또 목적성 있는 진보의 움직임이 어떠한가를 알아야 한다. 다시 말하면 진보의 질에 대한 확인 작업을 살펴보아야 한다.

그러므로 진보를 위한 운동을 할 때 그 결과물이고 성과물인 진보의 질을 알기 위해서는 그 과정인 극복의 대상을 살펴보아야 한다. 대상을 통해서 주체를 명확히 알 수가 있기 때문이다. 즉 진보의 궁극적 상태인 한계 상황의 극복 과정을 알기 위해 먼저 한계 상황을 야기시키는 갈등의 내용을 알아야 한다. 그 갈등의 극복 방법이 바로 합일의 실천 과정이고 극복된 상태가 진보의 모습이기 때문이다.

갈등

인간이 우주에 처음으로 존재를 나타낸 이후로 인간에게 주어진 모든 것은 그들의 존재를 위협하는 갈등을 유발시키고 있었다. 이 갈등은 힘의 세기나 질의 종류에 따라서 인간에게 각각 다른 영향을 끼쳐 왔다. 인간의 역사가 계속되고 활동 영역이 확대됨에 따라 그와 비례하는 갈등의 대상은 더욱 확대되고

---

31 아파나세프는 생물학과 사회 발전의 법칙들을 생물학적 법칙들로 대체하고 인간을 맹목적으로 생존 투쟁을 하는 동물과 같은 수준에 옮겨 놓는다고 비판하면서 이러한 생각이 자본주의의 추악함을 정당화시키려는 기도라고 하였다. 빅토르 아파나세프, 김성한 역, 『역사의 유물론』, 백두, 1998, 18쪽.

다양해졌다.

　진보의 개념을 인간의 지속적인 존립과 보다 나은 완벽한 상태를 지향하는 것이라고 정의할 때, 또 이 같은 인간의 진보 의지와 실제 주어진 상황과의 불일치를 일치로 전환시키는 작용이 역사의 한 부분이라고 할 때 이 같은 조건과 전제는 인간으로 하여금 갈등의 적절한 극복을 요구하고 있다.

　갈등은 극복 주체의 능력과 대응 태세에 따라서 각각 다른 결과를 가져올 수 있다. 갈등의 적절한 극복 과정은 주체의 힘을 집중시킬 수도 있고 그와 유사한 갈등을 극복할 수 있는 경험을 축적시킬 수도 있다. 반면에 갈등에 대한 불완전한 극복과 극복 과정에서 발생한 오류는 존재를 위협하거나 발전을 왜곡시키게 된다. 그러므로 갈등 극복 과정의 정확한 집행은 매우 중대하다.

　보다 효과적이고 정확한 갈등의 극복을 위해서는 선결 작업으로서 갈등의 본질을 파악하는 것이 필요하다. 그러나 갈등의 본질은 다양하기 때문에 혼란스럽고 추상적이어서 명확한 이해에 어려움을 준다. 이럴 때 대상의 유형화와 정리를 통해서 갈등의 내용을 구체화시키는 것은 아주 효율적인 방법이 된다.

　이 글에서는 인간에게 주어질 수 있는 모든 갈등의 내용을 대상별로 나누어 유형화시키고 그 종류와 내용을 예시한 다음 특성을 파악하고자 한다.

1) 자연과의 갈등, 합일

　인간의 역사는 자연과의 갈등 극복 과정으로 채워져 있다. 특히 이것은 과거로 소급해 올라가면 올라갈수록 그 정도가 심하다. 인간에게 주어진 갈등 가운데 그 힘이 가장 크고 극복에 어려움을 느끼며 장기간의 지속성을 가지고 있는 것은 자연이다. 다시 말해 인간의 역사에서 가장 역할이 크고 영향력이 큰 것이 자연이다.

　자연은 인간을 제외한 우주 내의 모든 것을 말한다. 이것은 크게 보면 자연물과 자연 현상으로 나뉘어진다.

　자연물은 자연을 구성하는 구체적인 상태이다. 예를 들면 수천 미터의 산들,

끝간 데를 모르는 바다, 고원과 사막, 대평원 등을 말한다. 그뿐만이 아니라 인간의 생명을 위협하거나 인간의 식량을 빼앗아 먹는 여타의 크고 작은 동물들, 또는 인간에게 이익을 주는 식물, 그리고 바위나 돌 등의 무생물들도 있다.

자연 현상은 이러한 다양한 종류의 자연물 등을 낳고, 그것을 운영하는 원리 및 그의 발현을 이야기한다. 자연 현상은 인간의 감각에 의해 확인되지 않는 경우도 있고, 또한 보고 듣고 느껴지는 경우도 있다. 전자의 것은 이른바 자연 법칙으로서 모든 것의 근원임에도 불구하고 감각의 단계에서 벗어나 있기 때문이다. 따라서 자연에 대한 인간의 관념에는 구체적인 영향을 끼치지는 않는다. 그러나 후자의 것은 인간의 감각과 육체에 직접적인 관계를 맺는 것이다.

이처럼 감각적인 것은 인간 존재에 가장 위협적이며 공포의 대상으로서 극복이 가장 힘든 갈등이다. 화산의 폭발, 태풍, 해일, 지진 등 그 외에도 장마나 홍수, 질병 등이 있다. 이 같은 천재지변이 인간의 의지와는 무관하게 엄습해 올 때 인간은 당황하게 된다. 대상체에 대한 이해나 본질의 파악은 커녕 진행 과정을 채 느낄 사이도 없이 그냥 허무하게 자신의 존재를 지워버릴 수밖에 없다.

이와 같은 자연 현상에 비하여 그 힘의 정도는 약하지만 지속적이고 다양한 형태로 관계를 맺는 것이 자연물 자체이다. 자연 현상의 경우는 인간 전체와의 갈등 구조 속에 있음에 반하여 자연물의 경우는 소규모 집단이나 개체로서의 갈등 구조 속에 있기 때문이다. 그러므로 자연물, 특히 맹수 등 동물의 경우는 인간의 갈등 구조 속에서 상당한 비중을 차지하고 있다. 인간과 맹수들은 자연 현상이라는 거대한 갈등 관계 속에서 공동으로 극복하고, 한편 극복의 과정에서 상대를 위협하거나 없애야 할 수 밖에 없는 적대적 모순의 관계이었다.

결국 인간은 자연 가운데서 자신을 제외한 모든 현상 내지 존재들과 격렬한 투쟁을 하지 않으면 안 되었다. 그러나 역사의 초창기에 인간은 자연과의 투쟁 내지 경쟁에서 결코 유리한 위치에 있지 못했다. 자연은 인간에게 일방적인 복종을 요구하였고 인간은 자기 의지와는 무관하게 자연에 예속될 수밖에 없었다. 이른바 '예속과 복종'의 관계였다.

그러나 이 관계의 변화를 위해서 인간은 다양하고 엄청난 양의 갈등을 부분적으로 해소시키지 않을 수 없었다. 세월이 흐를수록 인간의 경험은 다양해졌고 축적된 지식의 양도 점차 많아졌다. 특히 자연에 대한 지식과 경험이 많아졌다. 이것은 인간이 가진 힘의 증가를 뜻하고 상대적으로 자연과의 관계가 점차 쌍무적으로 전환되어가는 것을 뜻했다. 이러한 자연에 대한 갈등 극복 노력은 여러가지 형태로 나타났다.

(1) 신체적 능력의 강화

갈등 극복의 노력은 개체가 가진 '신체적 능력의 강화'였다.

일반적으로 인간과 다른 생명체를 구분하는 가장 확실한 증거로서 인간의 문화적 능력을 예로 든다. 그리고 인간은 거의 전적으로 문화적 능력에 의해서 만물의 영장이 되었다고 말한다. 이것은 다시 말해서 인간의 육체적 능력이 보잘것없었고 마치 그러한 신체적 약점 때문에 상대적으로 문화를 창조한 것처럼 이해되고 있다.

그러나 인간의 신체적 능력이 열악한 것은 아니었다. 다만 상대적으로 공격과 약탈을 통해 먹이를 획득해야 하는 맹수들과 비교할 때 인간은 육체적으로 그렇게 쓸모있는 구조와 기능을 가진 것이 아니다. 인간을 비롯한 모든 생명체들은 각각 자신에게 적합한 환경과 조건 속에서 생활하고 있으며, 또 그 환경에 적합하게 신체적 조건을 조절해 나가는 것이다.[32] 인간이 새로운 환경을

32　생물학자 웍스킬(J. V. Uexkuii)은 오든 유기체가 가장 저급한 것이라 하더라도 그저 막연한 의미에서 그 환경에 순응하도록 되어(engepasst)있을 뿐만 아니라, 또한 완전히 그 환경에 적합하도록 되어(eingepasst)있는 것이다. 라고 하면서 해부학적 구조에 따라 일정한 수용 계통과 운용 계통을 소유하고 있다고 하였다. 에른스트 카시러, 최명관 역, 『인간이란 무엇인가』, 전망사, 1984, 39쪽에서 재인용.
　　화이트 헤드는 생물은 일어날 변화를 부단히 예상하면서 주위에서 일어나는 모진

개척하고자 시도할 때, 그리고 맹수들과 동일한 먹이 획득 방식을 유지하고자 할 때 인간은 자신의 신체적 조건을 개선할 필요가 생겼다.

인간의 이러한 필요성과 신체적 조건의 극복은 여러가지 형태로 나타났지만 그 중의 하나이며 매우 중요한 것은 두 발로 서서 걷게 된 것이다. 두 발 직립에 의한 보행은 시야의 확대를 가져왔고 인간으로 하여금 손의 사용을 가능케 하였다. 인간은 입체적인 시각으로 다른 동물들에 비하여 빨리 사냥감 내지 적들을 발견하여 신속히 대응할 수 있었다. 또한 손을 사용하는데다가 엄지손가락이 다른 손가락의 반대쪽을 향하고 있어서 다양한 방법으로 물체를 잡고 타격을 가하는 등 신체의 활용도를 높였다. 즉 생산물 획득 효용성을 급격히 높였다.[33] 그리고 필연적으로 나타난 두뇌, 특히 고등 지적 기능인 두뇌 앞부분의 발달은 지식의 획득뿐만 아니라 축적 능력을 넓혔다.[34]

인간의 대뇌 발달은 부수적인 성과의 기하급수적인 증가를 낳아 결국은 신체와 유리된 것처럼 보이는 지식을 변형시키는 사고 능력을 개발시켰다. 이러한 모든 것들이 결국은 허약하거나 결코 남보다 강하지 않은 인간을 만물의 영장으로 만들었다. 이러한 것들 이외에도 인간의 노력은 여러가지로 나타났다.

예상을 뒤엎고 불시에 엄습하여 인간을 괴롭히는 특별한 자연 현상만이 문제가 되는 것은 아니었다. 다수의 인간들이 항상 느끼고 부딪히는 일상의

변화에 적응하는 것처럼 자신을 변화시킨다고 하면서 이 예지야말로 생물의 본질이다. 라고 하였다. 제레미 리프킨 저, 김용정 역, 『엔트로피2』, 원음출판사, 제6장, 209쪽 참고.
33 엥겔스는 앞의 책『자연의 변증법』, 「원숭이에서 인간으로의 진화에서 인간의 역할」 장에서 인간의 손이 자유롭게 된 것은 노동의 산물이라고 하였다. 인간의 신체 변화와 발달은 눈이 앞으로 나오며 시력이 강화되고, 두 손이 발달한 다음에는 조정이 자유로운 발이 발달하였다. 그리고 마지막으로 두뇌가 발달했다고 한다. 데스몬드 모리스 지음, 김석희 역, 『The Naked Ape』(털 없는 원숭이), 정신세계사, 1991, 22~23쪽 참조.
34 J. H. 레번, 이현영 역, 『인문 지리학 입문』, 정음사, 1979, 66~68쪽 참고.

자연 환경 역시 인간 삶에 갈등을 일으키는 것들이었다. 인간은 하나의 동물로서 온도와 기압이 크게 변화해도 견딜 능력이 있다. 물론 문화적 적응으로서 동물과는 달리 자연을 극복할 능력이 있다. 그러나 인간은 문화적 적응만이 아니라 생리적으로도 자연 조건에 적응할 수 있는 능력이 크다.

이를테면 태양 복사와 피부색의 관계 같은 것이다. 극지방에 겨울이 계속되면 햇빛이 부족하고 거기에 따라 인간의 신체와 정신에도 심각한 영향을 끼친다. 이것은 태양 복사와 인간 신체 반응과의 관계 때문이다. 끝없이 긴 극지방의 밤은 인간에게 창백, 불면, 나태, 소화불량, 빈혈 등을 가져다준다. 햇빛이 과도한 경우에도 마찬가지로 문제를 일으킨다. 강렬한 열대의 햇빛은 생리적 변화만이 아니라 인간의 목숨을 쉽게 빼앗기까지 한다. 그 외에 주기적으로 찾아드는 계절의 변화, 식생대의 변화 등 여러가지 것들이 인간 생활에 영향을 끼친다.[35]

기온과 인체 적응의 관계는 인간의 생리적 반응이 얼마나 광범위하고 인간의 자연 극복 능력이 뛰어난가 하는 것을 알 수 있다. 생존을 위해서 인간의 체온은 섭씨 약 37.5°C 내외를 유지해야 한다. 그러나 인간이 거주하는 환경의 온도는 그렇지 못할 경우가 많다.

남부 칠레의 알라칼루프족(Alacaluf)은 생리적으로 낮은 온도에 적응되어 있다. 온도가 섭씨 3.9°C에서 8.8°C를 오르내리는 혹독한 편서풍 지역에서도 나체로 사는데 그들의 기본 신진대사율은 유럽인 평균치의 2배나 되며, 땅딸막한 다리는 피부 밑의 지방층으로 절연되어 있다. 이것은 생리적 적응의 전형적인 한 예이다. 에스키모들도 극지방에서 살고 있는 만큼 그들의 생존을 전적으로 문화적 고안에만 의존하지는 않는다. 고래, 바다표범, 곰을 잡아먹기 때문에 다른 인종들에게서는 불가능할 정도로 많은 양의 脂肪을 소화할 수 있다.[36] 또한 체중이 기온과 반비례한다는 '베르그만(Bergman's rule)의 법칙'이나

35　J. H. 레번, 이현영 역, 『인문지리학 입문』, 56·60쪽 참조.
36　앞의 책 61쪽을 참조할 것.

고온 기후에서는 신체의 돌출 부분이 길어진다는 '알렌의 법칙(Allen's rule)'은 인간의 생리적 적응의 훌륭한 예이다.[37] 이 외에도 인간의 신체적 적응의 예는 수도 없이 많다. 인간이 거주할 수 있는 공간에 유연성을 갖게 된다든가, 인간이 섭취할 수 있는 음식물의 종류를 다양하게 한다든가도 그 중의 하나이지만 이것은 문화적 적응으로 연결된다.

(2) 정신 능력의 강화(관념 변화)

인간은 자연에 대해 즉자적인 반응과 적응만을 한 것은 아니었다. 인간은 자신을 낳고 키우며 존립의 근원인 자연을 관찰하고 자연 현상을 생각하기 시작했다. 더구나 대뇌의 발달은 인간으로 하여금 생각을 하게 했다. 하나의 지식이나 생각의 실마리가 생겼을 때 인간은 생각을 했고, 다시 생각은 생각을 낳아 생각의 대상과 종류는 많아졌다. 이러한 생각의 과정 속에서 인간의 觀察은 혼란스럽고 강력하기만 한 자연을 차차 정리하게 만들었다.

인내심을 갖고 지켜보던 인간은 조금씩 조금씩 자연을 이해하기 시작했다. 관찰과 경험은 광폭하고 혼란스러운 것 같은 자연 현상에 反復과 일정한 秩序가 있다는 것을 확인하게 하였다. 인간은 혼란스러운 것 같은 자연 현상 속에서 하나하나 확인한 결과를 질서화시키기 시작했다. 인간에 의한 자연의 질서화는 이미 인간의 의지가 개입되었다는 것을 의미한다. 시간이 흐를수록 자연의 질서는 인간의 의지에 의해서 어느 정도의 조절이 가능하게 되었다.

이 조절의 과정은 인간에게 여러가지 의미를 준다. 인간이 자연의 일에 부분적으로 참견할 수 있게 되었고 인간은 자연에 대해 약간의 여유를 갖게 되었다. 그 중에서도 중요한 하나의 사실은 인간이 자연에게 일정한 개념을 부여한 것이다. 자연 현상이라는 절대적인 자리를 파고들어가 인간의 자리를

---

37 앞의 책 63쪽, 알렌의 법칙은 니그로인들이 긴 팔과 긴 다리, 긴 목이 땀을 가장 많이 흘리는 부위의 피부 면적을 정당화시키는 것이라고 한다.

마련해 놓은 것이다. 그리고 자연에게 바로 인간의 모습을 부여한 것이다. 이렇게 되면서 인간과 자연과의 기존 관계는 '재편과 변형'이 불가피하게 되었다. 그 전 단계에서처럼 예속과 복종의 일방적인 관계가 아니라 서로 밀고 당기며 때때로 '조정'이 가능한 쌍방의 관계로 전환되기 시작했다.

인간은 질서 재편의 일단계로서 신이라고 하는 인간의 모습을 하고 자연의 능력을 갖춘 하나의 새로운 존재를 만들었다. 절대적인 힘과 능력을 갖고 인간의 생존을 좌지우지하던 자연은 인간의 얼굴을 한 신이 되어 인간을 도와주게 되었다. 대부분의 중요한 자연물과 자연 현상은 막연하고 거대한 덩어리가 아니라 각각 분화되고 구체적으로 변화되어 다양한 신의 형태를 갖게 되었다. 하늘신, 바다신, 비신, 구름신, 산신 등등—. 그 외에도 인간은 자신들의 필요에 의해서 수없이 많은 신들을 만들어냈다.

인간은 이렇게 자신을 닮은 신들을 만들고 인간과 신들의 관계를 부단하게, 그리고 밀접하게 만들어나갔다. 물론 신은 권능의 상징이었고 인간을 절대적으로 지배할 수 있는 힘을 갖고 있었다. 그러나 적어도 신은 인간의 모습을 하고 있었고 인간에 의해서 만들어진 존재이다. 그러니 적어도 인간의 의지와 바람이 어느 정도 개입할 여지는 있는 것이었다.[38]

이렇게 인간은 신을 발명함으로써 두려움과 적대감의 대상이었던 자연을 친화력 있고 필요에 따라서는 조절할 수 있는 대상으로 만들어 갔다. 신의 개념을 발명한 것은 인간이 자연에 대하여 주체적인 자리를 찾아가고 자연을 극복하기 시작했음을 의미한다. 동시에 인간에게 주어진 상대를 극복하는 가장 지혜롭고 완벽한 방법을 발견 · 획득 · 실천한 것이다.[39]

---

38 데스몬드 모리스는 앞의 책 194쪽에서, 인간이 신을 창조한 까닭은 우두머리가 부족하여 그 공백을 메꾸기 위해서라는 독특한 견해를 표명하고 있다.
39 푸루동은 '자유롭고 지적인 인간의 최우선 과제는 인간의 마음과 양심에서 끊임없이 신의 관념을 몰아내는 것'이라고 말한다. 그리고 '우리는 신이 없어도 과학과 복지 그리고 사회를 갖는다. 그리고 모든 진보는 곧 우리가 신성에 대해서 거둔 승리를 말한다'라고 언급하였다. 칼 뢰비트(Karl Loiwith), 이한우 역, 『역사의

이처럼 사물과 사건을 자기의 질서 속으로 끌어들여 관계를 새로 편성하는 것은 대상을 자기화시키는 것이다. 이것은 바로 소외의 극복이고 존재와 인식 사이, 또는 주체와 대상체 사이의 불일치를 일치로 전환시키는 최초의 단계이다. 다시 말해서 이러한 관계의 설정은 인간이 비로소 오늘날 우리가 인정하고 있는 초기 형태의 역사권(歷史圈)으로 들어오기 시작한 것을 뜻한다.

초보적인 형태의 신 개념과 형태는 이미 훨씬 오래전부터 형성되어 왔을 것이다. 이를테면 선사 유적지에서 이미 신의 모습을 표현한 유물 등이 발견되고 있다. 동굴 속의 벽화들도 그렇고 암각화들, 그리고 흙으로 빚은 소상들은 소위 원시시대라고 불리워지는 시기에도 신의 개념과 형태가 있었다는 것을 보여준다.

그러나 새로 만들어진 신이 자기 나름대로의 역할과 기능을 하는 것은 비교적 후대로 내려와야 한다. 그리고 그것이 사회적 제 관계와 어느 정도의 관련성을 맺고 문화적인 현상으로서 나타나게 되었을 때 우리는 그 시기를 역사가 시작되는 시기로 보는 것이다. 그렇기 때문에 국가 등 정치 집단이나 문화의 성립에 '신들의 이야기'는 신화건 전설이건 혹은 유물이나 문자에 의한 것이건 반드시 등장한다.

메소포타미아나 이집트, 중국, 그리고 그보다 시기적으로 늦은 그리스 등에서는 신들과 인간이 불가분의 관련을 맺고 살았다. 단군신화에 등장하는 풍백(風伯), 우사(雨師), 운사(雲師) 그리고 산신(山神), 수목신(樹木神) 등은 자연 현상이 신격화되어 인간의 역사에서 일정한 역할을 하고 있는 것을 보여준다. 특히 천제(天帝) 또는 천신(天神)의 성격을 갖고 있는 환인이나 환웅, 그리고

의미(Meaning in history)』, 문예출판사, 1990, 100쪽에서 재인용. 이처럼 푸루동은 인간이 궁극적인 진보를 이루기 위해서 인간과 신의 영원한 투쟁을 전개해야 한다고 한다. 물론 이러한 견해는 많이 있으며 특히 근대 이후에는 중세의 신권에 대한 반동으로 신의 부정적 측면을 부각한 경우가 많다. 그러나 그것은 제작 의도 가운데 특정 부분을 강조하거나 신을 운용하는 방법상의 문제점을 비판하는 과정의 소산인 경우가 많다.

해모수 등의 존재는 인간이 자연을 적극적으로 인간의 삶의 영역으로 끌어들인 것을 뜻한다.

이처럼 신의 발명과 자연의 질서화로 인간과 자연과의 관계는 일방적 · 종속적 관계에서 점차 쌍방적인 관계로 변화되어 갔다. 자연과의 갈등을 조직적으로, 체계적으로 극복해가기 시작한 것이다.

(3) 문화적인 적응, 노동

인간이 가진 또 다른 하나의 능력은 문화의 창조와 그것을 통한 적응 능력이다. 이 능력은 인간 이외의 어느 존재물들도 갖지 못한 인간의 고유한 능력으로서 인간을 만물의 영장으로서 있게 한 가장 근본적인 것이다. 인간의 열악한 신체적 조건은 자신을 둘러싸고 있는 외적 조건을 수용하기에는 터무니없이 부적합하다. 따라서 인간 갈등 극복의 일단계로서 천부적으로 타고난 신체적인 능력을 강화하는 데에 노력을 기울였다. 그런데 이러한 것은 정도의 차이는 있을지언정 다른 어떤 자연물도 가지고 있는 태도와 능력이다. 그러나 인간은 단지 그러한 단계에서 머물 수가 없었다. 다른 존재물들과의 경쟁에서 승리하기 위해서는 그들보다 뛰어난 능력을 가져야만 했다.

그리하여 인간은 내부적으로 집단과 조직을 만들었고, 다음 단계로서 외부 물체 혹은 존재물들을 가공하고 변형시켜 자신의 생활에 적응시키지 않을 수가 없었다. 이것은 문화적 적응으로 나타났다.

어느 날 인간은 그 이전까지 거의 비슷한 자격을 갖고 생활하던 자연의 다른 동료들과 결별을 선언했다. 들판을 뛰놀던 늑대와 토끼, 인간을 먹이로 하는 호랑이 등의 맹수들, 그리고 하늘을 나는 새들은 물론 한 그루의 나무나 맨발 밑에서 살며시 피어나는 꽃들과는 다른 존재 방식을 나타냈다. 이때부터 인간은 최초로 문화를 알고 문화적인 적응을 하기 시작했다. 그리하여 인간은 동물을 비롯한 다른 자연과의 관계를 전혀 다른 식으로 바꾸기 시작한 것이다.

다른 생명체들의 경우에는 외부와의 관계가 직접적으로밖에는 이루어지지 않는다. 이를테면 동물들은 추위가 닥쳐왔을 때에는 몸에 나 있는 털로 바람을 막거나 아니면 따뜻한 장소를 찾아가 웅크린 채로 추위가 가실 때를 기다린다. 운동성이 비교적 약한 식물들의 경우에는 더욱 수동적이다. 그러나 인간의 경우에는 그렇게 하는 것으로 그치지 않는다.

인간은 다른 어떤 동물에 비해서도 털이 부족하다. 그런데도 인간은 우선 자연을 가공하고 변형시켜 옷을 만들어 입음으로써 1차적으로 추위를 막는다. 그 다음에는 자연의 어느 한 조건을 변형하고 가공하여 따뜻한 곳, 이를테면 동굴이나 움집 등을 만들어낸다. 즉 모든 생명체들이 이미 있는 따뜻한 곳을 찾는 데 반하여 인간은 따뜻한 곳을 만들어낸다. 그것도 능동적으로 변형시켜가면서 말이다. 노동이 그것이다.

상원 검은모루동굴, 제천의 점말동굴, 제주도의 빌레못동굴 등의 인간 유적지는 비교적 역사 초창기에 인간이 자연을 초보적으로 이용한 흔적을 보여준다. 그러나 시대가 내려와 한강변에 있는 암사동 선사 유적지 등은 농사와 어로를 염두에 두면서도 난방과 취사 시설을 해서 인간이 보다 안락하고 효용성 있는 주거지를 만들어 이용하고 있는 것을 보여준다. 우리는 동굴 유적지와 주거 유적지에서 발견 또는 발굴되는 유물 등을 통해서 인간의 자연에 대한 문화적 적응도가 점차 강해지고 다양해지는 것을 확인할 수 있다.

이 같은 태도는 식량의 획득 방법에 있어서도 마찬가지이다(식량의 획득이라는 것은 생산 활동의 기본이다). 다른 식물이나 동물들의 경우에는 오로지 자신의 몸뚱이를 수단으로 해서 식량을 획득하는 방법을 사용한다. 이를테면 강력한 근육의 힘이나 날카로운 이빨, 또는 빠른 발 등 자신이 가진 특별한 기능을 활용해서 먹이를 얻는다. 그러나 인간은 다르다.

인간이 역사 활동을 시작한 이래 500만 년 동안에 약 네 번의 빙하기가 있었다. 그리고 중간중간에 간빙기가 있었다. 우리 문화 속에서는 제1간빙기인 약 75~60만 년 사이에 곧선사람, 즉 직립원인이 살았으며 그 증거는 공주 석장리 제1문화층에서 나타나고 있다. 이때 외날석기 등 연모를 만들어 사용하면서 기후에 적응하였다. 그리고 제2간빙기의 평남 상원군의 검은모루동굴 유적지나 제천의 점말용굴 등에서는 동물의 뼈들이 발견되었다.

그것들은 코끼리, 쌍코뿔소, 소 등의 열대성 동물들이었는데 집단이 떼를 지어 대대적인 사냥을 하던 시기로 알려졌다. 이후 제3빙하기, 간빙기 등에 이르면서 인간의 도구들은 더욱 발달하여 모루, 망치떼기로 연모를 만들거나 나무에 창끝을 만드는 정도로까지 발달했다.[40]

이처럼 인간은 자신의 부족한 능력에 해당하는 부분을 대신하여 다른 것을 활용함으로써 보완을 한다. 그래서 처음에는 약한 손 대신에 적합한 돌덩이를 손에 쥐고 그것을 타격해서 무기로 삼았으며 때로는 열매를 따거나 깨뜨리고 나무 뿌리를 캐는 데 사용했다. 그리고 한걸음 더 진전된 방법으로서 자연을 가공하여 덫을 만들거나 그물을 사용해서 먹이를 획득했다.

기본적인 먹이의 획득은 점차 인간이 생활에 필요한 여러 가지의 물자들, 즉 물질적인 재화의 획득을 구하는 형태로 바뀌어 갔다. 수렵 채취의 기본적인 형태에서 유목이나 농경으로의 이행은 인간의 문화적 적응을 보여준다. 구석기시대, 신석기시대, 청동기시대를 거쳐 철기시대로의 발전과 이행은 인간의 자연에 대한 적응 방법과 과정에 따라 분류된 것이다.

이렇게 해서 인간은 자기 신체와 자연을 연결한 부분만이 아니라 자연 자체마저도 필요에 의해 변형시키는 단계에 이르렀다. 자연의 모든 부분 부분에까지 다양한 형태와 직접적이고 간접적인 관계를 맺게 된 것이다. 그리고 자연에 대한 지식과 경험이 축적되면서 자연과의 관계를 보다 효율적으로 관리하기 위하여 자연의 본질과 현상에 대한 조직적인 관찰과 실험을 시도하였다. 여기서 과학이 탄생하였고 자연과의 관계는 적극적이고 능동적으로 변화하였다.

그러나 인간과 자연과의 이러한 특수한 관계는 저절로 맺어진 것은 아니었다. 거기에는 인간의 의지와 그것의 결과인 노동이 있으므로 가능해진 것이었다. 노동은 자연과 인간을 매개해 주는 것으로서 인간에게 문화를 있게

---

40 「구석기문화 중석기문화」, 『한국사 연구입문』, 지식산업사, 77~78쪽 참조.

한 가장 근본적인 것이다.

이처럼 육체적 능력을 보완해주는 문화적 적응의 의존도가 높아짐으로서 상대적으로 신체적, 생리적 적응도는 점차 낮아진다. 그러나 전체적으로 볼 때 인간의 능력, 특히 자연과의 갈등 극복 능력은 현저하게 향상됐다.

위에서 살펴본 바와 같이 자연에 대한 갈등 극복은 세 가지의 적응 형태로 나타났다. 첫 번째는 신체적 능력의 강화, 둘째는 정신적 능력의 강화, 그리고 세 번째는 문화적 적응이다. 이들 세 적응 형태들은 각각 주어진 상황에 따라서 유효적절하게 반응을 한다. 그러나 인간의 활동이 모두 그러한 것과 마찬가지로 이것들은 개별적으로 작용하는 것이 아니라 상호 관련성을 맺으며 통일적인 관계를 맺고 있다.

인간의 역사가 계속 진행될수록 인간의 경험은 더욱 다양해졌고 축적된 지식의 양도 급격히 많아졌다. 그러므로 인간이 가진 힘은 점차 증가했으며 그에 따라 자연과의 관계도 빠른 속도로 변화되었다. 특히 근대에 이르러 자연과학지식의 양적인 팽창, 지리상의 대발견으로 인한 활동 영역의 확대 등은 인간의 자연에 대한 관계를 결정적으로 바꾸어 놓았다. 즉 자연과의 관계를 합일로 지향하는 과정에서 발생한 갈등의 내용이 점차 변화하거나 대상이 줄어들었다. 뿐만 아니라 갈등에서 빚어지는 운동량도 현격히 적어졌다.

이제 인간은 더 이상 자연에 의해 일방적으로 조정되거나 또는 상당한 부분을 양보한 상태에서 지배되는 존재가 아니었다. 인간은 자연의 성질을 '유형화'시키고 '법칙화'시켜 비교적 자유롭게 이용할 수 있는 단계에 이르렀다. 이제 인간은 자연과의 관계에서 보다 많은 자유를 획득하게 되었고, 누리는 자유의 양이 많아졌다.[41] 이것은 인간의 역사가 진보하는 것을 의미한다.

---

41 "인간은 과학과 생산이 진보함에 따라 자연을 통제하기 시작했고, 자연의 객관적 법칙들을 익혀 점차로 자연에서 작동하는 필연을 자신의 의지에 종속시켰으며 자연에 대하여 자유롭게 되었다.—" 아파나셰프, 『역사적 유물론』, 백두, 1988, 16쪽에서. 그러나 이러한 견해는 거의 동일한 속도와 궤적을 따라 발전한 의식

즉 점차 합일의 질적 정도가 성숙해져가고 있는 것이다.

결국 자연은 인간에게 스스로의 힘을 상당 부분 양보하고 질서를 재편할 수밖에 없게 되었다. 그런데 자연과의 갈등이 줄어드는 것은 상대적으로 인간과의 관계에서 발생한 갈등이 더 많은 비중을 차지하는 결과를 가져왔다. 그것은 사회와의 갈등이다. 이제 진보를 실천하는 데 더욱 중요한 극복의 대상은 자연에서 서서히 자리를 옮겨 인간들간의 문제로 다가왔다.

2) 사회와의 갈등, 합일

인간은 발생의 거의 초창기부터 무리를 짓고 살았다. 우리는 흔히 인간을 사회적 동물이라고 한다. 인간은 하나의 독립된 개체로서 존재하는 것이 아니라 사회라는 일정한 지역과 공간에서 거의 유사한 조건에 대해 동일한 반응을 하며 살아간다. 따라서 인간과 기타의 생명체들과의 차이를 사회성의 유·무에서 가리기도 한다.

마르크스는 '개인은 사회적 존재이다'라고 하면서 '개인의 삶의 표현은 사회적 삶의 표현이요, 확인이다'라고 하였다. 그리고 '또한 나의 활동은 물질 뿐만이 아니라 - 사상가의 활동의 근거가 되는 언어 자체까지도 - 나에게는 사회적 산물로서 주어져 있다. 나 자신의 사유도 사회적인 활동이다'라고 하여 인간의 사회성을 강하게 주장하였다.[42] 그러나 인간만이 사회적 동물인 것만은 아니다. 그럼에도 불구하고 우리는 인간을 사회적 동물이라고 의미를 부여하면서 강조하고 있다.

모든 생명체의 개체군들은 일종의 사회를 이루고 있다. 식물은 식물대로 군집의 형태로 사회를 이루고 있으며, 동물은 동물들의 능력과 성격에 따라 사회를 이루고 있다. 동물들에게 있어서는 군체(群體)라고 하는 동물의 사회

또는 관념의 측면을 소홀히 인식하고 있다.
42 마르크스, 『경제학 철학수고』 중 세 번째 초고에서 인용, 87쪽..

집단을 볼 수 있다. 이것은 동일종(同一種)의 동물이 생식을 위해 제한된 공간에 모여 이루는 총체를 말한다. 이것이 더욱 발달된 형태가 포유류와 개미, 벌, 말벌, 흰개미 등 곤충들에게서 볼 수 있는 사회이다.

이처럼 사회성이 강한 동물들은 개체 간에 밀접히 연결되어 있어 사회를 떠난 생존은 생각할 수도 없으며 사회 구성원 사이에 존재하는 영양 교환이 필요불가결의 요건이다. 이를 위해서 유인이나 對抗등 여러가지 방법을 써서 사회를 유지하고 그 속에서 존재를 이루고 있다.[43] 그런데 인간을 제외한 모든 생명체들이 갖고 있는 사회성과 인간이 가진 사회성에는 차이가 있다.

개인과 사회는 불가분의 관계를 맺고 있다. 개인의 습이 사회가 되고 하나의 사회가 분화될 때 그것은 각개의 개인들로 나누어진다. 그러므로 개인의 한 의식 혹은 행위들은 반드시 사회에 영향을 미치고, 사회의 변화는 그것이 크고 적고 간에 그 구성원들인 개인들에게 영향을 끼친다. 그러나 이때 합이라는 것은 마치 수학의 공식처럼 각각의 독립된 개체들이 고유의 성격도 없고 아무런 연관 관계가 없이 무미건조하게 집적되는 것은 아니다.

개인과 사회와의 관계라는 것은 숫자의 합만이 아니라 각 개체 혹은 개인들이 갖고 있고 발생시킬 수 있는 관계의 합인 것이다. 더구나 인간은 모든 생명체 가운데서도 가장 복잡한 신체 구조와 고도의 다양한 기능을 갖고 있다. 결국 다른 생명체와는 달리 인간이 가진 사회성은 숫적 혹은 양적인 개체의 합만이 아니라 그것을 포함한 질적인 관계의 합인 것이다. 이 같은 관계성은 사회가 개인으로 분화될 경우에도 마찬가지이다. 여기서 인간과 사회와의 갈등이 복잡하게 생산 · 전개되는 것이다.

---

43 M. 뀌젱 지음, 이병훈 역, 「군체 생태학」, 『생태학이란 무엇인가』에서 참고. 현대과학신서, 1975.
※ 그 외 인간의 동물적인 사회성에 대해서는 데스몬드 모리스의 『털 없는 원숭이』가 상세히 언급하고 있다.

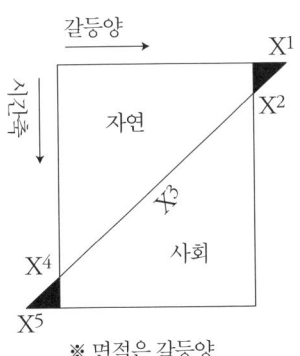

X^1 자연과의 갈등이 주였던 시기
X^2 사회와의 갈등이 시작된 시기
X^3 자연, 사회와의 갈등이 거의 비슷한 정도인 시기
X^4 자연과의 갈등이 거의 소멸되어 가는 시기
X^5 사회와의 갈등이 주인 시기

 인간과 집단과의 관계에서 발생하는 갈등은 광범위하며 중요하고 특히 자연과의 관계에 비해서 보다 명확하고 직접적인 상태로 나타난다. 더구나 시간의 흐름에 따라 역사가 진행될수록 자연과의 갈등 관계는 점차 극복이 되는 반면에 인간들 사이에서 빚어지는 갈등은 뚜렷한 진전이 나타나지 않는다. 오히려 종류가 더욱 다양화되며 질적으로 복잡해지는 양상마저 보인다. 근대 이후의 인간의 역사란 사실 거의가 사회와의 갈등을 극복하는 과정으로 채워져 있다고 보여진다.

 이처럼 역사가 진행되면서 자연과의 갈등은 점차 극복되어간다. 그러나 상대적으로 사회와의 갈등은 점차 증가한다.

 사회와의 관계에서 발생하는 갈등은 크게 두 가지 면에서 나타난다 .

 하나는 인간이 모여 형성된 집단, 즉 일정한 단위가 있을 때 그 단위 내부에서 발생하는 것이다. 그리고 다른 하나는 개인이 속한 일정한 단위가 다른 단위와의 대외관계에서 발생하는 것이다. 전자는 내부의 모순으로서 그 단위 내부에 있는 각각 다양한 조건과 요소에 의해 많은 모순들을 발생시킨다. 그러나 그것들은 결국 가장 주요한 축으로서 계급 모순의 형태로서 나타난다.

 거기에 비해서 후자는 상대적으로 대외관계 모순으로서 나타나며 그 가장 극적인 형태는 시대와 지역을 불문하고 민족 모순의 형태로서 나타난다. 안과 밖이라는 것은 동일물의 각각 다른 표현이고 그것의 합에 의해서만 사물과 사건이 성립하는 것이다. 그러므로 양자는 상호 관련성을 맺고 있고 집단에게는 둘 다 중요하므로 평가의 기준이 없이 그 질의 비중을 저울질할 수는 없다. 그러나 모든 행위의 과정과 결과는 결국 주체의 인식과 실천에서 출발하여 주체에 대한 영향과 평가로 종결되는 만큼 1차적으로는 내부 갈등의 문제에 관심을 가질 수밖에 없다. 더군다나 인간의 역사는 초기에 가까워질수록 활동의 단위가 작아지는 만큼 외부적인 것보다는 단위 내부적인 문제가 더 비중을 차지하고 있다.

(1) 내부 갈등 - 계급 모순의 발생

첫째, 내부 갈등의 경우,

내부에서 발생하는 갈등은 여러가지 형태로 나타날 수 있다.

인간에게 주어진 최대의 갈등은 자연과의 관계에서 발생한 것이라는 것은 이미 앞에서 언급하였다. 그런데 이 갈등의 극복 과정에서 목적 혹은 구체적인 목표를 달성하고자 할 때 어떠한 방법을 어떠한 방식으로 사용하느냐가 중요한 과제로 등장한다. 즉 유용성(有用性)과 효용성(效用性)의 문제가 나타난다.

인간은 자연과의 갈등을 개체의 입장에서 극복하고자 할 경우 자신의 신체적 열악성을 보완해 줄 효율적인 방법을 찾는다. 그 방법의 탐색과 적용 과정에서 한 사람 한 사람이 모였을 때 능력이 강화된다는 사실을 알게 되었다. 그리고 집단을 이루기 시작했다. 그러나 인간이 단순한 집합체인 경우, 그것은 의미가 없는 덩어리이거나 혹은 효용성이 결여된 집단에 불과하다. 인간들은 집단을 그냥 덩어리로 놓아두는 것이 아니라 하나하나 구획을 지어 질서를 부여하고 그것에 맞춰 역할을 분담시켰다. 그리고 사회를 이루었다.

그것은 두 가지 이유 때문에 더욱 그러하다.

하나는 획득과 방어라는 구체적인 생존을 위해서다. 초창기의 인간들에게 있어서 먹이의 대상은 비교적 적었고 그것을 획득하는 방법 역시 많은 지식과 경험을 필요로 하지는 않았다. 그럼에도 불구하고 인간은 개인으로서 작업을 할 수는 없었다.

인간은 이미 구석기시대 때부터 사냥을 해왔다. 한반도에서도 이미 30~20만

년 전부터 대대적인 사냥이 있었다고 한다. 인간이 자신보다 육체적인 능력이 큰 짐승을 사냥하고자 할 때 그것은 이미 다수 사람들의 협동과 분업을 전제로 해서만 가능한 작업이다. 우리는 석기시대 인간들의 사냥 모습을 비교적 얼마 되지 않는 과거 인디안들의 생활에서 찾을 수 있다.

한 마리의 거대한 들소를 잡고자 할 때 모든 사람들은 힘의 교환이나 역할의 분담이 없이 우우하고 무질서하게 덤벼들지 않는다. 들소 떼의 움직임을 파악하는 정찰자의 존재는 물론 필수적이고 그 외에도 한 사람은 앞에 서서 이미 파놓은 함정으로 들소의 방향을 유도해야 하고 또 다른 사람들은 들소를 자극하기 위하여 돌을 던진다거나 아니면 불붙은 막대기를 휘두르며 몰아대야 한다. 이러한 질서를 기초로 한 작업과 공정은 잡고 난 후 먹고 처리하기까지에도 필요하게 된다. 오히려 획득한 먹이의 분배는 더욱 복잡한 문제이다.

이러한 질서를 기초로 한 작업과 공정은 인간이 불을 사용하거나 집을 지을 경우, 또는 돌도끼나 토기 등의 도구 등을 만들 때도 마찬가지이다. 특히 공격에 비해 방어는 갑자기 닥쳐오고 즉각적으로 신속히 해결해야 할 문제이므로 힘이나 능력의 교환, 역할의 분담이 더욱 필수적이고 신속해야 한다.

인간의 생활 양식이 복잡해지면 복잡해질수록, 문화가 발달하면 할수록 이러한 힘의 분배와 교환의 필요성은 더욱 심해진다. 그런데 이처럼 어렵고 복잡한 일을 하고자 할 때는 효율적으로 관리하고 질서를 조정하는 기능이 절대적으로 필요하다. 이 기능은 인간 개체 혹은 집단의 내부에 본능적으로 갖추어져 있으나 그것을 구체화시킬 또 다른 힘이 필요하다. 여기서 인간의 집단에 조정하고 정리하는 역할을 하는 관리자가 탄생하게 된다. 관리자의 필요성은 자연 현상의 이용이나 식량의 획득, 적으로부터의 방어 등 직접 생존과 관련을 맺고 있는 것 때문만은 아니다. 자율 조정 기능이라는 또 하나의 역할이 있기 때문이다.

인간의 집단이 점차 커지고 집단이 해야 할 일의 양과 종류도 많아지면서 집단에는 스스로 해결하는 자율 조정 기능이 사라지기 시작했다. 동물들이나 식물들도 집단 내부에 문제가 생겼을 경우, 이를테면 수용 능력의 한계를 넘을 때 사망률이 증가하거나 수태율이 감소하거나 한다.[44] 자율 조정 기능의 존재를 전제로 했던 인간의 자연 질서에 대한 순응도가 약해지면서 인간은 자연이 준 기능을 상실하게 되었다.

무엇보다도 인간이 획득한 식량의 양이 증가하면서 집단의 구성원들 사이에서는 문제가 야기되기 시작했다. 인간이 자연과의 갈등을 극복해가면서 주린 배를 채우고도 남을 만큼의 식량을 지속적으로 얻게 되면서 사회 속에서의 갈등이 표면화되기 시작했다. 가장 기본적인 것은 일감의 배당과 식량의 분배를 둘러싸고 인간들, 혹은 인간 집단들 사이에서 빚어진 갈등이다.

그런데 이 같은 갈등을 그대로 방치할 경우 그것은 더욱 복잡해지고 어려워져서 충돌을 일으키게 되고 다른 요인들과 겹쳐져서 결국은 집단의 공동 파멸을 가져올 수 있었다. 이것을 방지하기 위하여 집단의 구성원들이 모여 상의를 하였고 그 결과 질서를 조정하는 역할과 그에 적합한 담당자를 선택하게 되었다.

물론 역사의 초기에는 공동체 사회였고 수평 질서였기 때문에 갈등의 조정 담당자는 단순한 위임자 혹은 대리자였으며, 그 이상의 범주를 넘어서지 못했다. 그리고 그것은 혈통을 기초로 한 사회였으므로 그 집단의 가장 연장자인 어른이나 보호자가 위임자로서의 역할을 하였다.

그러나 시간이 흐를수록 상황은 바뀌기 시작했다. 인간의 숫자가 많아지면서 혈통을 매개로 한 단순하고 조그마한 사회는 깨져나가고 보다 크고 복잡한 사회로 변화되어 갔다. 그리고 한편 인간의 능력이 확대되면서 갈등 극복의 과정이 복잡해지고 인간이 생산해내는 생산물의 양도 더욱 많아졌다. 이러한

---

44 이 부분에 관해서는 동물학자들의 쥐를 통한 실험 수치가 나와 있다. 그리고 이설은 인구의 과잉 증가 현상과 아울러 전쟁이나 질병의 발생 요인으로 설명되기도 한다. 데스몬드 모리스는 『The Human zoo』(창조의 삶을 위하여) 제4장에서 인구 과밀화에 대한 생물학적 반응을 이야기하고 있다

일련의 과정 속에서 관리의 대상과 종류가 많아지고 관리자의 역할도 강화되었다. 그러자 집단이 선택하여 위임한 관리자는 자신의 역할 강화를 가져오게 하는 사회 구조와 함께 인간이 가진 이기심, 생산물의 독점욕 등으로 인하여 점차 집단을 지배하는 통제자의 모습을 갖게 되었다.

통제자는 자신의 욕구를 충족시키기 위하여 여러가지 장치들을 능동적으로 만들어내기 시작했다. 군사력을 바탕으로 한 조직을 만들었으며 그 조직의 합법성을 뒷받침할 개념 장치, 즉 논리를 창출했다. 이렇게 되자 집단 내부에 서로 이익을 달리하고, 각각 다른 방식으로 이익을 획득하는 집단들이 생겨났다.

결국 역사 주체의 성격과 위치, 정치 권력의 참여와 담당 범위, 생산물의 생산 과정과 분배 양식 등 그 외 여러가지 요인에 의해서 내부의 갈등은 심각해지고 복잡해졌다. 그러나 이 같은 다양한 종류의 내부 갈등은 결국 커다란 범주인 계급의 문제로 귀결된다. 따라서 집단 내부의 갈등은 일단 계급간 갈등의 성격을 갖는다.

계급은 사회의 발생과 그 시원을 같이 하고 있으나 그것의 보다 구체화된 형태는 사회가 조직화되고 효과적으로 통제할 제도가 생긴 이후에 나타났다. 처음에는 자연과의 갈등을 보다 효과적으로 해소하기 위한 목적에서, 또는 인간이 삶을 보다 오래 지속시키기 위해서 만들어 낸 구분과 역할 분담이 자체의 운동성에 의해서 계급으로 형성되었다.

계급의 형성은 집단 구성원들간의 불평등을 전제로 하여 이루어졌기 때문에 필연적으로 갈등을 유발시킬 수밖에 없었다. 그리고 이 갈등의 발생 과정 속에서 집단 내부에 서로 이익을 달리한 집단들이 생겨났다. 이렇게 해서 계급은 점차 세분화되고 고정화되었다. 그리고 기존의 계급을 유지·지속시키기 위한 목적에서 다시 새로운 계급의 창출과 제도의 양산이 있었다.

이 같은 계급은 일정한 시대에 이르러 신분의 형태로 외장을 달리했다. 역할 분담의 차별적 지표이며 능력을 평가 기준으로 했던 계급이 이젠 혈통

등 출신 배경과 세습화된 직업 등이 관련되어 항구적인 신분으로 변모되어 갔다. 계급에서 신분으로의 전화는 갈등의 진폭이 한층 더 커지고 질의 내용이 강화된 것을 뜻한다. 사회는 모두 계급의 공고화를 위한 형식으로 재조정되었다. 신분 제도의 완비는 집단과 개인과의 소외, 계급간의 갈등이 이젠 형식화되고 계급이 사회 지탱의 도구로서 인정을 받게 된 것을 뜻한다.

그러나 역사 속에서 계급 혹은 신분간의 갈등을 극복하기 위한 노력은 다양한 형태로서 제기되었다. 그 결과 이른바 근대에 들어와서는 신분 제도가 폐지되었다. 그리고 적어도 형식상으로는 집단의 구성원 모두에게 동일한 권리와 의미가 주어지는 상태가 되었다. 그러나 아직도 계급은 존재하고 있으며 이 계급간의 갈등을 극복하기 위한 노력도 유효하다.

집단 내부에서 발생하는 갈등의 종류는 또 있다. 집단은 단위 나름대로의 경험과 진행 방향을 갖고 있다. 그런데 그것은 집단 구성원의 다수, 혹은 강력한 힘을 가진 소수에 의해 이루어진다. 다수의 의사에 반하는 소수, 또는 다수의 이익과 자신의 이익이 일치하지 않는 소수가 있을 수 있다. 뿐만 아니라 집단 전체의 힘이 강력한 힘을 소유한 소수에 의해 조정당할 경우 이에 반대하는 다수가 있다.

그러므로 소수의 적극적 찬동자 외에 대부분의 구성원들은 크든 적든 갈등을 느낄 수밖에 없다. 결국 소수를 정점으로 한 최대 공약수에 바탕을 둔 내부 통합성이기 때문이다. 이처럼 양자의 사이, 즉 집단의 진행 방향을 주도하는 질서 유지자와 방향을 달리하는 질서 이탈자들 사이에서는 갈등이 발생한다. 그럼에도 불구하고 집단의 각개 구성원들은 집단의 진행 과정에서 이탈할 수 없다. 다만 갈등을 느끼는 것 뿐이다.

이런 종류의 갈등은 지향하는 문화의 성격이 서로 달라서 발생하는 경우도 있으며 조직의 형태와 방법, 조직의 권력 행사 부문 등 구성에 관한 것이 있다. 또 집단을 지탱하고 선도해가는 이데올로기의 내용을 둘러싼 갈등이 있다. 그런데 이들 갈등은 그 질이 심각하고 복잡하고 양 또한 엄청나서 복잡하고 심각하다. 그러나 이 갈등의 양이 점차 확산되고 다수의 구성원들이 동일한 내용의 갈등으로 집합될 때 갈등의 진폭은 더욱 커지며 강해진다. 그리고 그것이 한계점에 달하고 조건이 성숙하게 되면 극복의 단계로 전환된다.

(2) 대외관계의 갈등, 대외관계 모순

인간과 집단과의 갈등은 집단과 집단 간의 갈등을 포함하고 있다. 집단은 다수 개체들의 집합체인 만큼 집단 내부에서 발생하는 갈등의 양은 기하급수적으로 엄청나게 증가한다. 그런데 그와 같은 집단과 집단이 관계를 맺으니 거기에는 갈등이 항상 존재하며 발생되는 에너지의 양 또한 막대할 수밖에 없다.

집단 간의 갈등은 집단 내부에서의 통합과 조정을 명분으로 하는 것이 아니라 외부 집단에 의한, 또는 외부 집단을 향한 강요로서 상대 집단에 대한 흡수·병합, 또는 존재의 파기를 전제로 하는 것이다. 따라서 집단의 구성원들에게 닥친 그 갈등의 진폭과 후유증은 엄청나다. 이처럼 일정 집단은 외부 집단과의 관계에서 갈등을 일으킬 소지가 충분히 있으며, 또한 일으켜 왔다.

그런데 이미 하나의 집단은 독립된 단위로 성립된 것이고 단위는 단위 나름대로의 '자기 성장 법칙'을 갖고 있다. 일정 집단의 성장을 가져오는 요인은 여러가지가 있다. 외부 조건의 상태와 그것을 받아들인 내부의 반응 태도가 함수관계를 가지며 연출한 것이 집단의 성장 과정이다. 따라서 자연 조건에 따라서 상이한 경험이 발생하지만 인문 조건에 따라서도 전혀 다른 성장을 가져올 수가 있다. 이렇게 해서 성장한 단위집단은 고유성과 독자성을 갖고 발전해 간다.

집단은 동일한 자연 환경을 맞으면서도 각각 다른 반응을 보이며 독특한 대응 태도를 보인다. 대응 태도의 구체적 양식은 집단의 역사적 경험, 또는 그 집단만이 가진 역사관, 세계관에 따라서 달라진다. 동일한 환경대에 거주하는 각개의 집단이 때로는 전혀 이질적인 문화 공간을 형성하는 것은 이 같은 인문 조건의 차이 때문이다.

 이렇게 각각 다르게 성장한 집단은 동일한 이익 획득을 놓고 이해가 충돌하거나 지리적 접근으로 말미암아 물리적 충돌이 일어날 수 있다. 집단 구성원의 의사와 반하는 결과가 나타나거나 이익을 빼앗긴 결과가 발생하기도 한다. 이때 거기서 발생하는 갈등이란 해소가 어렵고 복잡하다. 특히 근대 이후에는 발달된 교통 통신수단으로 인하여 각 단위간의 접촉이 빈번해지고 밀접해졌다. 또한 획득의 대상이 되는 생산물의 종류도 다양해지고 양적으로 팽창하였다.

 이 갈등은 주로 국가와 국가, 민족과 민족, 문화와 문화, 또 체제와 체제의 대립이라는 형태 속에서 발생하고 있다. 인류의 초기 역사는 자연과의 갈등 해소나 그를 위한 방편으로서 내부 구성원들의 통합에 힘을 기울였다. 그러나 후대로 내려올수록 오히려 이 같은 집단과 집단 간에 갈등을 유발시키고 이 갈등을 통해서 소수 분자에게 힘을 집중시키는 기회를 제공해 온 것이다.

 인류 역사의 초창기에 있어서 집단과 집단과의 갈등은 획득된 생산물의 소유를 둘러싸고 벌어지는 형태, 즉 경제력의 탈취 형태가 주를 이루었다. 인간의 생존에 가장 기본적이고 직접적인 식량의 보급과 획득을 위한 순수한 형태의 것이었다. 그리고 그것도 최소한 형태의 공동체와 공동체가 부딪히는 정도로서 강하거나 복잡한 것이 아니었다. 인간이나 집단의 생존을 위한 최소의 필요 충분 조건만을 만족시키고자 하는 정도였다.

 그러나 그 후 정치 집단이 공고화되면서 민족이나 국가의 허울을 쓰고 군사력을 매개로 한 정치 권력의 탈취라는 형태가 덧붙여졌다. 그리하여 영토의 확장이나 부의 확대, 소수 계급의 욕구 충족을 위한 물자의 약탈 등이 목적인 전쟁이 각개의 집단들 간에 벌어졌다. 근대 이후에는 발달된 교통 통신 수단으로 인하여 각 단위간의 접촉이 빈번해지고 밀접해졌다. 또한 획득이나 탈취의 대상이 되는 생산물의 종류도 다양해지고 양적으로 팽창하여 집단들 간의 갈등은 심각해졌다.

 근대의 인류 역사는 민족 간의 전쟁과 서구의 제국주의적 팽창이라는 우울하고 처절한 갈등으로 채워진 시기였다. 특히나 현대에 가까워오면서는 문화와 논리의 강요라는 측면에서 이데올로기라는 명분을 둘러싼 갈등을 더욱 조직적으로 벌이고 있다. 이 속에서 집단과 집단 간의 갈등은 더욱 심각해지고 갈등의 양 역시 엄청나서 지구대의 거의 모든 집단이 관련된 갈등이 발생하기도 하였다. 우리가 흔히 이해하는 세계대전 같은 것은 대외관계에서 발생한 갈등의 가장 극적인 예이다.

내부 갈등의 요인들이 외부간의 갈등을 유발시키고 있듯이 이 외부 관계에서 발생하는 갈등 역시 내부 갈등, 즉 계급 갈등을 유발시키는 주요 요인이 되고 있어서 그 비중이 점차 높아지고 있다. 결국 내·외의 갈등들은 서로 상호 작용을 하면서 갈등의 해결을 더욱 어렵게 하고 있다. 외세 의존적인 정권이 들어서거나 식민지 상황에서는 대외관계 모순이 내부의 계급 모순과 직접적으로 연결된다. 결국 지배계급에 의한 통치가 이루어지기 때문이다. 원(元)나라 지배 아래의 고려 정권이나 일본 제국주의에 의해 식민지화된 조선에서 구체적인 예를 확인할 수 있다.

3) 인간 개체간의 갈등
(1) 인간의 본성

'인간은 존재하고 있다.'

우주의 생성 과정, 우주의 존재 양식, 집단의 생성과 변천, 문화의 양태, 인간의 행복 등 인간이 가질 수 있는 모든 문제는 '인간이 존재하고 있다'라는 명제에서부터 시작하고 있다. 이것은 인간을 중심으로 세계를 사고하고 우주의 운동을 해석하려는 인간의 의지에서 비롯된 것이다. 물론 인간은 자연의 일부이다. 그러나 이때의 자연은 현상에서 감각적으로 감지할 수 있는 물체로서의 자연을 뜻하는 것은 아니다.

인간에게 있어서 가장 중요하고 항상 끊임없는 관심은 그것이 개체단위건 아니면 전체단위로서건 간에 인간의 지속적인 존립이다. 이것을 실천하기 위한 노력은 우선 자신이 놓여진 '위치 설정'의 필요성을 낳았다. 복합적인 관계 속에서 자신의 위치를 설정하고 파악한다는 것은 동시에 관계를 맺고 있는 대상체에 대해서도 관심을 갖고 파악한다는 것을 뜻한다.

　이러한 필요성에 의해 인간은 우주 자체는 물론이고 우주에서 인간이 차지하는 위치, 역할, 성격 등 모든 것을 해석하고자 한다. 우주에 대한 인간의 관계가 어떠한 형식이든 구애됨 없이 우주의 존재 양식을 해석하고자 한다. 그리고 그 해석은 인간의 의식과 행위에 역으로 영향을 끼쳐오고 있다.

　이처럼 인간은 자신의 존립을 위해서 우주란 존재와 관련, 혹은 구속 없이 다양한 해석을 끊임없이 내리고 있는 것이다. 그러나 인간의 이러한 책임지지 않는 해석은 우주 자체의 질서에는 거의 영향을 끼치지 않는다. 왜냐하면 인간은 우주이면서 그 한 부분이고, 우주는 인간이기 때문이다. 그 해석들은 다만 우주의 한 부분인 인간, 혹은 인간과 관계를 맺고 있는 자연의 일부분에만 일정한 영향을 줄 뿐이다.

　그러면 우주 또는 자신을 해석하고자 하는 인간의 이러한 시도는 어디서 비롯된 것일까? 그것은 바로 인간에게 주어진 소외 갈등을 적절히 극복하고자 하는 의지에서 출발된다.

　인간에게는 존재를 유지하고자 하는 본능이 있다. 개체에게 있어 모든 것은 존재하는 순간부터 시작되고, 존재가 끝나는 순간부터 모든 것이 사라진다. 따라서 적어도 존재하는 한 인간에게는 스스로를 유지시키고자 하는 강력한 생존 유지 본능이 있다. 그런데 인간은 삶에 있어서 두 가지의 존재 양식을 갖고 있다. 하나는 개체로서 존재하는 것이고 다른 하나는 전체적 인간으로서 존재하는 것이다. 하나의 독립된 개체로서 태어났으나 개체로서만은 존재할 수 없는 운명을 받아들이며 사회 속에서 살아가는 것이기 때문이다. 이렇게 개체로서의 성격과 전체로서의 성격이 변증법적으로 통일을 이루어나가는 것이 사회적 인간, 역사적 인간으로서의 삶이다.

　개체로서의 인간은 그 고유한 성격의 유지 본성을 갖고 있다. 이 본성은 즉각적이고 직접적인 관계 속에서 발생하는 것으로서 유사시 즉각적인 조건반사를 야기시킨다. 흔히 이야기되는 인간 본능이라는 것은 많은 경우 여기에 해당된다. 이 본성은 개체의 출발을 가져오는 제1차조건(최소 필수조건)으로 구성된다. 이 최저 조건이 완비되지 않으면 인간은 그 형태조차 갖출 수 없고 세상의 신선한 공기를 마실 수도 없다. 따라서 이 조건은 생래적 혹은 선천적인 것으로서 가장 근원적이다.

인간의 개체 유지 본성은 이것만으로 충족되는 것은 아니다. 개체는 이 최소 필수 조건을 토대로 해서 점차 개체의 본성을 다양하게 확대시켜나간다. 이것은 개체 내부에 있던 성질이 주어진 조건에 따라 점차 발현되어 가는 것이고 그것을 토대로 대상체(자연?)와의 관계성 속에서 다양하고 복잡한 형태로 나타나는 것이다.

이 본성은 지극히 이기적인 상태라고 평가되어진다. 이 본성을 갖고 있음으로 해서 인간은 기타의 생물체, 혹은 동물과 다름이 없음을 인정하고, 그렇게 평가되어지기도 한다. 그 본성은 주어진 상황에 따라 끝없는 권력욕, 끊임없는 성적 충동으로 나타난다고 한다.

그러나 인간에게는 다른 생물들과 다른 점이 있다.

인간의 존재 역사와 다른 생명체의 존속 과정을 비교하면 그 차이가 명확히 드러난다. 인간은 역사를 이루어가고 있고 기타의 것들은 과정으로서 존속하고 있을 뿐이다. 그것은 '존재(存在)', 와 '존속(存續)'의 차이이며, 관계를 맺는 방식의 질적인 차이이다. 여기서 인간의 또 다른 한 면, 즉 전체 속의 개체라는 인간의 또 다른 특성이 있다. 그것을 편의상 '전체적 인간'이라고 부르자.

인간은 개체로서 각각 개별 분리되어 존재하는 독립적 존재이다. 그러나 동시에 인간은 주위 것과의 끊임없는 관계성 속에서 존재한다. 인간뿐만이 아니라 우주 내의 모든 사물과 현상은 밀접한 상호 관련성을 맺고 있다. 그러나 인간을 제외한 모든 것들은 상호 관련성을 맺되 개체와 전체로서 동시에 다른 대상체와 관계를 맺는 것이 아니다. 다만 각각 개별적으로 자연 현상 혹은 주위의 것과 관련을 맺고 있는 것이다. 때문에 그것들은 결국 개체로서 존재하는 것이지 전체로서 존재하는 것은 아니다.

　그런 데 비하여 인간의 경우는 이와는 다르다. 인간은 스스로를 전체적 인간으로서 인식한다. 이것은 인간의 신체 구조가 전체의 한 부분으로 구성되어 있고 생명을 유지하고자 하는 구조가 자연 현상, 자연물과의 공조 관계에서 이루어지기 때문이다. 다시 말하면 인간은 자신을 포함한 우주 자연 현상과의 관계를 강하게 갖고 있다. 그러나 인간이 개체라는 자신 외에 전체를 인식하게 된 것은 집단이 모여 생활을 한 사회화의 경험이 상당량 축적되고나서부터였다. 전자에 언급한 개체로서 맺은 자연과의 관계성은 모든 생명체가 본능적으로 느끼는 것이며 인간만의 특수한 관계는 아니다. 그러나 인간은 사회화의 경험 속에서 동류(同流)이면서 별개의 개체인 다른 인간과 관계를 맺고, 한 단계 더 나아가 다른 인간 개체들과 한 덩어리가 되어 우주와 보다 더 큰 줄로 관계를 맺는다는 것을 인식한다.

　이 같이 다소 추상적이고 단계적인 관계는 다른 생명체들이 가진 개별 분리된 단순한 관계와는 다르다. 이처럼 다른 관계성이 인간에게는 존립의 필수적이고 근본적인 조건이 된다. 이 2차 '근본조건'이 충실히 발현됨으로써 인간은 전체적인 인간이 된다.

　그런데 이 조건의 충실한 발현이란 용이한 일이 아니며 시간의 흐름에 의해 점진적으로 발전해가는 것도 아니다. 개체에서 전체로서의 질적인 전화는 일정한 단계와 과정을 거쳐야 가능하다. 그것은 시간의 진행이라는 양적인 면과 내용의 성숙이라는 질적인 면이 있다. 뿐만 아니라 이처럼 전화를 가져오는 과정은 하나의 통일된 과정으로 파악하는 경우도 있으며 각각 별개의 요소가 여러 개의 단계로 구성되어 있다고 파악한 경우도 있다.

　통일된 과정이 그 시간의 진행 개념이나 공간의 이동 개념 없이 단번에 이루어진 것으로 파악된 것이 아니라면 이것 역시 세분화, 구체화시킴이 부족했을 뿐이지 단계란 개념 자체의 부정은 아닌 것이다. 따라서 질이나 양 등 배합 비율의 차이는 있을지언정 단계는 있는 듯하다. 단계가 있다는 사실은 그 단계를 거쳐야 하는 방법과 함께 각 단계에 따른 충실한 발현의 정도가 다르다는 것을 말해 준다. 이처럼 전체적 인간으로의 질적인 전화 단계에서 제기된 지각, 또는 이성, 자율 등으로 표현되는 용어 등은 각 단계의 통일장 속에서 작용하는 것들이다. 그리고 이 단계들에 대한 체계적인 구분과 상세한 설명을 시도하기도 한다.

위에서 살펴본 것처럼 인간은 다양하고 복잡한 단계를 거쳐 성립된 존재이다. 따라서 존재 유지를 중요한 본성으로 갖고 있는 인간이 겪을 수 있는 가장 큰 갈등은 이 모든 단계와 노력을 없애버리는 것이다. 즉 인간이 개체로서 혹은 전체로서 대상체들과 맺고 있는 모든 관계를 파기시켜버리는 결과이다. 그 중에서도 죽음은 가장 극적이고 대표적인 예이다.

개체와 대상체(전체성?)가 일체되었을 때, 즉 완벽한 관계가 성립되었을 때 인간은 비로소 완전(完全)하게 존재하게 된다. 자기와 다른 인간들, 그리고 인간과 기타 다른 존재물들, 또 개체의 이익과 전체의 이익들, 이러한 상호관계에 있는 것들이 하나로 인식되었을 때 인간은 소외감을 갖지 않으며 갈등을 느끼지도 않는다. 이러한 상태는 인간이 추구해 왔고 영원히 추구해나갈 모습이다.

그러나 인식상에서 일체감을 상실했을 때, 또는 실제로 일체의 관계가 깨졌을 때 존재는 존립이 위협당하거나 심각한 경우 파기되어 버린다. 일체감을 상실했을 때 인간은 공허감을 느끼고 적잖이 불안해한다. 그리고 진공 상태를 메꾸고 안정성을 확보하기 위하여 전체성을 향해 의식적·무의식적으로 몸짓한다. 이런 인식상의 소외감이나 갈등은 대체를 통해서 부분적으로 해소되거나 의식을 마비시킴으로써 해소시킬 수 있다. 인간이 만들어내고 누리는 문화의 상당한 부분은 이러한 것을 위해서다. 그리고 종교 행위나 예술 활동의 일부 등이 그러하고 특히 오락, 운동 등은 제한된 범위 내에서 효용성이 있다.

반면에 일체, 즉 관계가 완전히 끊어져서 존재를 상실하게 될 경우, 또 그러한 결과에 대한 강한 자각이 생길 때 인간은 몹시 당황해한다. 존재를 지워버리고 완전히 부정하는 죽음이란 실체를 자각하면서 인간의 갈등은 최대한도로 증폭된다. 갈등의 소멸이냐, 극복 또는 굴복이냐에 따라 존재의 위치가 결정지워지기 때문이다. 이때 삶을 영위하는 현상 속에서 발생한 문제를 해결하기 위하여 인간이 본성이나 자아에 대한 관심을 강하게 갖게 되고 탐구 의욕이 일어나는 것은 당연한 일이다.

개체인 인간은 시간적으로 제약된 한계 내에서만 존재하고 그의 활동 범위, 즉 공간 역시 제한되어 있다. 그러나 인간은 자기가 속해 있고 자기와 관계를 맺고 있는 모든 줄기가 언제나 존재하리라는 것을 인식한다. 개체로서의 자신은 유한해도 전체로서의 자신은 영원불변하리라는 사실을 인식하고 있다. 자연 현상에 대한 본능적인 반응과 탐구와 관찰을 동반한 정확한 인식을 통해서 획득한 결과이다.

이러한 결과는 모든 방면에 걸쳐서 장구한 세월동안 숱한 인간들의 숭고한 탐구와 관찰 노력에 의해 이루어졌다. 그 중에서도 특히 농경 문화의 발달과 그것에 의존하는 생존 양식은 인간으로 하여금 자연 현상을 적극적으로 관찰하게 하고 농작물인 식물의 주기성(週期性)을 가진 생애를 구체적으로 체험하게 했다.

인간의 역사에서 농경의 시작과 정착은 커다랗고 다양한 의미를 갖고 있다. 농경은 관계와 지속성을 통한 창조이다. 인간은 이 속에서 자연과 농작물들과의 관계를 이해하고 자연과 농작물을 관계시키는 자신의 역할을 이해했다. 농경은 자연의 부분적인 변형이었다. 전면적인 질서의 변혁이 아니라 개혁이었다. 본래의 자연 상태에서 농작물과 기타의 자연은 직접적인 연관 관계를 가진 것이 아니었다. 그러나 인간은 무관하거나 미약한 관계를 조정하여 직접적이고 상호보완적인 관계로 만들었다.

인간은 자연간의 매개자 역할을 충실히 하면서 자신을 포함한 자연의 모든 것이 상호 관련성을 갖고 있으며 궁극적으로는 거대한 하나의 단위 속에 있다는 것을 인식하기 시작했다. 농사 행위의 여러 과정을 하나하나씩 지속적으로 실천하면서 인간의 생활이나 생명을 포함한 자연의 현상들은 모두 하나의 또 다른 모습인 것을 확인했고, 죽음으로 보여지는 것들은 생명 또는 존재의 또 다른 모습이라는 것을 확인했다. '관찰자(an observer)'로서가 아니라 직접 자신이 그러한 질서의 '창조자(a creater)'가 된 것이다. 이렇게 해서 인간은 새롭게 편성된 자연과의 관계 속에서 전체는 영원하며, 그 전체 속에 속한 인간을 전체적 존재로서 인식하게 되었다.

그러나 전체의 영원성에 대한 인식은 오히려 인간으로 하여금 개체로서의 인간을 자각하게 만들었다. 전체의 영원성에도 불구하고 개체는 언젠가 사라지며 외연의 한계가 분명하다는 사실도 동시에 철저히 깨우쳐 주었다. 이제 인간에게는 죽음이라는 것이 항상 따라다니게 되었다. 죽음과 삶의 차이나 의미가 분명하지 않던 것이 이제 분명해졌다.

죽음과 삶이란 본질적으로는 동일하고 전체를 구성하는 데 동일한 비중을 가질 수도 있지만 현상에 있어서는 분명한 차이가 있었다. 죽음은 관계의 확장이 아니라 소멸, 개체의 절멸 그 자체였다. 이제 죽음은 부족한 것에 대한 불만, 목표 미달 가능성에 대한 불안이 아니었다. 자신이 주체가 된 새로운 상태로의 이행을 기대하는 막연한 감정으로 채워질 만한 것이 아니었다. 그것은 혹시나 하는 막연한 기대감을 처참히 깨부수고 존립의 근저를 통째로 뒤흔드는 광폭한 공포였다.

이 같은 죽음의 공포가 인간을 그림자와 같이 쫓아다니고 여기서 발생한 갈등을 극복하는 것이 인간 역사의 한 흐름이었다. 인간은 살기 위해서 죽음의 그림자를 떼어버리려고 열심히 버둥대는데 그 그림자는 죽음과 함께가 아니면 사라질 수 없다. 이것이 인간의 역사이다.

존재는 나름대로의 법칙과 단계를 갖고 있는데 인간의 인식을 통해 새로운 단계, 동일하지 않은 상황을 요구하게 되었다. 이 존재와 인식 사이의 불일치, 엄청난 괴리감, 여기서 갈등이 발생했다. 인간은 죽음을 대상으로 해서 개체로서는 가장 큰 갈등을 마주하고 또 극복을 시도할 수밖에 없었다.

갈등 극복의 시도는 갈등 유발 요인의 제거에서 시작될 수밖에 없다. 그리하여 한시적인 관계를 지속시키고, 절연된 관계의 회복에 노력해야만 한다. 인간의 이러한 관계 조정의 시도는 현상의 질서화, 사물의 개념화로 나타났다. 이 시도는 자신을 주체로 하여 자연을 질서화, 개념화시키는 시도이며 동시에 자연을 주체로 하여 자신을 변화시키는 시도이다. 이 시도들은 결국 개체 능력의 확대라는 본래의 작업으로 되돌아온다.

인간을 개체로서 규정하고 활동을 제약하는 것은 시간과 공간이다. 개체로서의 인간은 결국 시간과 공간의 접합점에서 활동을 하고 그 점에서 제한된다. 따라서 시간과 공간의 한계 극복은 개체가 가진 한계의 극복과 동일하게 된다. 인간이 시간과 공간의 한계를 극복하고자 할 때 개체 능력의 확대 노력은 두 가지 면에서 나타난다. 하나는 시간과 공간의 지양을 통한 방법이고 다른 하나는 시간과 공간의 연장 확대를 통한 방법이다.

(1) 시간과 공간의 지양

시간은 흐름으로서만 존재하고 의미가 있으며, 존재는 시간 속에서 존재로서의 자각을 하게 된다. 그런데 시간의 지양이란 이 흐름 자체를 부정해버린 것이다. 따라서 변화도 정지도 아닌 상태로서 오로지 시간의 주체만이 활동을 할 뿐이다. 따라서 인간은 마음대로 시간을 주재하며 시간에 구애를 받지 않는다. 이 시간의 지양을 통해서 인간은 영속성을 가진 신을 만들어내고 신을 통해서 자기의 정신 능력을 강화시켰다.

한편 공간은 운동을 함으로써 존재하고, 운동 속에서 모든 존재를 포용하고 키운다. 따라서 일정한 존재는 조건에 걸맞는 공간을 탈피할 수 없다. 공간에서의 탈피는 존재의 소멸을 뜻하기 때문이다. 공간이 갖는 이 같은 한계 속에서 인간은 극복의 한 방법으로서 공간을 지양해버렸다. 움직이는 공간의 지양은 운동 자체를 부정해버린 것이다. 이것은 변화도 고정도 아닌 상태로서 오직 운동 주체의 활동만이 있을 뿐이다.

인간은 운동이 지양된 상태에서 오로지 자기에게 필요한 공간 개념을 만들어냈다. 이 공간은 역시 시간과 공간이 지양된 상태와 함께 개체의 한계가 완전히 제거된 상황이었다. 이 상황 속에서 인간은 자유로이 자그마한 댓가를 주거나, 또 단서나 제약을 부과하면서 갈등을 극복할 수 있었다. 그것은 하늘이고 천당이고 극락이었다. 이렇게 시간과 공간이 지양된 상황, 모든 한계가 제거된 상황은 종교란 이름을 갖고 인간 역사에서 강력하게 작용했다.

한계의 극복 방법은 시·공의 지양만이 아니라 시간의 연장, 공간의 확대라는 측면에서도 나타난다.

(2) 시간과 공간의 연장 확대

인간을 구속하는 것 가운데 하나는 시간과 공간이다. 특히 육체는 시간과 공간이 짜맞춘 접합점에서 한 치도 벗어날 수가 없다. 한 치의 이탈은 곧 죽음을 의미하기 때문이다. 그러므로 인간에게 주어진 죽음의 갈등을 극복하고자 할 때 이 상황을 스스로 이탈할 수는 없다. 여기서 인간은 주어진 상황을 극복하는 하나의 방법을 찾게 되었다. 즉 시간과 공간이 만나는 접합점의 확대로 나타났다.

인간은 시간을 지양할 수 있다. 그러나 그것은 인식 영역에서나 가능한 것이지 실제로 가능한 것은 아니었다. 그런데 시간의 외연을 확대시키는 것은 효율성은 허약할지 모르나 양적인 면이나 질적인 면에서 가능하다. 그리고 때로는 그것을 가시적으로 확인할 수도 있다.

우선 직접적으로 자기의 생명을 늘리는 방법이 있다. 스스로의 노력과 실험 관찰 등에 의해서 자기의 생명을 늘려 장수하는 것도 시간의 외연을 확대하는 것이다. 또한 신선술이라는 특별한 수행을 통해서 무병하며 인간의 상식을 뛰어넘는 시도들을 한다. 그것의 성공 여부는 확인할 도리가 없지만 인간이 그와 같은 시도를 멈추지 않고 해왔다는 것은 역사적 기록으로 남아 있다.[45]

시간의 확대는 질적인 측면에서 짧은 시간에 많은 일을 함으로써 제한된 자연적인 시간을 길게 확대시키는 것이었다. 즉 시간이 가진 효율성을

---

45 인간의 수명을 늘리고 초능력을 갖고자 하는 노력은 어떤 문화권에서도 공통적으로 나타나고 있다. 특히 한민족을 포함한 동양의 고대 사회에서는 그러한 시도가 학문이나 종교의 형태를 띠기도 하고 때로는 정치력과 결탁되어 특정 시대를 풍미하기도 했다. 오늘날에도 그러한 풍조가 남아 있으며 때때로 유행되기도 한다.

확대시켜 나가는 것이다. 이것은 물론 특별한 사람들에게 해당되는 것이다. 인간의 역사에서 자신의 삶을 잘 관리함으로써 짧은 시간에 경이로운 업적을 남긴 사람들이 적지 않다. 그러나 이러한 시간의 확대는 가시적이지도 않고 부분적인 극복에 지나지 않는다.

공간 역시 마찬가지이다. 인간이 공간을 지양하는 것은 실제로 불가능하다. 그러나 공간을 확대시킬 수는 있다. 인간은 자신의 활동 영역을 확대시킴으로써 공간의 한계를 부분적으로 확대시킬 수가 있다. 인간은 더 멀리, 더 높이, 그리고 더 깊이를 추구하면서 활동의 공간을 확대했다. 대양과 사막을 횡단하여 지리적인 발견을 하고 그곳의 개척을 통해서 생활 공간을 확대했다. 그리고 직접적인 이익과는 무관할지 모르지만 높고 높은 거봉을 오르면서 하늘에 가까워졌고, 기구와 기계의 발명 등을 통해서 하늘을 날거나 물 속 깊은 곳을 헤엄쳤다. 인간은 활동 영역의 확대를 통해서 공간의 한계를 극복해 왔다.

인간은 이렇게 시간이나 공간을 연장·확대함으로써 실제로 삶의 영역을 확산시키며 그들에게 주어진 한계를 극복하고자 한다. 그러나 역시 인간 개체에게 주어진 가장 큰 갈등인 죽음을 극복하는 것은 존재 구조상 단순한 외연의 확대로서는 불가능하다. 그러므로 시간과 공간을 완전히 지양함으로써 한계가 극복된 상태를 설정하고 그것의 도달 가능성을 꾸준히 실천해왔다. 그리고 그 방편의 하나로서 신, 천(天) 등의 개념과 존재를 만들어내고 그것을 매개로 극복하고자 했으며 여기서 종교 등이 나타났다.

그러나 무엇보다도 합리적이고 완벽한 방법은 개체가 인식의 전환을 통해서 전체적 인간으로서 질적인 전화를 하는 것이다. 역사는 바로 이 같은 노력들을 말하는 것이다. 역사는 숱한 갈등을 극복하고자 하는 행위, 그중에서도 특히 죽음을 매개로 해서 나타난 소외, 갈등을 극복한 행위인 것이다.

역사는 스스로의 자각을 통해서, 혹은 종교 등의 집단이 만들어낸 개념 존재 등을 통해서 존재와 인식 사이의 불일치를 일치로 전환시키는 것이다. 이것은 결국 자연과 인간 사이의 상호 작용과 동일한 의미를 갖고 있다. 인간은 우주적 존재로서 자각을 하고 우주의 전 영역, 역사 활동의 전 영역으로 주인 의식을 확대하여야 한다. 그리하여 인간과 모든 것이 합일될 때 진보의 완전한 구현이 실현되는 것이다.

Ⅳ. 진보의 개념

우리는 앞 글에서 인간을 억압하는 모든 관계의 소산을 갈등(葛藤)과 그것을 해소한 합일(合一)이라고 표현하였다. 그리고 인간이 필연적으로 관계를 맺어야 하는 부분을 대상의 특성에 따라 유형화시키고 그 내용을 살펴보았다.

1. 진보에 대한 견해

인간의 역사 자체가 진보의 과정이고 역사 활동의 시작은 진보에 대한 강한 실천 의지에서 출발해왔다는 것은 앞에서 꾸준히 살핀 바가 있다. 진보를 인간이 지향하는 가장 바람직한 상태로 상정하고, 또한 실천해야만 한다는 당위에 의해 그에 대한 맹신을 해온 경향이 있다. 따라서 고대 세계는 고대 세계 대로, 그리고 근대 세계는 근대 세계대로 자기 나름대로의 형식을 갖고 진보의 신앙을 가져왔다.

중국의 상고시대에서 발견이 되는 하도(河圖), 낙서(洛書), 그리고 거기서 더욱 발전된 역(易)에서는 변화를 전제로 한 진보를 지향하는 모습이 보인다. 중국인의 이러한 사유는 후대로 내려가면서 더욱 체계적으로 발전하여 오행사상(五行思想)은 끊임없는 변화 속에서 진보의 실천을 강하게 희구하고 있다.

중국의 상고에는 요(堯)·순(舜)이라는 전설상의 시대가 있었고 이 시대는 인간이 살기에 가장 적합한 이상사회라고 인식되어져 왔다. 때문에 중국인들은 물론 중국 문화의 영향을 받은 주위의 제 문명들도 요·순 시대를 가장 완벽한 사회로 인식하고 그것에 근접해가고자 했다. 그리고 통치자들은 요순의 정치를 모방하는 것이야말로 통치의 가장 으뜸이라는 인식을 가졌다. 이러한 태도는 중국의 역사에서 시간적으로 복고주의를 지향하게 만들었으며 역사 서술에 있어서 상고주의를 낳게 하였다.

일반적으로 이러한 중국인의 복고주의적인 사고를 진보에 역행하는 보수적인 것으로 파악하고 있다. 그리고 상고주의라는 역사 서술의 태도가 역사를 발전적으로 보는 것이라기보다는 반복(反復)과 순환(循環)으로 파악한다고 이해하고 있다. 그러나 그러한 평가 태도는 진보의 가치 척도를 시간의 흐름에 놓고 시간적으로 미래를 지향하는 것만이 진보라고 보는 견해의 소산이다. 진보의 질적인 측면보다 양적인 측면을 중시하는 입장이다.

어느 시대 어떤 공간에 있어도 그 상황에 걸맞는 가장 완벽한 이상의 상태, 즉 갈등이 무화되고 인간 또는 집단의 이상이 실현된 상태를 설정하고 그것에서 벗어나지 않고자 하는 것은 진보이다. 그리고 집단의 구성원들은 진보의 상태를 구현하기 위하여 역사 속에서 운동성을 계속 발휘한다. 물론 이러한 생각을 실천하는 과정에서 문제점이 발생한다.

진보의 실천 내용을 고대 사회에서 찾다보니 내용을 실천하기 위한 형식 역시 고대에 두고자 했다. 물론 그 실천의 형식까지 고대를 답습할 필요는 없었다. 그러나 중국인들과 그 주변 세계들은 일단 설정된 형식을 가능한 한 고수하는 방식을 채택했다. 그러다 보니 적어도 형식상 외견상에 있어서는 고루하고 변화의 움직임 속도가 둔해 보였다. 새롭고 생기발랄한 진보의 모습에서 동떨어진 둔하고 정체적인 모습을 보이게 된 것이다.

그렇다고 해서 역사의 움직임이 완전히 정체된 것은 아니다. 단지 운동 또는 변화의 패턴이 달랐을 뿐이다. 쉴새 없이 진폭이 작은 운동들로 이루어진 것이 아니라 진폭이 큰 운동들이 장기간의 시간과 과정을 거친 다음에 변화의 구체적인 모습들을 드러내는 것이다. 그러니까 역사를 단기 운동의 관점에서 보면 동양의 역사는 상대적으로 서양의 역사에 비해 움직임이 둔탁하고 변화의 속도가 느린 것으로 비춰진다. 반면에 역사를 장기적인 관점에서, 그리고 총체적인 관점에서 파악할 경우 중국 혹은 동양의 역사는 끊임없는 변화와 역동의 역사였다. 그리고 그 역사의 운동은 그들이 지향하고자 하는 일정한 상태, 이상사회를 꾸준히 실천하는 것이었다.

진보의 형식과 함께 더 중요한 것이 진보의 내용이다. 새롭게 변화하는 것만이 아니라 '목적 지향성'을 갖고 있으며 그 목적이 다수 인간의 자유를 지향하고 있어야 하므로 기본적으로는 진보를 지향하고 있었다고 볼 수 있다. 맹자의 '일치 일란설(一治一亂說)'은 '치(治)'라는 진보와 '란(亂)'이라는 퇴보의 명확한 기준이 있었다는 증거가 된다. 일치 일란은 진보가 실천되는 과정, 운동의 진행 상태를 말한다.

과거의 일정한 상황을 이상적인 사회로 설정해 놓고 그러한 시대를 지향하는 사고는 중국 외 기타 세계에서도 나타나고 있다. 고대의 그리스 등지에서는 시대를 황금시대, 청동시대, 그리고 철의 시대로 구분하고 가장 오래된 과거를 황금시대라 하여 가장 훌륭한 사회로 묘사하고 있다. 엘리아데는 고대 문명 세계의 대부분은 바로 시간적으로나 공간적으로 모범이 되는 원형(原型)을 갖고 그것을 반복 실천하고자 하는 특징이 있었다고 했다. 물론 이때 원형이란 신의 의지가 개입되었고 완전에 가까운 상태를 말한다. 다른 표현을 빌면 진보가 완벽하게 실천되어 있는 상태를 말한다.

이처럼 인간 또는 문명은 그들의 이상이 실현된 세계의 기본적인 모습을 나름대로 설정하고 있었고 그것을 실천하고자 하는 노력을 기울여 왔다. 때로는 그 상태에서 멀리 벗어난 경우도 있었고 때로는 그 상태에 근접한 경우도 있었다. 진보가 시간의 급한 흐름을 전제로 하고 전 시대와는 반드시 다른 상태여야 한다는 기준을 벗어난다면 고대의 이상세계를 지향하는 흐름 역시 진보의 한 모습이 될 수가 있다.

서구사에서 18세기에 들어온 이후에는 진보에 대해 거의 신앙과 같은 믿음을 가져왔다. 그러므로 진보에 대해 많은 사람들이 관심을 가지고 진보의 개념, 역할, 상태에 관해 다양한 견해들을 표명해 왔다. 그러나 그러한 작업들은 부분적으로 문제점을 내포하고 있었다. 진보 개념에 대한 평가 기준의 검토는 물론이고 자신들이 설정한 개념이 실천될 때 어떠한 모습을 구체적으로 띠는가에 대한 검증은 소홀히 하거나 편파적이었다.

1) 개념상의 혼돈
첫째는 개념의 혼돈이 있었다.

진보의 내용은 아주 다양하다. 질적인 것이건 양적인 의미이건 또는 주체의 설정 문제, 운동의 진행 방향과 양식 등 모든 것들은 시대와 지역 또는 '동일 시간대', '동일 공간대'에 있다 하더라도 계급적 기반이나 형성된 관념 등에 따라 각각 다른 모습을 띤다. 그러나 그 내용이 다양함에도 불구하고 공통적인 것이 있다. 그것은 첫째, 주체는 인간이라는 것이며, 둘째는 그 주체가 처한 상태가 발전된 것이 진보라는 것이다. 각각 다양한 내용과 형식을 담아낼 수 있는 이 추상적인 어휘야말로, 우리에게 즉자적으로 갈등의 극복이 바로 진보의 전제 조건이라는 의식을 깨우쳐 준다.

인간의 역사는 진보의 과정으로 채워져 왔다. 진보의 내용과 질에서 살펴보았듯이 진보는 인간이 스스로 존재하기 위해서 발휘할 수밖에 없는 본능적인 소산이다. 그것은 신이나 천 등으로 상징되는 신비롭고 인간 외적인 존재의 섭리나 의지의 소산이 아니다. 바로 신과 천 등 초자연적인 것의 발명과 파괴가 진보를 위한 인간의 그때그때 소산이듯이 진보의 주체는 철저히 인간이고 그에 대한 평가도 역시 인간이 한다. 그럼에도 불구하고 진보에 대한 맹신과 절박한 요구는 진보를 종교에서 추구하고 지향하는 절대적인 진리와 동일한 것으로 이해하게 했다. 그것은 궁극적인 선의 개념으로서 어떠한 상황이나 어떠한 사건에 의해서도 침윤당하지 않거나 더럽혀지지 않는 것은 아니다.

역사 활동이 다양하고 상황에 따라서 여러가지 각각 다른 모습을 띠는 것과 마찬가지로 역사 활동을 평가하고 그것을 주도하는 진보의 모습 역시 항상 일정할 수는 없다. 특히 진보의 구체적인 모습을 각 부분별로 설정하게 되면 그것은 동일한 집단 내에서도 시간과 공간의 변화에 따라서 다른 모습을 보인다. 즉 상황에 따라 그 내용과 질이 달라질 수 있는 것이다. 진보는 궁극적인 선(善)의 개념이 아니고 갈등과 투쟁의 개념은 더욱욱 아니다. 진보의 개념은 항상 고정불변한 것이 아니다. 인간의 모든 활동이 그렇듯이 관계성 속에서 탄력을 가지고 끝없이 생성되는 역사적인 개념이다 .

한편, 진보를 양적인 팽창의 관점에서 인식하는 경우도 있다. 이 부분은 이미 진보의 내용에서 상세히 언급한 바가 있다. 결국 양의 문제로서 진보를 인식할 때 진보의 내용은 물론이고 인간의 역사 자체는 천박한 상태로 전락한다. 그리고 그것은 인간의 역사를 오로지 생존의 유지라는 1차적인 수준으로 국한 시키고 계급의 발생과 그것의 유지를 도모하고자 한다. 이러한 인식은 결국 인간의 역사를 질적으로 성숙시키지 못하고 갈등과 투쟁의 역사로 격하시킨다.

갈등은 형식의 여하를 떠나서 일단 갈등 주체를 형식과 내용으로 한다. 따라서 갈등의 극복은 인간을 보다 나은 자유로운 상태로 만들어 준다. 진보가 전진적 상향적 의미를 전제로 해서 성립된 단어인 만큼 갈등의 제거는 물론 진보의 선결 요건이 된다. 갈등이라는 추상적이고 포괄적인 어휘 속에 많은 내용을 담을 수 있었듯이 이 갈등의 극복이라는 어휘의 그릇 속에서 우리는 진보의 모습을 찾을 수 있을 것으로 여겨진다.

갈등의 내용은 자연, 사회, 인간 등으로 구분되어진다. 갈등의 가장 큰 대상이며 연원이 오래되고 실질적으로 영향력을 행사하는 것은 자연인 것으로 논한 바 있다. 자연은 직접적이고 구체적인 대상이다. 자연과의 대상이라는 것은 극복의 내용, 즉 질의 내용이 현상적이고 외면적인 특성을 띠고 있다는 것을 말한다.

자연을 극복하는 데 필요한 힘의 확대와 경험의 축적, 혹은 지식의 양적 축적 등은 진보의 한 모습이며 계기로 작용될 수 있다. 그리고 생존에 필요한 물자의 조달 능력이 증가된 것, 예를 들면 생산력이 증대되거나 노동 능력이 향상한 것도 진보의 한 모습이 될 수 있다. 그뿐만 아니라 자연과학 지식과 의지, 경험의 축적으로 인간의 시·공간적 인식 능력이 확정되었다. 그것은 특히 생활의 지리적인 확대, 영토의 팽창 등을 이룩하였다.

그러나 이 같은 양적인 측면의 확대, 영역의 확대 등이 진보의 필요

충분 조건이 되는 것은 아니다. 다만 이것은 진보를 이루는 하나의 계기로 작용하거나 진보의 한 내용을 이루는 分子가 될 수는 있다.

　진보는 양적인 개념이 아니다. 진보가 양적인 개념으로 파악이 될 때 인간의 역사는 '주체의 문제', '분배의 문제', '소외의 문제' 등에 대해서 합리적인 진행을 할 수가 없게 된다. 진보는 양·질을 포함한 갈등의 전면적, 혹은 가능한 한 많은 부분의 극복 또는 해소가 이루어질 때 비로소 가능해진다.

　진보의 내용을 양으로만 채울 수 없는 데에는 몇 가지의 이유가 있다. 진보의 내용이 양이건 질이건, 그것을 채우는 것은 인간이고 평가의 척도가 되는 것도 인간이며 진보의 성과를 누리는 것도 역시 인간이다. 즉 진보란 개념의 주체는 인간이다. 그러므로 주체인 인간에 대한 분석을 통해서 진보의 문제에 접근해 들어가야 한다. 그러기 위해선 먼저 주체의 성격을 살펴볼 필요가 있다.

2) 주체에 대한 혼돈

　둘째, 진보는 그것이 실천되는 과정에서도 많은 문제점을 야기시켰다. 그것은 주체에 대한 혼돈에서 비롯된다.

　진보의 실천 과정이나 수혜를 특정한 사람, 집단, 혹은 계급들만의 이익 추구를 기준으로 하면 상대적으로 다수 사람들의 이익을 해칠 수가 있다. 즉 행(行)하는 것과 당(當)하는 것의 분명한 구별이 생기게 된다. 이것은 선악(善惡)이나 수의 다소(多少)를 떠나서 투쟁의 논리가 되고 한 집단의 이익을 위해서 다른 집단의 이익을 약탈하는 약육강식의 논리가 된다. 실제로 세계의 역사는 그러한 모습을 적잖이 띠어 왔고 특히 서구의 근대 역사는 약육강식(弱肉强食), 적자생존(適者生存)의 논리를 근거로 한 진보의 실천 과정으로 채워져 왔다.

　칸트는 그의 '영구평화론'에서 이러한 서구 중심의 진보에 대해 회의를 나타냈고, 그에 동조하는 일련의 흐름도 있었다. 그러나 19세기의 프랑스 계몽사상가들은 인간의 역사는 다소간의 우여곡절을 겪는다 해도 필연적으로 거의 일직선상으로 진보하여 간다고 생각했으며, 이러한 진보에 대한 일반적인 믿음은 서구 지성인들의 일반적인 사고였다.

　진보에 대한 이러한 회의는 점점 더 심해져서 제1차세계대전의 발발과 진행을 통해 절정에 다다른다. 즉 칸트의 회의는 서구인들의 비서구에 대한 억압을 나타낸 것이었는데 이 세계대전은 서구인들이 동일한 서구인들을 상대로 살육전을 벌인 것이었다. 여기서 서구의 지성은 심각한 회의를 갖게 되었다. 오스왈트 슈펭글러, 버틀란드 럿셀 등의 사상들은 이러한 회의 속에서 나타난 일련의 산물이다.

　진보의 실천 주체는 지성인들이나 지배계급 등 소수의 사람들도 아니고 진보를 누리는 수혜의 주체는 더더욱 소수의 사람들만이 아니다. 진보는 집단의 구성원 모두 혹은 인류의 구성원 모두의 이익을 위하여 추구되어야 하고, 특정 국가 혹은 특정 문화를 위해서 다른 문화가 억압을 받아서는 안된다.

　진보는 투쟁(鬪爭)의 논리가 아니라 합일(合一)의 논리이다. 우주 내에 있는 모든 것은 결국 불가분하게 연결되어 있고 서로의 상호 작용에 의해서 존립을 유지하고 있기 때문이다. 특히 진보의 주체인 인간들은 서로 하나가 되고 공동의 단위가 되어서 다른 단위와의 관계를 이루고 있기 때문에 인간들은 합일의 관계를 가져야만 한다. 진보가 가진 주체에 대한 혼돈을 막기 위해 주체의 성격을 보다 구체적으로 살펴보고자 한다.

2. 주체의 문제

1) 주체의 성격(집단과의 관련 속에서)
　개체인 인간은 집단(單位)에서 개체로서 존재하는 경우가 있으며, 전체로서 존재하는 경우가 있다. 그러나 역사 속에서는 그렇게 분리 독립되어 존재하는 것이 아니다. 개체로서와 전체로서의 관계가 통일을 이룰 때 역사적 인간이 된다.

　개체로서 존재한다는 것은 '자연적 존재', '개별적 인간'의 성격을 뜻하는 것이다. 자연적 존재로서의 인간은 신체 구조를 이룬 근원과 함께 관계성이 자연에 한정되어 있는 위치를 뜻한다. 그러나 역사 속에서의 개체적 존재는 개체를 이루는 모든 요소를 포함하고 개체와의 관계가 사회 및 기타의 인간, 또 모든 것이 합쳐져서 만든 역사 등 다른 단위와 개별적인 관계를 맺고 있는 존재를 말한다.

자연적 존재로서의 인간과 역사적 존재로서의 구별이 있지 않으면 진보의 개념에도 혼란이 야기된다. E. H. 카아는 진보와 진화에 대한 혼란을 우려하면서 그 차이를 명확히 했다.[46] 계몽시대의 사상가들은 자연계에서의 인간의 위치를 원했기 때문에 자연의 법칙과 역사의 법칙을 동일시했다. 그리고 다윈의 혁명은 진화와 진보를 동일시했다. 그래서 자연 역시 역사와 마찬가지로 진보한다는 결과를 낳게 했다. 진화의 근원인 '생물학적 유전'과 역사에 있어서의 진보의 근원인 '사회적 획득'을 혼동함으로써 중대한 오해를 터놓게 하였다.[47]

이때 개체의 진행 방향은 그것이 속해 있는 단위 전체의 진행 방향과 반드시 일치하지 않는다. 인간이 자기가 속해 있는 단위 속에서 관계를 맺지 않고 독자적으로 존립할 수는 없다. 어떤 존재물도 마찬가지지만 특히 인간은 자기 집단 또는 단위와 불가분의 관련성을 맺으며 상호 영향을 주고받는다. 그러나 그렇기 때문에 개체적 인간에게 있어서 전체의 진행 방향이 개체 존립의 필요 충분이라는 절대적 관계는 아니라는 것이다.

개체는 개체대로 자기의 사회적, 역사적 위치를 고수하며 필요에 따라 전체와의 관계를 시기, 성격, 양 등에 따라 조정할 수 있다. 개체의 자율성이 보다 많이 확보되고 개체와 전체를 반드시 일치시키지 않는 것을 말한다.

---

46 E. H. 카아, 곽복희 역, 『역사란 무엇인가』, 청년사, 1988, 134쪽 참조.
47 E. H. 카아, 위의 책, 132쪽 참조.
    이러한 오해는 서구 근대사의 모든 정치 · 경제 · 군사 · 문화에 적용되어 인종주의, 식민주의, 제국주의 등 힘의 우열을 기준으로 하는 모든 행위의 이론적 토대가 되었다. 반면에 화이트 헤드파의 학자들은 진화라는 것은 자기 완성을 지향하는 시도이며, 그 결승점은 자신의 정신을 우주 그 자체의 의식으로 확장시키는 것이라고 하여 진화에 대해 종교적으로 접근하고 있다. 제레미 리프킨 저, 김용정 역, 『엔트로피2』(원제 Algeny), 원음출판사, 제6장, 213쪽 참고.

이러한 경우는 그리 많지 않고 역사의 전 과정에서 볼 때 큰 영향을 끼치는 사건과는 다소 거리가 있다. 그러나 인간들이 일상 생활속에서 살아갈 때 경험하는 것은 바로 이러한 범주 속에서 이루어진다.

그에 반해서 '전체적 인간'은 개체와 전체와의 관계에 있어서 그 정도가 밀접하고, 개체의 존립 근거와 단위가 전체의 존립을 전제로 했을 경우의 인간을 말한다. 전체적 인간의 역사적 위치와 성격은 개체적 인간의 그것과 다른 점이 많다. 이들은 전체와의 관련성을 존립의 최대 근거로 삼고 있으며, 전체가 개체의 관념 등에 영향을 끼치고 삶의 행동 양식을 규정한다. 자기가 속한 단위의 이익을 전제로 하면서 때로는 개체의 이익을 유보하거나 포기하기도 한다. 물론 이런 것은 개체의 존립 근거인 스스로를 부정하는 모순된 모습이다. 그러나 존립 근거의 원천을 전체의 존립에서 찾고 있으므로 개체와 전체와의 관계를 개체의 입장에서 조정하기보다는 전체의 진행 방향에 준거하여 개체를 조정하는 성격을 띤다.

그러나 역사를 이룩해 온 인간은 개체로서만 존재해 오는 것이 아니며 역시 전체 속의 한 부분으로서만 존재하는 것도 아니다. 때로는 개체의 입장에서 개체 유지를 위한 행위를 하기도 하고, 때로는 소단위의 존립 발전을 위해 개체의 입장을 포기하기도 한다.[48] 이렇게 인간은 개체로서의 입장과 전체로서의 입장을 공유하고 있다. 이 서로 다른 두 입장은 인식이나 행위의 조절, 즉 상대성을 인정·수용(認定·受容)하는 선에서 해결된다. 즉 개인의 특성이나 소속된 사회적, 계급적 기반에 따라 그 입장의 '배분 비율'을 조절하고, 동일한 개인일 경우에도 시간이나 처한 상황에 따라 조절되어진다.

---

[48] 생물학에서 '장(Field) 이론'을 주장하는 생물학자 중의 한 사람인 폴와이즈는 '세포 하나하나는 항상 전체의 위치와 작용에 상호 연동하고 있으며, 전체의 균형을 깨는 강한 충동을 받으면 조직 전체의 시스템을 유지하게끔 한데 뭉쳐서 이에 대항한다' 라고 하여 주체와 상황이 관계성이라는 장 속에 통일을 이루고 있는 모습을 설명하고 있다. 『엔트로피2』 제6장 참고.

시간적으로는 과거와 현재, 미래의 인간들이, 그리고 공간적으로는 상이한 지역에 거주하는 인간들이 결국은 하나임을 인식, 확인한다면 개체의 이익은 전체의 이익과 하나가 되거나 또는 그 속에 포함된다. 그러므로 개체는 자신의 입장을 가능한 한 많이 양보하는 것이 좋을 수 있다. 그러나 인간의 인식은 한계가 있고 중요한 것은 인간이 결국은 개체로서 존재하고 있다는 엄연한 사실이다. 때문에 개체를 무시한 전체라는 것은 인간에게 있어서 받아들이기 힘이 든다. 개체의 절멸은 전체의 기반이 붕괴됨을 뜻하기 때문이다. 여기서 역사의 문제, 또 진보의 문제는 결국 인간의 문제가 될 수밖에 없다. 인간이 느끼고 평가하는 것이 역사의 질이고 진보의 질이다. 양적인 것이라 해도 그것이 인간에게 다가올 때는 결국 질(質)의 문제가 된다. 인간이 존재하기 위해서 필연적으로 가져야 할 것은 역사적 인간으로서의 성격이다. 그 성격이 그들이 주체가 되는 진보의 질과 내용을 규정한다.

역사적 인간은 개체로서 각각의 존립을 위한 행위를 하며 동시에 전체성을 자각하고 전체의 유지와 향상을 위한 의식과 행위를 한다. 다시 말하면 개체로서의 입장과 전체로서의 입장으로 인간은 각각 자기 성격과 위치를 지키고 기능하면서 상대와의 유기적이고 통일적인 관계를 통해서 역사적 성격을 획득하게 된다. 그러므로 만약에 양 행위가 충돌될 가능성이 있을 때 이것을 조정하여 통일된 모습을 찾아낸다. '상호 보완'과 '상호 작용'이 없으면 개체도 전체도 존재하지 못하기 때문이다. 이 양 존재의 통일이 이루어질 때 비로소 '역사적 인간'의 한 조건이 성립된다.

그러나 이 양 존재의 통일을 이루는 작업은 결코 쉬운 것이 아니다. 이 통일의 과정이 원활히 이루어지면 단위의 역사는 갈등 없이 진보할 수 있다. 통일을 위해서는 인간 본질에 대한 자각이 필요하고 특히 개체와 전체의 상관 관계에 대한 힘의 성질과 강약에 대한 세심한 이해가 요구된다. 그러나 무엇보다도 중요한 것은 개체의 합(合)인 전체가 개체들에게 공정한 분배를 해야 하는 것이다.

단위가 소유한 생산물은 개체의 생산물이 합해진 것이며 개체와 전체가 상호 작용을 통해서 생산해낸 것의 총량이다. 따라서 이에 대한 분배는 중요하며 특히 개체에게 분배되는 생산물의 질이나 양은 공정해야 한다.

이렇게 주체의 성격, 즉 진보를 생산하고 이끌어가고 누리는 실질적 주체로서 인간의 성격을 집단과의 관계 속(공간적 측면?)에서 살펴보았다. 이러한 접근 방법은 인간의 공간적 측면, 즉 시간의 흐름을 전제로 하지 않고 진보의 담당자인 인간의 모습을 찾는 것이다.

2) 주체의 성격(역사의 진행 과정 속에서)

다음 단계로서 인간의 성격을 역사의 진행 과정 속에서 찾아보고자 한다. 이것은 집단 속에서의 공간적 측면, 동일 시대 동일 환경 속에서 나타나는 세분화된 인간 관계의 성격이 아니다. 오로지 시간의 흐름을 기준으로 하면서 동시대인의 모든 차별성, 다양성을 사상한 채 시간의 흐름 속에서 인간의 모습을 파악하는 것이다.

역사는 흔히 시간의 흐름에 대한 강한 자각을 전제로 한다고 한다. 그렇기 때문에 역사라고 하면 시간의 진행을 전제로 하고 그것을 축으로 해서 인간의 삶을 질서화시킨 것으로 인식하고 있다. 그러나 인간의 관심은 현 시대, 동일 시대에 대한 공간적 환경, 즉 자신을 둘러싼 주위 세계에 대한 강한 자각에서 출발하고 있다. 그렇기 때문에 역사에 대한 관심 내지 연구도 결국은 시간의 흐름을 전제로 한 과정 속의 공간 영역만이 대상이 되어 온 것이다.

그런데 이러한 태도에서는 어떤 시대가 중요한 것이 아니라 그러한 시간을 공간으로 범주화시키고 그 속에서 일어나는 인간 삶을 살피는 것이 중요한 것이다. 다시 말해서 역사 속에서 시간의 존재는 인정하고 있으나 그 시간 자체가 운동하고 있으며 그 운동의 과정 속에서 역사가 다시 새롭게 새롭게 창조되고 있다는 것을 간과하고 있다는 것이다.

사람들은 흔히 자신이 현재 발을 딛고 있는 이 공간에서는 시간의 흐름을 인정하면서도 그 전 시대에는 시간의 흐름이 있었다는 것을 쉽게 인정하려 하지 않는다. 그러므로 공간간의 상호 비교를 중요시하고 비교의 대상도

자의로 선택하는 경향이 있다. 그러나 시간의 흐름 속에서, 상황이 변화해가는 역사 속에서 공간만의 상호 비교를 하면 결국 의도하는 일정한 집단이 진보를 했다는 결론이 나올 수밖에 없다.

역사의 초창기부터 인간에게 주어진 갈등의 상당량, 상당 종류는 해소가 됐다. 그러므로 질적인 면은 차치하고라도 적어도 양적인 면에서 인간은 분명히 진보를 이룩해 왔다. 그러나 인간은 무한한 존재, 영속적인 존재가 아니다. 양적인 진보 속에 영원히 자신을 내맡기고 진보를 향유할 수는 없는 것이다. 이러한 한계성은 인간으로 하여금 역사적 존재로서 탈바꿈하게 했다.

인간이 역사적 존재라고 할 때 그것은 인간의 한시성, 개체성이 무시된 상태를 뜻하는 것은 아니다. 인간은 전체와의 불가분한 관련성, 인식 작용에 의해 전체적 인간이 될 수는 있다. 그러나 그 자신은 한계를 갖고 있는 한시적 존재이다. 그러므로 제한된 시간 속에서 우주, 인간에 대한 인식과 나름대로의 존재 양식을 바탕으로 역사를 만들어 간다. 그러나 그것은 동일한 시대에 자기와 동참하는 인간들과 함께 일정한 단위를 형식의 출발점으로 삼고 있다.

인간과 그 무리들은 이렇게 끊임없이 변화되어가면서 생성하고 이것은 각개의 고유한 단위가 된다. 이것을 '단위시간(單位時間)'이라고 한다.[49]

이 단위시간은 역사의 주체자들이 존재하는 공간 속에서 그것의 독특성을 바탕으로 해서 자신들의 고유한 삶을 위해 움직였던 어떤 특정한 시간을

---

49 역사 활동은 일정 주체가 일정 시간, 일정 공간, 일정 단위를 축으로 해서 생산해 낸 결과물이다. 그러므로 형성 조건에 따라서 고유의 다양한 단위로 구성된다. 이처럼 고유성을 간직한 특정한 활동 단위가 성립되었을 경우 그것을 구성하는 한 요소로서의 시간을 '단위시간'이라고 한다. 이 단위시간은 양적이고 산술적인 구분이 아니라 질적인 의미적 구분의 성격이 강하다. 이 단위시간의 개념을 역사 연구에 도입할 경우 1차적으로는 복잡한 국면의 다양한 동기로 이루어진 역사 활동을 질서화, 범주화시키는 데 효율적이다. 그리고 무엇보다도 중요한 기능은 역사 주체로의 인간의 성격과 위치를 보다 명확히 알 수 있는 것이다. 이 "단위시간"은 필자가 만들어 낸 용어와 개념으로서 상세한 논리 전개가 필요하며 추후 다른 지면을 통해 상세히 언급할 예정이다.

말한다. 이렇게 고유성과 다양한 경험을 가진 짧은 단위시간들이 합해져서 길고 영속적인 것처럼 여겨지는 역사가 이루어진다.

이 장구하기만 한 역사 속에서 그 창조자들은 모두 하나의 예외가 없이 단위시간속의 인간들이다. 특히 역사의 평가자들, 진보의 의지를 갖고 진보의 내용을 규정, 평가하는 이들은 단위시간속의 인간들이다. 인간은 개체이건 집단이건 영속적이지 못하다. 그러므로 특정한 단위시간 속에서 존재하고 그 속에서 역사를 창조할 수밖에 없다. 결국 인간에게 주어지는 역사(역사적 경험)는 단위시간들의 집합체인 것이다. 그러므로 역사의 이해나 평가에서 시간의 흐름과 한시성은 매우 중요한 요소이다.

단위시간들은 차곡차곡 쌓여 현재라는 특정한 단위시간속의 인간들에게 커다란 역사의 덩어리로 던져진다. 그러나 역사는 이 단위시간들의 단순한 집합체, 분절성을 간직한 집합체가 아니다. 각개의 고유 단위는 고유성을 유지하면서 변화하고 그 변화의 과정 속에서 새로운 단위의 성립이 이루어지므로 상호 관련성을 갖고 있다. 일정한 시간을 기준으로 해서 그 이전의 단위는 그 이후 단위 성립의 필요 조건이 된다. 여기서 단위시간들의 동일성이 이루어지고 그것이 바로 역사이다.

이 같은 단위시간의 존재와 역할을 경시하고, 현재적 입장에서 역사 담당의 주체, 평가의 주체가 소속된 단위를 무시한 채 공간의 상태만으로 비교를 한다면 역사 내용 자체가 무의미해지고 획일적이 된다. 그리고 무엇보다도 각개 단위시간의 이익이나 활동이 사상된다. 이것은 그 단위시간대에 속한 인간들, 모든 인간들의 이익이나 활동이 사상된다는 것이다.

역사는 내용의 다양성에도 불구하고 전반적으로 볼 때는 진보하여 왔다. 그러나 지역과 계급의 차별이 있고 시간의 흐름 속에서도 진보의 시기와 퇴보의 시기가 혼합 교차되고 있다. 만약 그러한 퇴보의 상태에 인간이 머무르게 될 경우 그들에게는 역사의 전반적인 진보나 미래만을 위한 진보보다는 자신들의 삶이 더욱 중요하다. 그것은 당위이며 필요한 부분이다. 개체나 소단위들에게는 단위시간이 더 절실하고 의미있는 역사의 장이 될 수 있다.

그런데 각개의 단위시간들은 그 진보의 내용이 반드시 일치하지 않는다는 사실을 보여준다. 단위시간속의 집단과 인간들은 각각 자기 방식대로의 진보를 추구하고자 하기 때문이다. 여기서 진보는 질(質)의 측면이 강조가 된다. 진보의 양적인 측면과 함께 질적 측면의 중요성이 대두된 이러한 단위시간의 개념을 역사에 적용시킬 때 필연적으로 '진보의 질' 문제가 대두된다. 이상과 같은 논의를 통해서 인간은 역사적 위치 속에서 진보의 질 문제가 대두되는 것을 살펴보았다.

3) 가치 척도

진보의 방향과 성격을 결정하는 데 있어서 또 한 가지 중요한 요소로 등장하는 것은 주체의 평가 기준, 즉 가치 척도(價値尺度)이다.

역사적 사건의 진행, 혹은 진보의 움직임에 대한 판단은 몇 가지의 요소가 결합되어서 발생한 결과이다. 판단의 주체와 판단의 대상, 판단의 척도가 그것이고, 이들 요소들은 각각 다른 성격을 갖고 있다.

판단의 주체는 '현재 인간'이다.

과거 인간이나 미래 인간은 오로지 해당 시대에 한해서 판단 주체가 될 뿐이지 현재라는 영역에는 직접적으로 영향을 끼치지 않는다. 그런 데 반해서 판단의 대상, 즉 주체의 의지와 힘이 직접 작용하는 대상은 과거 인간의 경험물과 현재적 상황이다. 현재 인간이 규정하고자 하는 것은 현재 이후나 미래의 산물이 아니라, 과거의 산물이고 판단 시기 직전까지의 역사적 활동이다. 그런데 이 역사적 활동은 각 개체(個體) 또는 집단(集團)마다 같을 수 없다.

각 집단은 자연, 지리적 환경은 물론이거니와 그 외의 인문 환경도 동일하지 않기 때문에 평가의 대상, 진보에 해당될 수 있는 상황 역시 동일하지 않다. 그러므로 진보는 양의 문제와 함께 질의 문제가 대두되며 이 질의 문제에 따라서 단위의 운동 방향이 전혀 달라질 수 있다. 또한 양을 기준으로 한 진보의 평가는 인류사 전체를 대상으로 할 때 어느 정도의 타당성이 있기는 하나 그것 역시 특정 부분에만 한정되는 결함이 있다.

판단의 문제는 또한 각 집단이 적용하는 척도에 있어서도 일정한 차이를 가져온다. 집단이 일정한 도구와 기준을 가지고 척도를 삼을 때 그 척도의 內容을 이루는 것은 과거의 역사적 경험, 현재적 상황, 그리고 그 외에 인간과 집단이 지향하고자 하는 미래의 상황이다. 특히 현재적 상황이 주어진 현실적 여건, 그 중에서도 경제적 여건에 의해서 규정되고 평가되어지는 경우가 많은데 비하여 미래의 상황 같은 경우는 그렇지가 않다. 그것은 아주 복고지향적이며 철저히 이상지향적일 수 있는, 현실의 영역과 거리가 있는 관념(觀念)이라든가 명분(名分)에 의해 조정되는 경우가 많다. 그러므로 진보의 평가 척도로서 이러한 부분은 진보의 질에 의해 다양한 해석과 평가를 가져올 수가 있게 한다.

인간에게 주어진 갈등의 종류와 양을 극복의 대상으로 할 때 진보란 양적인 개념의 측면이 강했다. 사실 인류 역사의 상당 부분은 양적 측면의 입장에서 갈등 해소, 진보 달성을 추구하고 획득하여 왔다. 그리고 이 양적인 측면은 공통분모적인 성격을 띠었다. 만약 생존에 필요한 생산물의 조달 능력이 없거나 향상되지 않았으면, 또 그것을 이룩할 지식의 발견, 경험의 축적이 없었다면 그 질의 여부를 떠나 인간 내지 집단의 성립은 지속이 불가능했을 것이기 때문이다.

진보를 양적인 측면에서 평가를 하고자 할 때는 가치 척도의 적용에 큰 혼란이 생기지는 않는다. 그것은 1차적으로는 주어진 갈등의 유사성에서 나타난 '대응의 보편성' 때문이고, 2차적으로는 개체 또는 집단 유지에 절실하게 필요한 부분에 대한 '해소'란 측면 때문이다. 예를 들면 생존 유지를 위한 식량의 획득이나 도구의 발명 등은 양적인 측면에서 진보임에 의심할 여지가 없다. 그러나 일단 기본적인 이 충족되고 난 후에 발생하는 갈등에 있어서는 그것에 대한 인식 태도나 대응 양식이 다르고 그 해소에도 적지 않은 견해 차이가 있을 수가 있다.

그같은 기본적 조건이 충족된 이후에 역사는 다른 형태를 띠게 된다. 이젠 양과 함께 질의 문제가 대두되어 각 단위는 효과적이냐 아니냐 하는 효율성 문제, 또는 능동적이냐 수동적이냐 하는 접근 태도 등에 대하여 관심을 기울이게 되었다.

　인간의 주거 형태는 다른 맹수로부터의 위협을 방지하고 자연 현상에 견디기 위해서, 그리고 약간의 식량을 보관하기 위해서 찾아낸 것이었다. 그러나 이러한 초기의 목적은 이간의 역사가 진행되면서 변모되었다. 주거가 가진 기본적인 목적을 수행한 이후에는 좀더 다른 목적을 위해서, 다시 말하면 질의 향상을 위해서 주거의 형태를 개선해나간 것이다.

　그래서 인간은 구덩이를 파고 그 위에 움집을 만들어 덮고 한 가운데다가는 불을 피워놓고 각종의 문화 생활을 하기 시작했다. 그리고 다시 지상에 건물을 지어 더 안전할뿐만 아니라 훌륭하고 멋있는 주거를 마련했다. 오늘날 세계에 존재하는 인간의 주거는 그 질이 천차만별이다. 그것은 이미 양적인 척도와는 거리가 아주 먼 것으로서 오로지 질의 문제인 것이다.

　인류 역사의 전 과정을 볼 때 시대가 흐를수록, 특히 현재와 가까운 시대로 내려올수록 진보의 개념은 변하게 되었다. 결국 진보란 양적인 측면이 있음에도 불구하고 질적인 측면이 점차 중요시되며 특히 인간의 관념이 더욱 중요시되는 단위에서는 질적인 면이 양적인 면을 강하게 압도해간다.

　진보는 커다란 기본적 흐름, 즉 공통분모를 제외한다면 양보다는 질적인 측면에서 각 시대 혹은 문화권에 따라 각각 다양한 형태로 나타난다. 특히 진보의 주체로서 인간의 위치가 명확해짐에 따라 인간 개체의 진보성과 관련되어 질적인 면이 부각되었다.

V. 진보의 질(質)

1. 질(質)의 내용

진보의 주체로서 인간의 위치가 분명해짐에 따라 등장한 質의 문제는 인간들로 하여금 본격적으로 진보의 개념에 대한 탐구와 분석을 시도하게 하였다. 역사가 진보하면서 개체에게 물질적인 충족, 생존 외에도 행복의 문제, 궁극적인 선(善)의 문제가 탐구되기 시작했다. 이것은 개체가 활동하는 더 큰 단위에게 있어서도 마찬가지였다. 이제 운동의 발생이라는 기본적인 것 외에 단위의 진행 방향과 그 힘의 강약에 대한 문제 등이 동시에 제기되었다. 즉 진보의 질, 진보의 내용은 무엇이어야 하는가에 대한 구체적인 탐구 노력이 필요하게 되었다.[50]

질에는 일반적인 특색이 있다. 진보의 주체가 인간임이 분명해진 이상 인간의 가장 보편적이고 일반적인 바람이 진보의 질과 내용을 채운다는 것에는 이론의 여지가 없다. 인간의 가장 큰 바람은 일단 '생존의 유지와 지속'이다. 그러므로 1차적으로는 생존을 전제로 해서 진보의 문제가 의미를 갖고 있다. 그리고 기본적으로 생존이 유지된 다음에는 생존을 채워가는 생활이 보다 윤택하기를 원하고, 생활의 윤택을 가져오는 요소로서 정서의 안정을 요구하고

---

50 이 5장, 질의내용에서는 그 질의 구체적 면을 가능한 한 언급하지 않으려 한다. 그리고 실질적인 예를 들거나 다른 논점을 기술하는 불필요한 일도 피하고자 한다. 이 글에서는 다만 진보의 질을 채우고자 할 때 필요로 하는 몇 가지 기준을 원칙적으로 언급하려고 한다..

가능한 한 의미를 구현하고자 한다.

인간의 바람, 혹은 인간이 희구하는 진보의 상태란 지극히 평범하고 단순하여 실천에 어려움이 없을 것처럼 보이기도 한다. 그러나 이러한 일반적인 원칙은 매우 복잡하고 특수한 모습으로 전개된다. 주체와 대상체, 상황이 만나는 관계에 따라서 달라지는 것이다. 그것을 우리는 이미 앞에서 부분적으로 살핀 바가 있다. 이젠 다음단계로 진보의 상태로 파악될 수 있는 것들을 보다 구체적으로 세분화시키고 그 과정에서 주체와 대상체들이 어떻게 더 복잡하게 연관되어 있는가를 살피고자 한다.

1) 경제

진보의 질을 구성하는 것 가운데 가장 기본적인 부분은 경제적 측면이다. 물질적인 토대가 불확실하다고 느낄 때 인간은 더 나은 상태를 지향하는 의지를 표방하기보다는, 오히려 생존의 유지에 급급하고 심지어는 기존의 성과마저 무너뜨리는 결과를 가져온다. 인간의 대부분은 역사의 시작부터 현재에 이르기까지 이와 관련된 부분에 관해서 가장 큰 고통을 겪어왔다. 이러한 부분의 완전한 해결이란 무엇보다도 어려웠으며 따라서 각개의 집단들은 진보의 질과 양을 규정하는 데 이것의 영향을 받아왔다.

진보와 관련된 경제 문제는 대체로 세 가지 형태로 나눌 수 있다. 첫째는 생산물의 양(量)이고, 둘째는 생산물의 분배 과정(分配過程)과 형태(形態)이며, 셋째는 생산물의 소비 과정이다.

(1) 생산물의 양

생산물의 양이 확대되느냐, 또는 감소되느냐 하는 것은 개체에게건 단위에게건 간에 최대의 문제였다. 생산물의 양은 생산력과 생산 관계에 따라서 달라졌다. 인간은 생산력의 확대를 위해 우선 가시적이고 직접적으로 와 닿는 생산 도구를 용도에 맞게 발명하거나 끊임없이 개량해야 했다. 손을 도구로 할 때의 생산력 정도를 기준으로 한다면 인간의 손에 맞고 아귀에 힘을 줄 수 있는 돌멩이의 존재나 타격을 가할 수 있는 나무 막대기, 또 구멍을 파는 뾰족한 나무 막대기의 발견·발명은 인간의 생산량을 엄청나게 증가시켰다. 특히 철을 이용한 생산 도구의 발명은 후에 발전에 발전을 거듭해서 오늘날처럼 효율성이 높은 각종의 생산 도구를 만들었다.

결국 생산 도구는 생산의 필요를 충족시켜주기 위해 끊임없이 개량되었다. 그리고 생산 도구의 유용성, 효용성이 확대될수록 생산물의 양이 증대되었다. 생산물의 양이 증대되면서 인간은 자신에게 주어진 최대의 갈등이며 한계 상황인 기아 상태를 벗어날 수 있었다. 계급 모순의 심화로 인하여 생산물의 분배가 불공정했다 해도 인류의 기아를 완전히 해소하기까지는 상당히 오랜 시간이 걸렸다.

설사 일반적으로는 기아를 모면했다 해도 특정 지역, 특정 시대에는 역시 기아의 극복이 상당히 어려운 과제였다.[51] 바로 최근까지도 우리 역사 속에서 기아(飢餓)와 아사(餓死)는 낯선 단어가 아니었다. 생존의 유지가 진보의 가장 기본인 만큼 생산물의 증가는 갈등의 중요한 한 부분을 해소하는 것이며 진보가 실현되어 가는 한 모습이 된다.

(2) 생산물의 분배 과정

두 번째로 경제적 측면에서의 진보의 질과 양을 규정하는 것은 생산물의 「분배 과정」과 「형태」이다.

생산물은 공동 노력에 의한 공동 생산일 경우도 있고 개별 노력에 의한 개별 생산일 경우도 있다. 일반적으로 고대 세계는 공동 생산을 한다. 그리고 현대에도 특수한 목적을 가진 공동체 집단이나 사회주의 체제 아래에서는 공동 생산을 하고 있다. 그러나 일반적으로 시대가 내려올수록 공동 생산의 형태는

---

51 지구상에서 기아가 완전히 사라진 것은 아니다. 국가와 종족이란 일정 단위가 전체적으로 기아에 허덕이는 경우도 있고 부유한 집단 내부에서도 부분적인 기아 현상은 적지 않게 존재한다..

깨어져 간다. 특히 자본주의 체제에서는 각자 필요에 의해 개별 생산을 하고 있다.

결국 인간과 생산물이 어떤 관계를 맺느냐 하는 생산 관계의 차이에서 각각 다른 방식으로 생산되고 있다. 그런데 인간은 결국 소비를 목적으로 해서, 소비의 필요성을 충족시키기 위해 생산을 한다. 그러므로 생산의 담당 주체이면서 동시에 분배와 소비의 주체이다.

일반적으로 생산의 '집행 주체(執行主體)'와 분배의 '수혜 주체(受惠主體)'는 동일한 것으로 생각한다. 그러나 반드시 그렇게 되는 것은 아니다. 특히 각 주체들이 개별자로서가 아니라 집단 혹은 일정 단위라고 할 경우, 오히려 동일한 경우가 적게 나타나고 있다. 원칙적으로 보면 생산 주체, 분배 주체의 일치는 바람직한 것으로 여겨진다. 그러나 이것은 가능하지 않다.

인간의 능력은 양적인 면에서 동등하지 않고 더욱이 질적인 면에서 평등하지 않다. 만약에 동일할 경우 오히려 문제가 발생할 수 있으며 그랬다면 인간은 진보하지 못했을 것이다. 설사 능력이 동등하다 해도 생산에는 분업과 협업이 필요하기 때문에 쓰여지는 분야는 다르다.

인간은 다양한 종류의 생산물 중에서 각각 다른 능력을 소유하고 발휘하기도 하며 또 처한 상황에 따라 그 능력이 달라지기도 한다. 그러나 시간의 흐름을 전제로 한다면 인간은 적어도 생산 능력의 효용성 면에서 볼 때 누구에게나 해당되는 보편성을 갖고 있다.

인간이 적극적으로 생산에 종사할 수 있는 나이는 한정지어져 있다. 따라서 하나의 공동 단위에서 생산, 분배, 소비를 연속된 과정으로 할 경우, 각 주체들의 성격이 반드시 일치하지는 않는다. 그러나 일치하지 않는다고 해서 특정 사람, 특정 집단이 분배를 독점 담당하거나 불공정한 분배를 하고 나머지 집단은 수동적으로, 피동적으로 분배를 당하거나 해서는 안된다. 또한 한정된 단위 시간의 생산 능력을 기준으로 해서 분배가 결정되어도 문제가 있다. 그 밖에 조직, 제도, 논리에 의해 뒷받침된 계급에 의해 분배 자격, 분배 내용 등이 결정되어서도 안된다. 분배의 공정성이 상실될 경우에는 결국 전체성에 균열이 가고 집단은 내부 통합성이 깨어지게 되며 진보에 역행하는 모습을 보인다. 생산물의 양도 중요하지만 최초의 단계를 일단 넘어선 이후에는 오히려 분배 과정이 진보의 판단 척도에 중요한 기준이 된다.

(3) 생산물의 소비 과정

다음으로 대두되는 세 번째의 것은 생산물의 '소비 절차'이다.

인간은 자연을 대상으로 해서 1차적으로 생산을 한다. 그리고 2차적으로 생산물의 분배를 하고, 나머지 3차적으로는 소비를 하게 된다. 소비란 인간의 생존 유지를 위한 과정 혹은 그 자체를 말한다. 흔히 생산의 정도 문제에 비중을 두거나 아니면 그것이 분배되는 과정에 관심을 기울인다. 그러나 결국 궁극적인 목적은 소비를 위한 것이다. 소비를 위해서 생산이 있고 분배의 문제가 심각히 대두되는 것이다.

소비는 인간의 삶, 또는 문화 자체이다. 따라서 소비의 형태, 소비 과정 등이 사실은 더욱 의미가 있고 그것이 바로 진보의 질을 규정하는 또 하나의 기본이 되는 것이다. 그러나 이 소비 형태는 역시 생산량과 분배 문제가 어느 정도 해결된 이후에야 그 중요성이 부각되는 것이라는 점은 부정할 수가 없다.

소비의 형태는 그 주체에 따라 공동 소비와 개인 소비로 분류된다. 그리고 필요에 따라 형태를 달리한다. 역사의 전 과정을 살펴볼 때 공동 소비의 형태가 더 우위를 점하고 있는 것을 볼 수 있다. 특히 역사의 초기 단계에서는 더욱 그러하다. 인간이 거주하는 집이나 생산에 필요한 도구들, 이를테면 사냥에 필요한 도구나 채집 농경에 필요한 도구들이 그렇고 심지어는 획득한 식량 등도 공동 소비의 형태를 띠었다.

공동으로 작업을 하지 않으면 인간은 엄격하기 짝이 없는 환경 속에서 생존할 수 없었기 때문이다. 그래서 모두가 힘을 모아 공동으로 생산을 하고 분배하고 또 공동으로 소비를 하는 것이다. 특히 초보적인 생산 단계에서 이것은 매우 바람직한 형태였었다. 그러나 그것이 깨어진 이후에도 분배 문제로 인한 혼란 때문에 공동 소비는 아주 이상적인 형태로서 추구되었다.

그럼에도 불구하고 이러한 공동 소비 형태는 점차 개인 소비 형태로 전환되었다. 인간의 필요에 의해 공동 소비의 형태가 필수적이고 유용했듯이 변화된 역사 환경에 따라 개인 소비의 형태가 점차 필요한 형태로 또는 효과적인 양식으로 수용되었다.

역사가 진행되면서 생산물의 획득 과정은 매우 복잡해졌다. 단순한 채취와 수렵 경제에서 대규모의 사냥과 약탈 경제로, 그리고 농경과 공장 생산으로 형태가 바뀌었다. 이로 인해 생산량이 엄청나게 증가 확대됨에 따라 분배 과정에 문제가 야기되었다. 부의 편중, 이로 인한 잉여 소비, 상대적인 빈곤 등 다시 말해 불공정한 소비가 이루어졌다. 여기서 발생한 불만이 상대적으로 개인 소비 형태를 적극적으로 주장하게 만든 것은 당연한 일이었다.

더구나 생산물의 확대는 인간으로 하여금 기본 조건을 충족시키게 하였다. 따라서 기본 조건이 충족된 인간이 그 기본 조건 외의 것들마저 공동 소비에 위탁한다는 것은 수용하기 어려웠다. 인간의 이기심은 생산의 공동성 여부와는 상관없이 각각 개인이 주체가 되어 소비하기를 원했고 역사 역시 실제로 그런 방향으로 진행되었다. 점차 개인 소비의 형태가 다양해졌고 소비의 양 역시 급격히 확대되었다.

현대는 개인 소비가 주를 이루고 공동 소비는 조직이나 활동 단위를 유지하는 데 필요한 수준으로 최소화시키고 있다. 그러나 특수한 경우에는 공동 소비의 양이 훨씬 더 많을 수도 있다. 사실 어떤 일정한 시대를 지나고 나서는 오히려 이러한 공동 소비의 양이 더 증가하고 있는 것이 현대의 한 특성이 된다.

한 집단의 내부에서 문제가 발생하여 균열이 생길 때는 내부 통합성이 요구된다. 그리고 집단의 자주가 외부의 힘(外力)에 의해서 위협을 받거나 하여 대외관계의 모순이 폭발할 때는 국가의 힘이 강해지거나 국가의 질서를 지키는 경찰력의 힘도 강해진다. 이렇게 될 경우 이러한 국가 형태의 소비는 개별 소비가 아니라 공동 소비라고 할 수가 있다. 공동 소비는 때로는 집단 혹은 개인의 진보에 긍정적인 요소로 작용할 수도 있고 때로는 모순을 심화시켜 부정적인 요소로 작용할 수도 있다.

인간은 개체로서만 존재하는 것이 아니고 전체로서만 존재하는 것도 아니다. 전체 속의 한 분자로서 때로는 독립적으로 때로는 전체의 성격에 강한 영향을 받으며 상황에 따라 위치를 조정하고 통일적으로 존재한다. 따라서 일률적으로 소비의 주체에 따라 우열을 가리며, 개인 소비와 공동 소비의 비율을 갖고 진보를 논하는 것은 무리가 있다. 중요한 것은 소비의 형태가 아니라 소비의 내용, 즉 질(質)이다.

(4) 소비의 질

소비의 질을 논하고자 할 때 몇 가지의 기준이 있을 수가 있다.

첫째는 소비의 주체를 무엇으로 여기는가에 대한 문제, 즉 인식의 문제이다. 개인의 이익을 우선하느냐, 집단의 이익을 우선하느냐에 따라 평가의 기준이 달라질 수가 있다. 이것은 소비 주체의 이익을 우선으로 하느냐? 혹은 소비 주체가 속한 집단의 이익을 우선으로 하느냐의 문제이다. 개체의 이익과 집단의 이익은 반드시 일치하는 것은 아니다. 오히려 일반적으로는 두 개의 이익은 서로 상치되는 경우가 많다고 여겨지고 있다. 그러나 사실은 더 많은 경우 서로의 이익은 일치가 된다.

하지만 서로가 일치하는 경우에 불가피하게 어느 한쪽을 선택해야 하며, 집단을 선택할 수밖에 없다. 물론 이 때의 집단이란 어떤 특정한 계급이나 개인을 대신하는 편향된 성격을 의미하는 것은 아니다. 개체의 이익과 전체의 이익이 불일치할 경우에는 일체감(一體感)으로서 극복하는 노력을 기울일 수밖에 없다.

개인의 이익을 부분적으로 양보하거나 포기할 경우에는 개인과 집단이 일치하게 되고 그렇게 되면 결국 괴리감 없이 서로의 이익은 일치된다. 이렇게 일치된 상태가 가능한 한 오래 지속될 때 역사는 진보의 상태가 된다. 개인과 집단의 불일치는 괴로운 것이다. 그러므로 인간은 이러한 일치의 시간을 오래 지속시키기를 원하며 또 이렇게 일치된 공간을 확대하고 싶어한다.

둘째는 소비의 내용으로서 실질적인 문제이다. 인간은 자신이 주체가 되어 만든 생산물을 어떠한 형태로든 소비한다. 인간의 활동이 다양한 만큼 소비의 형태 또한 그와 비례해서 다양할 수밖에 없다. 그러나 생산의 내용물이 모두 필요성이 있거나 유용한 것만이 아니듯이 소비 또한 그러하다. 특히 생산의 경우에는 필요성을 전제로 해서 시작되고 그 결과물을 얻기 위해 어떠한 형태로든 노력이 투입되지 않으면 안된다. 그러므로 비교적 효용성이 클 수밖에 없다.

그러나 소비의 경우에는 일단 결과물에 대한 운용이라는 성격이 강하고 과정 자체가 수월하다. 그렇기 때문에 효용성에 대해 비교적 영향을 받지 않고 자유롭다. 소비가 가진 이러한 특성으로 인하여 진보의 질을 규정하는 데 있어서 소비의 내용이 차지하는 비중은 의외로 크다.

소비의 내용은 '소모성'으로 채워져서는 안된다. 특정한 집단의 이익이나 욕구를 위해서 사용되거나, 1회성 혹은 단기간의 이익을 위해서 사용돼서도 안된다. 수많은 사람들이 특정한 목적을 달성하기 위하여 온갖 힘을 기울여 만들어낸 것이 있다. 그러나 그러한 의미가 있고 귀중한 것들도 때로는 소수 사람들의 이기심이나 혹은 집단의 판단 착오에 의해서 순식간에 파괴되어 버리는 경우가 허다하다.

또한 생산의 목적과는 정반대의 소비를 하는 경우도 있다. 인간이 만들어낸 이기(利器)가 인간의 생명을 빼앗거나 삶을 송두리째 파괴한 예는 수도 없이 많다. 짐승을 수월하게 잡고 다른 짐승으로부터의 방어를 위해서 만든 돌멩이가 인간을 살해하는 데 사용되고, 숱한 공정과 실패의 과정을 거친 후에야 주조할 수 있었던 청동기나 철기들이 생산력을 확대하는 데 쓰이기보다는 약탈을 위한 정복 전쟁에 쓰여 대규모적인 전쟁을 유발시킨 것이 인간의 역사이다. 특히 원자력은 가공할만한 무기가 되어 인류의 생존을 위협하게 되었다. 이러한 것은 소비의 내용이 얼마나 중요한 것이며 인간에게 있어 진정으로 중요한 것은 진보의 양(量)이 아니라 질(質)이란 것을 웅변으로 보여준다.

소비는 내용뿐만 아니라 절차 또한 소모성으로 채워져서는 안된다. 그것은 재창조를 전제로 한 소비여야 한다. 또한 보다 광범위한 집단의 보다 장기적인 이익을 위해서 사용되는 것이 바람직하다. 이러한 소비 형태가 정착되어야 개인이건 전체건 비로소 진보의 상태에 이르게 된다.

2) 정치

진보의 질을 구성하는 것 가운데에서 경제적인 부분 못지 않게 중요한 것은 정치의 문제이다. 경제적이건 사회적이건 혹은 문화적이건 모든 것은 정치의 문제로서 형식화되고 표면화되기 때문이다. 그러므로 진보의 상태나, 척도의 하나로서 정치의 형태가 쉽게 거론된다. 정치는 인간 활동의 모든 것을 포함하고 있으므로 상당히 광범위하고 다양하다. 하지만 경제나 사회 등의 여러 분야와 구분을 짓고, 진보와 관련해 협의의 의미로 판단할 경우에는 두 가지 형태로 압축이 된다. 첫째는 관리 조직의 형태와 기능이고, 둘째는 계급의 유무이다.

(1) 관리 조직의 형태와 기능

인간에게 있어서 생산과 분배의 문제는 중요하다. 물론 이때의 생산과 분배란 인간이 행한 역사 활동의 모든 결과물을 말한다. 그런데 그 가운데서도 역시 가장 의미가 크고 현실적인 필요성이 강한 것은 경제적인 활동이다. 따라서 생산 수단을 누가 장악하고 생산 관계를 형성하는 데 있어서 누가 중요한 역할을 하는가는 매우 중요하고 사회의 모든 관계를 결정하는 데 중요한 요소이다. 이 같은 생산의 문제는 결국 분배의 문제로 귀착된다. 그런데 분배를 공정하게 하기 위해서는 개인의 의사나 힘이 아닌 법이나 제도, 조직 등의 관리 장치가 필요하다.

인간의 삶에서 관리 장치와 조직의 필요성을 부인할 도리는 없다. 한편으론 인간의 절박한 필요에 의해 만들어졌기 때문에 관리 조직의 발명과 완비 자체가 진보의 한 모습이 될 수 있다. 그러나 본질과 현상이 반드시 일치하는 것은 아니듯이 관리 조직의 목적과 그 운용이 반드시 일치하는 것은 아니다.

인간이 만든 관리 조직은 인간의 필요에 부응하면서도 한편으론 운용상의 문제로 인하여 오히려 인간의 필요를 억압하는 경우도 적지 않다.

관리 조직의 운용에는 몇 가지 문제가 발생할 수가 있다. 먼저, 운용 주체의 '공정성(公正性)' 여부가 있고, 다음에는 조직의 '단순성(單純性)'과 '복잡성(複雜性)' 문제가 있다. 모든 것이 진보의 평가 척도가 되지만 특히 관리 조직의 경우는 더욱 그러하다. 그것은 다른 집단과의 갈등을 조정하고 집단 구성원의 기회 균등과 이익 보장이 이루어져야 한다. 무엇보다도 개인의 통제와 보호 기능의 적절한 조화가 이루어져야 한다.

관리 조직을 운용하는 데에, 특히 공정성을 실현하는 데 있어서 가장 중요한 문제는 '정치 권력의 담당 범위'의 문제이다. 정치 권력의 담당은 원칙적으로 모든 집단의 구성원들에게 개방되어야 하는 것이 원칙이다. 그러나 관리와 효율성의 측면에서 그것은 불가능하다. 관리 조직의 발생 자체가 관리자의 제한과 선별을 전제로 하고 있기 때문이다. 따라서 다수의 권리를 위임받은 소수의 대행자들이 항상 있기 마련이고, 실제로 그들에 의해 정치 권력은 담당되어져 왔다.

계약 관계를 바탕으로 한 그러한 위임자, 대행자로서의 '소수'는 상황의 자연적인 변화, 혹은 의도적인 변화를 통해 자신들을 실제적인 통치자 그리고 항구불변한 권리의 소유자로서 만들었다. 즉 쌍무 계약 관계를 파기하고 일방 계약을 설정하였는데 그것은 일종의 신분 제도로서 가시화되었다.

그리하여 역사 진행의 어떤 일정한 단계에서는, 그리고 상당한 기간 동안은 소수의 선택받았다고 만들어진 사람, 혹은 집단들에 의해서 정치 권력이 전담되었다. 하지만 역사의 시간이 흐를수록 그러한 상황은 변하기 시작했다. 정치 권력의 담당 범위는 사회 구조의 변동, 생산 양식의 변화, 인간의 자각에 의해 고정된 한계를 벗어나 보다 많은 사람들에게로 개방되었다. 한국사의 경우를 예로 들어도 그러하다.

삼국시대나 고려시내에 왕이나 소수의 귀족으로 대표되는 정치 권력 담당층은 점차 변화되어 조선조에 들어오게 되면 양반이라는 보다 포괄적이고 다양한 계층으로 확산된다. 그리고 시대가 점차 내려오면서 더 많은 계층으로 확산된다. 근대 이후에 들어서면서 내용상에 있어서는 비록 부분적인 한계를 가진 계급이 물론 남아있으나 형식상의 신분은 철폐되었다.

이러한 현상은 인간의 역사 과정 중 어느 시대에나 일률적으로 적용되는 것은 아니다. 그리고 어떤 집단에나 차별 없이 적용되는 것도 아니다. 그러나 일반적으로 그러한 모습을 보이고 있는 것을 부정할 수는 없다. 역사의 기나긴, 그리고 장구한 변화의 과정을 살펴보면 동·서양을 막론하고 정치 권력을 담당할 가능성이 있는 집단의 범위는 분명히 확산되어왔다. 이것은 인간의 역사가 진보해 온 또 하나의 증거가 될 수 있다.

진보의 질을 논하고자 할 때 정치상에 있어서 또 하나 중요한 것은 정치 조직의 형태이다. 이를테면 정치 조직의 단순성과 복잡성의 문제이고, 또 그것들보다 더욱 중요한 사실은 그러한 조직들이 당시의 그 집단의 환경에 적합하고 그 구성원들의 이익을 잘 보장해 줄 수가 있느냐 하는 것이다.

정치 조직은 가능한 한 단순한 것이 좋을 수 있다. 조직이 복잡해지면 강한 관리와 통제가 필요해지고 그것은 결국 조직 구성원들의 자유를 제한하는 경향이 있기 때문이다. 그러나 때로는 필요에 의해 정치 조직이 방대해지기도 한다. 그렇게 하지 않으면 오히려 인간의 자유로운 삶을 억압하는 경우가 있기 때문이다.

내부에 심한 균열이 생기거나 강한 외압에 의해 집단의 위기가 도래했을 경우에는 관리 조직의 형태를 바꿀 수밖에 없다. 생산 방법의 다양성과 내부에서 발생하는 분배를 둘러싼 계급간의 갈등, 그리고 정치, 외교, 군사 등 대외관계에서 발생하는 갈등을 해결하기 위해서는 조직의 복잡화가 당연한 현상이다. 결국 인간의 역사는 필연적으로 정치 조직을 복잡하게 만들 수밖에 없었다.

그러나 필요에 의해 복잡화되어가는 정치 조직의 형성 과정이 소수의 이익만을 위하고 소수만의 주도에 의해 이루어질 때는 문제가 있다. 다수 인간의 보다 확대된 자유를 위해서 만들어낸 질서가 오히려 다수 인간을 억압하는 굴레가 되는 모습을 보이는 것도 인간의 또 한 역사이다.

정치 조직의 잘못된 운영은 역사의 진보를 막을 수 있다. 현대는 정치 조직의 복잡함과 방대함으로 인하여 대다수 인간들의 자유로움이 부분적으로 억압되어 있다. 거대한 조직 속에서 인간들은 그 조직의 생리와 방향에서 이탈할 수 없게 되어버렸다. 조직은 개인의 개별적인 삶에 관심을 기울여 줄 여가가 없었다. 인간은 주어진 한계 내에서의 자유로움은 확대되었을지도 모르지만 그 한계를 벗어날 수는 없게 되어버렸다. 이러한 면에서 진보에 대한 확신은 흐려지게 된다.

위에서 살펴본 것처럼 관리 조직의 형태를 통해서 진보에 대한 평가를 할 수가 있다. 그러나 관리 조직은 집단이 처한 상황에 따라 변동이 있기에 그에 대한 평가의 기준은 일정한 것이 아니고 유동적이다. 그러므로 평가 기준에 있어서 중요한 것은 상황의 변화에도 영향을 받지 않는 것이다. 그것은 바로 관리 조직이 가진 기능과 역할이다.

관리 조직의 기능 중의 중요한 하나는 분배의 공정한 담당이다. 분배의 대상이 되는 것은 종류가 다양하고 양이 엄청나게 많을 수가 있다. 그러나 그러한 것들과 관련없이 모든 것은 공정한 분배가 이루어져야 한다. 집단의 구성원들에게 기회가 균등하게 주어져야 하고 이익이 보장되어야 한다. 인간의 역사 초창기부터 단순하고 유치한 형태나마 관리 조직이 만들어진 것은 이익의 공정한 보장을 위해서였다.

그러나 역사의 진행은 관리 조직의 기능을 공정한 분배가 아니라 차별성 있는 분배를 집행하고 그러한 질서를 유지시키는 강압적인 것으로 변모시켰다. 힘의 집중과 개인보다는 전체를 우선하는 조직의 특성상, 그러한 위험은 항상 상존해 있으나 관리 조직의 원래의 목적과 역할을 적극적으로 수행하는 것이 진보에 도달하는 길이다.

공정한 분배의 기능 못지 않게 중요한 것은 '조정의 역할'이다.

관리 조직은 내부적으로 발생하는 갈등, 내외관계에서 발생하는 갈등을 원만하게 조정해야 한다. 갈등이란 서로 상반된 두 개의 힘이 충돌되는 것을 뜻한다. 그러므로 이러한 갈등의 조정이란 대단히 절차가 복잡하고 완전한 해결이 어렵다. 인간이 자기 이외에 다른 인간을 만나면서 갈등은 시작된다. 현대와 같이 다수 인간의 보편적인 상식이 있고 법이나 제도가 공고함에도 불구하고 조그만한 이익의 소유를 놓고 서로의 생명을 빼앗을 수 있는 것이 인간이다. 그러므로 인간들 사이에서의 갈등이란 조정이 필수적일 수밖에 없다.

갈등의 조정은 해당 두 힘의 관계자들이 직접 하는 경우가 많다. 그러한 형태가 바람직하다. 그러나 적잖은 경우 갈등의 조정은 중재자를 필요로 한다. 이때 다수의 이익과 생각을 반영한 대표자로서 관리 조직은 그 역할을 떠맡게 된다. 이러한 갈등의 조정은 객관적이어야 하고 어느 일방의 이익에 편향되지 않아야 한다. 특히 단위와 단위간의 갈등인 경우 조정의 미숙과 실수는 더 심각한 갈등을 유발시킬 수 있다. 그리고 개인과 단위간의 갈등이 생겼을 때 객관성을 기해야 하는 것은 기본 전제이지만 힘의 속성상 관리 조직은 약한 개인의 입장을 존중해주어야 한다. 결국 속성상 힘의 단위인 관리 조직은 갈등의 조정 과정에서 개인의 보호와 개인에 대한 통제를 조화시켜야 한다.

(2)계급의 유무

정치 면에서의 진보의 질을 논할 때 제기되는 두 번째 것은 계급의 유무이다. 처음 관리 조직이 만들어지고 운용될 때 그것은 관리의 측면을 크게 벗어나지 않았다. 그러나 그것이 통치의 형태로 변화되면서 관리자의 자격은 제한되고 한정되었다. 통치자들은 자기들의 기득권을 계속 유지시키기 위하여 조직을 만들고 그것을 정당화시켜줄 논리를 창출하였다. 통치자들의 이런 자기관리 과정 속에서 계급이 발생하였는데 그것은 신분의 형태를 띠었다.

계급의 존재란 집단의 구성원들이 차등을 가진 채 분리되어 있는 것이다. 그러므로 집단 전체의 입장에서 볼 때 계급의 존재란 일단 진보를 저해하는 요소가 된다. 계급이 있다는 것은 정치 권력을 담당 내지 독점한 집단이 선택되어 있다는 것을 의미한다. 그런데 이러한 집단이 잘못 운영되거나 역기능을 할 경우에 인간의 자유를 엄청난 힘으로 억압할 수가 있다. 그러므로 계급의 발생과 존재란 역사의 진보에서 결코 긍정적인 요소로 작용할 수 없다.

계급이 없는 사회, 그것은 진보된 사회이고 그것의 실현을 위해서 인간 역사의 상당 부분이 계급간의 갈등과 투쟁으로 얼룩지어졌다. 고려 후기에 발생한 대규모의 농민 반란, 그리고 '천민의 난' 등은 그러한 계급 투쟁의 한 모습이다. 특히 왕후장상의 씨가 따로 없다는 '만적의 선언' 등은 당시의 민란 등이 계급 투쟁의 형태를 띠고 있었다는 것을 보여준다. 이러한 차별적 계급을 해소하고자 하는 모습 등은 조선조를 통해서도 꾸준히 진행되었다.

계급은 전근대 시대에는 신분 제도의 형태를 띠어 보다 확실하고 고정된 형식을 갖고 있었으나 근대 이후에 신분 제도는 폐지되어 형식적인 차별은 없어졌다. 그러나 그럼에도 불구하고 계급은 여러가지 형태로 존재하고 있다. 현재에는 주체의 모습, 성격 등의 변모와 투쟁 방식이 달라졌을 뿐 계급을 폐지시키고자 하는 노력은 아직도 지속되고 있다. 계급이 없는 무계급의 사회, 이것은 진보가 실현된 이상사회의 한 모습이다.

3) 정신(또는 意識)

진보의 질을 평가하고, 진보의 내용을 구성하는 것 중에서 진실로 중요하고 본질적인 것은 정신에 관한 것이다.[52]

역사의 영역은 현상과 본질 모두를 포함하고 있다. 개체의 인식 여부와 관계없이 본질은 실재하고 현상도 실재한다. 본질과 현상이 상호 대립되는 존재나 별개의 개념이 아닌 이상 현상은 본질의 다른 모습이고, 본질은 현상의 다른 모습이다. 어떤 특정한 현상은 본질이 가진, 또는 나타낼 수 있는 여럿 중의 하나이다. 반면에 본질은 현상을 낳고 현상이 존재하는 순간 뿌리를 박고

---

52 이 문장에서 사용하는 정신이란 용어는 일반적이고 포괄적인 의미로서 물질과 상대적 위치에 있는 개념을 뜻한다.

있는 근본이다. 마치 탯줄로 연결되어 있는 어머니와 아기처럼.

우리가 감각을 통해서 확인할 수 있고 실제로 우리가 몸을 담고 살아가는 자연은 본질임에는 틀림없지만 그것은 현상의 형태로 나타나 있다. 따라서 운동의 모습은 본질보다는 현상 속에서 더욱 구체적으로 확인할 수 있다. 그래서 정신의 문제는 경제나 정치에 비해 가시적이지 않고 덜 직접적이기 때문에 비교적 소홀히 여겨지는 경우가 있다.

그러나 진보란 결국 가치 평가의 문제이고 평가의 주체는 인간이며 그 기준을 최종적으로 정리하고 판단을 하는 것은 인간의 마음(정신)이다. 그러므로 정신이야말로 진보의 질을 규정하는 데는 가장 중요한 요소가 된다. 정신이란 현실과 동떨어져서 개별적으로 존재하는 것도 아니고 무관계한 것도 아니다. 정신의 활동은 인간의 행동과 현실에 영향을 끼치고, 또 상대적으로 현실에 의해 영향을 그때그때 받는다. 그러므로 인간의 정신과 현실을 파악하는 기준, 그리고 실제적인 행위는 상호 불가분성을 갖고 있다.

진보에 대한 평가를 정신 면에서 하고자 할 때 우리는 두 가지 형태를 상정할 수가 있다. 하나는 개체에 국한된 것이고, 또 다른 하나는 그것들의 합인 종교에 관한 것이다.

(1) 개체의 정신

인간은 자유로운 존재로 생겨난 것도 아니고 자유롭지 못한 존재로 생겨난 것도 아니다. 주체와 함께 상황만이 주어져 있을 뿐이었다. 상황이 인간을 억압할 때 인간은 자유를 상실하고 반면에 인간이 상황을 극복할 때 인간은 자유를 획득할 수 있다. 인간은 상황을 적절히 변화시켜가면서 자유로움을 추구해 왔고 그것을 부분적으로 실현시켜 왔다. 그 자유로움의 상태를 가능한한 많이, 지속적으로 누리고자 하는 것이 인간의 바람이다. 그리고 그러한 바람을 실천하는 과정이 인간의 역사이고 진보의 상태이다.

자유로움을 얻기 위해서는 인간에게 주어지는 갈등을 다 극복해야 한다는 것은 앞 장에서 언급한 바가 있다. 그것은 물질적인 것도 있고 정신적인 것도 있다. 하지만 인간의 욕망은 한이 없고, 인간에게 주어지는 갈등의 종류는 계속해서 생겨난다. 또한 사람에 따라 정도의 차이는 있으나 갈등의 양 역시 완전히 해소되는 것은 아니다. 그러므로 물질적인 것만의 극복을 통해서 인간이 자유로움을 얻을 수는 없다.

만약 물질적인 극복의 정도만으로 인간의 역사를 평가하고 진보의 척도로 삼는다면 인간의 역사는 분명히 일직선상으로 진보하여 왔다. 적어도 인간이 생산해내는 생산물의 총량은 비교할 수 없을 정도로 확대되고 인간이 초기에 겪었던 갈등의, 특히 자연과의 갈등은 상당한 부분들이 극복됐기 때문이다.

사실 이런 기준을 가지고 인간의 역사가 진보해 왔다고 주장하는 견해도 있었다. 특히 물질문명이 발달했고 생산물의 총량을 증가시키는 것을 최고의 가치로 삼았던 시대에는 더욱 그랬다. 18세기 이후의 서구 역사에서는 한동안 그러한 풍조가 농후했고 현재 한국 사회를 비롯한 비서구권에서 아직도 그러한 기준을 고집하고 있다.

흔히 사회에서 발생하는 갈등의 종류를 경제적인 측면에서 찾는 경우가 있다. 그러나 앞 글에서 언급한 바와 같이 인간의 역사 활동이 다양한 것처럼 갈등은 인간을 둘러싼 모든 면에서 발생하고 있다. 그러므로 갈등에서 발생하는 가치관의 혼란이나 질서의 붕괴는 여러가지 면에서 찾아야 한다.

갈등의 종류가 아무리 다양하고 질서 붕괴의 요인이 복잡하다 해도 결국 그 갈등을 갈등으로 인식하고 그것을 평가하는 것은 인간의 의식이다. 진보의 상태를 최종적으로 마무리하는 것도 인간의 의식이고, 진보를 실천하고자 최종적으로 결정을 하는 것도 인간의 의식이다. 결국 적어도 진보의 질을 논하고 그것의 평가에 관한 한 중요한 것은 의식을 포함하고 있는 정신이다.

인간을 움직이게 하는 조건은 자연과 사회, 혹은 다른 인간들과의 관계 등 객관적인 것들이 있다. 그런가 하면 인간은 자신의 의지나 형성된 관념에 의해 활동하고 외부 상황에 대한 판단을 하는 경우가 적지 않다. 반면에 상황에 의해서 영향을 받은 경우도 적지 않다. 그런데 이 모든 경우에서 과정과 조건이 어떠하든간에 정보를 수집하고 분류하며 최종적으로 평가를 하는 것은 역시 판단의 주체인 인간의 의식이다.

　물론 이때의 의식이란 것은 존재와 별개로 분리되어 있거나 존재를 뛰어넘는 것은 아니다. 전체적 인간의 입장에서는 존재와 의식의 구분 자체가 무의미하다. 존재와 의식이란 애초에 구분이 없었으며 주·종의 관계로 성립·고정되어 있는 것도 아니다. 왜냐하면 둘은 분리된 적도 없고, 분리될 수도 없기 때문이다. 그러나 개체의 입장에서는 존재와 의식의 구분이 있는 것 같고 또 필요하다고 보기도 한다. 여기서 존재와 의식의 문제, 그리고 그와 관련된 역사의 문제, 진보의 문제 등이 복잡하게 나타나는 것이다.

　인간은 존재함으로써 의식을 시작한다. 의식의 씨앗 자체는 이미 존재의 성립 과정과 동시에 이루어지지만, 개화의 계기가 되고 몸주가 되는 것은 역시 존재이다. 그러므로 이러한 순서의 관계에서 볼 때 일단 존재는 선차성을 가지게 된다. 물론 이때 의식의 내용이 미리 결정되어 있거나 고정되어 있는 것은 아니다.

　그런데 존재는 사고와 의식이 없으면 성립의 기본 조건이 충족되지 못하기 때문에 사실은 존립 자체가 불가능하다. 설사 성립되었다 해도 첫 출발 이상의 지속적인 존립은 결코 가능하지 않다. 존재는 의식에 의해 계속 존재가 가능하기 때문이다. 존재에 필요한 정보의 수집과 분석, 판단, 지시 등은 모두 의식의 관할이다. 이것은 더 나아가서 의식의 성격과 개화 수준에 따라서 존재의 질이 정해진다는 논리이다. 결국 의미나 중요성의 문제에 있어서 굳이 비중을 가린다면 존재보다는 오히려 의식이 더 우위를 차지하게 된다.

　존재와 의식은 구분이 돼서 단계적으로 각각 작용하는 것이 아니라 항상 통일적인 관계 속에서 동시에 작용을 하는 것이다. 존재는 의식을 개화시키고, 개화된 의식에 의해 일차적으로 질이 결정된 존재는 다시 의식의 내용에 영향을 끼치고, 이렇게 존재와 의식은 끝없는 운동을 되풀이하는 것이다. 그리고 때로는 관계가 불분명하고 혼란스럽게 보여지는 경우도 있다. 그것은 우리가 인식하는 법칙으로서만 작용하는 것은 아니기 때문이다. 사건과 사물에 작용하는 배합 비율은 처한 시간과 공간, 즉 상황에 따라 달라질 수 있는 것이다. 결국 존재와 의식은 분리와 구별의 개념이 아니라 범주의 개념으로서 파악하는 것이 역사와 우주의 이해에 도움을 준다.

인간은 관념의 동물이라는 견해도 있다. 인간은 자신의 의지나 이미 형성된 조건을 토대로 하여 상황과 관계를 평가한다. 이 관념과 힘과 역할에 대해서는 각각 상반된 주장들이 있다. 관념은 때로는 객관적 상황이나 정확한 정보가 없이도 형성되고, 그 관념은 자체의 생명력을 가지고 행동을 유발시킨다. 동물의 경우는 입력된 정보와 그 대응 양식이 일정하기 때문에 사건에 대해서는 즉자적인 반응을 한다.

그러나 인간은 상상력을 가지고 있을 뿐 아니라 의식이 스스로 작용을 하기 때문에 반응과 행동 양식이 항상 일정하지 않고 때로는 창조적이기까지 하다.[53] 관념의 힘은 의외로 커서 인간의 일반적인 통념은 물론 과학으로 인정된 그 이상의 힘을 가질 수가 있다. 인간은 자기 관념에 의해 자기 존재마저도 의식적으로 파기시킬 수 있는 존재이다.

이러한 성격을 가진 인간 정신의 진보를 논하기 위해서는 기본적으로 인간 본질에 관한 인식의 정도가 깊고 심원해야 한다.

역사 활동의 주체는 인간이고 그것의 수혜자 역시 인간이다. 더욱이 그것에 대한 평가는 오로지 인간만이 할 수 있다. 그런데 진보의 과정이나 결과는 역사 활동의 아주 중요한 부분이다. 따라서 진보의 상태나 기준, 그리고 실현을 위해서는 우선 인간에 대한 정확한 해석을 필요로 한다. 그 다음에는 해석을 토대로 한 인식이 있어야 한다.

하지만 인간을 둘러싼 표면적인 현상이나 외부적인 모습에 한정되어서는 안된다. 특수한 조건과 작용이 가해지는 어떠한 상황 속에서도 변함이 없는

---

53 카시러는 "동물은 실제적인 상상력과 지성을 가지고 있는 반면, 유독 인간만이 하나의 새로운 형태, 즉 '상징적인 상상력과 지성'을 발전시켰다고 말할 수 있다"라고 하여 상상력을 더욱 구분하고 있다. 에른스트 카시러, 최명관 역, 『인간이란 무엇인가?』, 전망사, 1984, 51쪽에서.

인간의 본질에 대한 통찰을 할 필요가 있다. 이것이 기본적으로 수용될 때 인간의 삶은 질적으로 향상되는 것이다.

　아주 오랜 옛날부터 인간은 여러가지 형태와 방법을 통해서 인간의 본질과 삶에 대해서 깊은 생각을 해왔다. 수십만 년 전의 원시인들도 사유하는 깊은 눈을 가졌고, 지긋하게 앉아서 자연 현상을 관찰할 수 있었다. 그들이 남긴 삶의 흔적이나 예술품들에서는 그들의 인생관이나 자연관을 느낄 수 있다. 인간의 삶이 질서를 잃어버리고 혼탁할 때에는 이러한 움직임이 더욱 활발히 진행됐다. 특히 인간과 인간 사이에서 벌어지는 갈등이 심각할 때에 집중적으로 이러한 노력들이 기울여지는 것은 인간이 바라는 상태, 즉 진보의 모습이 무엇인가에 대해 많은 것을 시사한다. 인간의 본질에 대한 탐구는 결국 인간으로 하여금 '일체감의 체득'이라는 궁극적이고 가장 본질적인 해결 방법을 찾고 터득하게 하였다.

　결국 갈등이 심각하게 진행되는 상황에서 진보를 이루고자 할 때 그것은 갈등이 극복된 상태를 말한다. 갈등의 극복이란 그 내용과 형식이 어떠하든 주체와 대상체의 성격, 각각의 이익 등 이러한 모든 것들이 일체가 되어 합일(合一)이 이루어진 것을 말한다. 따라서 진보란 이러한 일체감의 정도에 따라 달라질 수 있다. 특히 인간과 인간 사이에서 일어나는 갈등은 인간들이 어느 정도의 일체감을 인식하고 있느냐에 따라 질과 양이 영향을 받는다고 할 수가 있다.

　과거로부터 현재에 이르기까지 위대한 선각자들이 주장해 온 일체감의 체득이란 바로 이러한 의미를 갖고 있는 것이다. 물아일체(物我一體), 천지동근(天地同根), 만물일체(萬物一體), 범아일여(梵我一如) 등은 다 이런 바람과 그것이 실천된 경지를 일컫는 표현이다.[54]

54　선지자들은 진보를 운동의 과정이 아니라 상태로 이해했다. 그래서 그들은 진보의 상태를 결정해 놓고 그것의 추구와 실천을 범인(凡人)들에게 지도했다.

중국사의 경우에 있어서 사상적으로 가장 풍부하고, 또한 인간의 본질에 대해서 진지한 탐구가 일어났던 시대는 세상이 가장 혼란했다는 춘추전국시대였다. 노자와 공자 그리고 맹자와 장자 등이 다 이 시대의 사상가들이었다. 그들은 당시 사회가 처한 위기를 극복하기 위한 여러가지의 처방들을 제시하고 실천했다. 인간의 본질, 우주와 역사와의 상관성, 그리고 진보의 실천 방법 등에 대해서 각각 다른 처방을 제시했는데 이들 백가쟁명의 사상가들에게도 공통점은 있었다. 결국 처방의 토대를 이루고 궁극적으로 지향하고 있는 것은 일체감의 체득과 그것의 실천이었다.

너와 남이 없는 세계, 주와 대상체의 갈등이 없는 세계, 이러한 인식을 기반으로 할 때 계급간의 갈등은 부분적으로 소멸되고 각개의 집단들과 집단들 사이에서도 불필요한 대립은 해소가 될 것이다.

(2) 종교의 형태

인간들의 진보에의 희구와 실현 노력은 종교라는 집단의 형태로 나타나기도 했다.

인간은 필요에 의해서 종교라는 개념과 형태를 만들어냈다. 종교는 집단의 문화적 성격에 따라서 각각 다른 형태를 띠고, 또 띨 수밖에 없다. 그러므로 종교의 유무와 종교의 형태에 따라서 집단 혹은 문화의 우열을 가릴 수는 없다. 흔히들 현재의 문화, 혹은 물질의 양적 팽창을 기준으로 해서 종교의 우열을 평가하고 있다. 이를테면 기독교, 이슬람교, 불교 등은 질적으로 우수하고 성숙된 종교로 파악하고 있으며 고등 종교라고 불리운다. 그리고 그것을 누리는 집단은 문화적으로 우수하고 진보에 근접한 것으로 평가하는 경향이 있다. 그렇다고 해서 반드시 그러한 것은 아니다.

모든 평가의 기준이 평가 주체의 내부에서 나오듯이 종교의 평가 역시 그 집단 내부의 평가에서 나타나는 것이다. 그 집단의 성격을 가장 잘 반영하고 있고 집단이 가진 갈등을 가장 유효적절하게 해결하는 것이 가장 바람직한 형태의 종교이다. 그러므로 종교가 가진 논리의 치밀함이나 조직의 체계성

등은 우열 평가의 절대적인 척도는 되지 않는다.

하지만 역사의 발전 과정을 볼 때 인간이 진보해 온 것이 사실이라고 한다면 역시 종교도 고등 종교의 형태로서 발전해왔다고 볼 수 있다. 자연의 상태에서 혹은 허술한 관리 조직에서보다 정교한 관리 조직이 필요했던 것처럼 그것을 뒷받침해 주는 종교나 논리 역시 체계적이고 치밀해진 것은 필수적이고도, 당연한 현상이다.

그러나 때로는 고등 종교가 가진 진리의 심원함보다는 매직(magic)이나 타부(taboo) 등의 단순하고 허술한 논리가 오히려 인간 또는 집단의 진보에 더욱 유효적절하게 작용할 수 있다. 특히 삶의 양식이 비교적 간단한 곳에서는 고등 종교가 가진 합리성이 원시 종교나 민간 신앙이 가진 비합리성보다 인간의 생활에 더욱 부정적인 영향을 끼칠 수 있다.

인간이 종교를 만들었을 때 그것의 목적이 인간의 자유로움과 진보를 지향한 것이라고 한다면 역시 종교가 인간을 억압하는 일은 본연을 벗어난 것이다. 그런데도 불구하고 종교, 특히 고등 종교는 만들어진 순간부터 특정한 목적에 의해서, 또는 특정한 집단이나 계급에 의해서 인간을 도리어 억압하는 수단으로 사용되기도 했다. 또한 소수의 이익을 위해서 대다수 구성원들의 이익을 보장하지 않거나 못 하는 기능까지 해왔다.

이를 테면 매직이나 타부 등은 인간의 바람을 들어주고 인간이 가진 공포나 불안감을 일시적으로 해소시켜 주는 역할을 한다. 그러나 그것이 일정한 한계를 넘어서거나 제 기능을 하지 못할 경우에는 오히려 인간을 억압하는 엄청난 굴레가 된다. 역사에서 종교가 그러한 역기능을 수행한 예는 수없이 많아 일일이 열거할 수가 없을 정도이다. 인간은 초기의 종교 형태가 가진 이러한 비합리성과 인간을 억압하는 형식을 극복하면서 합리성을 갖고 인간의 일상 생활과 밀접한 고등 종교를 만들어냈다. 물론 고등 종교의 발생은 이러한 요인에 의해서만 이루어진 것은 아니었으며 긍정적인 역할만을 수행한 것도 아니다.

한국사 속에서 불교나 성리학이 지배계급의 이데올로기 역할을 한 것은 부정할 수 없다. 그것들의 유입과 수용 과정이 그렇고, 정치 경제에서의 부정적인 역할들이 그것을 증명한다. 동양의 여러 역사 속에서, 그리고 서양의 중세사 속에서 고등 종교는 지배계급과 결탁하여 세력을 확장하였다. 종교는 지배의 당위성을 확보하는 이론과 조직을 제공했으며 지배계급의 권위에 신성성(신령성)을 부여해주었다. 뿐만 아니라 때로는 지배 권력을 놓고 왕권과 직접 쟁탈전을 벌이기도 하였다.

진보를 실천하기 위해 만든 종교가 때로는 역사의 진보를 가로막았으며, 도리어 억압받는 계급을 착취한 것이다.[55] 고등 종교가 강력한 정치력과 결탁하여 인간을 조직적으로 억압하는 역기능을 수행할 때 인간의 진보는 그 흐름을 저지당하게 된다. 결국 진보의 내용과 질을 논하고자 할 때 종교란 그 형식이 중요한 것이 아니고, 논리의 치밀함이나 조직의 강고함이 평가의 척도가 되는 것은 더욱 아니다. 종교는 인간을 자유롭게 하고 집단의 구성원들 모두에게 이익이 균등히 돌아가도록 제 역할을 할 때 진보를 실천하는 유용한 도구가 된다.

위의 글을 통해 진보의 질을 경제, 정치, 정신의 분야로 나누어 살펴보았다. 그리고 중간 결론을 내릴 수 있게 되었다.

진보는 그것을 실현하는 집행의 주체도 인간이고, 수혜의 주체도 인간이다. 그리고 무엇보다도 평가 주체가 인간이다. 그러므로 진보의 질이란 바로 인간들이 지향하는 상태가 가능한 한 완벽하게 구현된 상태이다. 인간들의 이익이 최대로 보장된 상태이다. 하지만 진보의 구체적인 상태는 항상 일정한 것이 아니라 변동의 가능성이 있는 것이다. 그리고 진보의 주체인 인간들 또한 소수의 특정한 사람들이 아니라 집단 구성원 다수를 의미하는 것이다. 이처럼

---

55 푸루동은 '인간이 궁극적으로 진보를 이루기 위해서는 인간과 신의 영원한 투쟁을 전개해야 한다. 왜냐하면 신 혹은 절대자야말로 인간의 진보를 가로막는 유일하고도 가장 큰 장애물이며 모든 종류의 절대주의 —경제적이든 정치적이든 종교적이든 간에— 의 유일하고도 가장 큰 원천이기 때문이다' 라고 하였다. 칼 뢰비드, 이한우 역, 『역사의 의미』, 문예출판사, 100쪽에서.

가변적이고 다양한 진보의 질 속에서 이익의 최대공약수를 찾고, 획득하기 위해서는 주체인 인간과 우주간의 일체감을 통찰하고 획득할 필요가 있다.

우주의 성립과 형성 자체는 일체감을 전제로 해서 움직이고 있다. 우주 내에 모든 것은 각개의 현상이나 개별적인 분자들은 물론이고 그것들의 운동들 역시 하나의 통일체 속에서 관계성을 갖고 움직이고 있다. 극미(極微)의 세계에서부터 우주(宇宙) 자체에 이르기까지 모든 것은 때로는 부분으로서, 때로는 전체로서 역할과 기능을 바꿔가며 상호 보완 작용을 하고 있다. 서로가 분리 독립되어있고, 서로 무관해 보이는 것들도 결국은 어떠한 형태로든 연관 관계를 맺고 있으며 그것이 깨어질 때는 존립이 파기될 수밖에 없다.

우주의 모든 것은 존재, 사건 등을 불문하고 일체의 통일이라는 기본 전제에서 시작되고 부분과 전체, 또는 개체와 전체 사이에서 그 일체감을 완전하게 구현하면서 발전해나간다. 이것이 깨지지 않는 한 개체나 우주의 파기란 있을 수가 없다. 그런데 정작 인간은 앞에서 언급한 대로 갈등들에 의해서 일체(一體)를 깨어가고 있다.

결국 인간이 주체가 되어 진보를 이룬다고 할 때 가장 기본적으로 갖추어야 할 조건은 '일체감의 체득'이다. 그것을 통해서 인간은 우주와 직접 소통할 수 있고 자기와 대상체로 여겨지거나 다가오는 것들과 조화로운 관계를 맺을 수 있다. 이렇게 해서 인간은 비로소 정신적으로나 물질적으로 자유로워지고 모든 종류의 갈등으로부터 해방될 수 있다. 그러나 일체감의 체득만으로 진보가 실천되는 것은 아니다. 다만 본질적인 갈등을 해소할 수 있으며, 현상에서 발생할 수밖에 없는 모든 종류의 갈등을 극복할 기본 토대를 갖는 것이다.

물아일체(物我一體), 만물일체(萬物一體), 천지동근(天地同根), 그리고 범아일여(梵我一如). 이러한 것들은 인간이 찾고 만들어낸 최고의 궁극적인 개념으로서 진보가 실천된 완벽한 상태를 표현하는 개념이다.

2. 진보의 달성 방법

우리는 앞 글에서 진보의 내용과 성격에 관해서 나름대로의 견해를 정리하였다. 그리고 진보에 대한 현재까지의 문제점들을 지적하여 보았다. 하지만 문제점의 지적이라는 방식은 소극적인 접근으로서 단지 문제 해결의 1차 단계에 속할 수밖에 없다. 이미 진보의 상태가 정리되고 주장되었기 때문에, 이제는 다음 단계에서 보다 적극적으로 진보의 달성이라는 목표에 접근하는 일이 필요하다.

진보를 달성하고 실천을 하기 위해서는 여러가지 전제, 혹은 방법이 필요하다. 진보란 인간에게 주어진 온갖 종류의 갈등을 극복한 상태를 말한다. 그러므로 그 갈등을 극복해 가는 방법이 곧 진보의 달성 방법이 될 수 있다. 그런데 갈등의 종류는 다양하고 각 갈등도 그것에 대응하는 주체인 인간 또는 집단의 대응 양식, 그리고 상황에 따라서 역시 다르게 나타난다. 그러므로 진보의 달성 방법 또한 다양할 수밖에 없다.

물론 앞 글에서 언급한 대로 사회 구조나 물적 토대 등의 외적상황이 인간의 역사 활동에 많은 영향을 끼치는 것은 부정할 수 없는 사실이다. 그러나 그러한 외적 조건이 인간에게 영향을 끼친다 해도 그것을 영향으로 평가하고 그것을 토대로 해석하는 것은 인간이다. 뿐만 아니라 그것에 대한 대응 방식을 찾고 실천에 옮기는 것은 바로 주체인 인간 외에는 없는 것이다. 더구나 진보는 양적인 개념만이 아니라 질적인 면을 중시하고 있기 때문에 그 질, 양의 배합 비율을 조정하는 미묘하고 섬세한 작업이 요구되므로 더욱 그러하다.

그러므로 인간은 외적 상황에 영향을 받는다 해도 진보의 실천 주체로서 기본 조건을 충족시켜야 한다. 그 기본 조건을 충족시키고 더욱 능력을 확대시키는 과정에서 진보의 보다 구체적인 모습들이 실천되어가는 것이다. 이러한 과정과 단계별 결과물의 축적되어야 역사 활동의 집약체인 사회 구조의 변혁까지도 가능한 것이다. 결국 진보를 달성하는 계기는 주체인 인간에서 출발된다.

1) 주체의 역량 강화

진보를 달성하기 위해서는 첫째, 주체의 역량 강화(力量强化)가 필요하다.

인간이 한 모든 행위는 그 주체가 인간이 될 수밖에 없다. 특히 역사의 경우에는 그 주체가 분명히 인간이고 모든 것이 인간을 중심으로 해서 판단되고 일어날 수밖에 없다.

역사는 단순한 일상의 생활이나 개인의 활동이 아니다. 그리고 다수의 인간 활동의 산술적인 合도 아니다. 그것은 다양한 사람들의 각각 다양한 환경이 그때그때의 조건과 적합한 관계를 맺으며 조합을 이루어 나가는 것이고, 그 결과의 '결정체'이다. 그중에서도 진보란 역사의 질과 방향에 관한 것으로서 인간의 주체적인 역할이 매우 무거운 비중을 차지하고 있다.

인간의 역사 활동은 그 자체가 진보를 지향하고 이미 진보의 의지가 내포되어 있다. 그러나 진보는 일반적인 역사 활동 중에서도 특별히 의미가 있고 개인이나 집단의 강한 의지가 강하게 작용하는 것이다. 먼저 주위 조건과 목적에 맞춰 진보의 상태와 질을 선택 조정해야 하고, 실천하고자 하는 강한 의지를 발동시켜야 한다. 그런데 주체의 의지와는 전혀 관련이 없는 상황 내지 조건이 주체의 의지를 막거나 파괴시켜 버리는 경우도 많다. 이런 경우 주체의 의지는 실현 과정에서 주위 상황과의 긴장 내지 갈등을 유발시킨다.

흔히들 인간의 역할을 강조하다 보면 역사에서 주체의 비중을 과도하게 매기고 마치 모든 활동은 주체의 의지에 따라가는 것으로 오해를 하기가 쉽다. 그러나 앞 글에서 언급하였듯이 힘의 비중을 엄격하게 평가할 때 주체보다는 대상체, 혹은 상황의 힘이 더욱 강할 수 있다. 그러므로 인간은 주체의 역할과 능력에 대해 당위만을 주장할 것이 아니라 실질적으로 강화시켜야 한다. 주체의 역량을 강화시키는 것은 진보를 실천하는 데 가장 근본적이고 필수적인 요소가 된다.

주체의 역량을 강화시키는 데는 여러가지 방법과 태도가 있을 수 있다. 그런데 우리는 앞에서 진보란 양의 측면보다 질의 측면이 더욱 중요하다는 것을 역시 살핀 바가 있다. 그리고 그 평가의 몇 가지를 설정해 보았다.

육체적인 능력의 강화, 정신적인 능력의 강화, 그리고 물질적인 토대의 강화 등은 주체의 역량을 강화시키는 방법이다.

그런데 개체가 가진 각개의 능력이 강화되고 각 개체들의 능력이 향상되어도 만약 그것들이 개별 분리되어 있다면 그것은 인간의 진보에 크게 도움이 되지 못한다. 심지어 어떤 경우에는 각개의 이익과 능력들이 충돌하여 진보에 역행을 초래하기도 한다.

따라서 질을 평가의 기준으로 할 때 중요한 것은 그러한 각개 요소들의 강화에만 그치는 것이 아니라 그것들을 하나로 연결해주는 끈, '공통분모'의 존재와 발견이다.

그러면 이러한 각개의 요소들을 통일시키고 진보를 효과적으로 실현시키기 위한 공통분모란 무엇인가? 그것은 '일체감의 획득'과 '공동체 의식의 강화'이다.

일체감의 획득과 공동체 의식의 강화는 한 개 끈의 처음과 끝과 같다. 또한 동일한 사람의 어릴 적과 어른일 때의 관계와 같다. 동일한 것의 각각 다른 표현일 수도 있고 원인에 의한 결과일 수도 있다. 그러나 보다 구체적이고 우선 중요한 것은 공동체 의식의 강화이다.

공동체 의식의 강화를 위해서는

첫째, 기본적으로 집단 구성원들의 권리와 의무, 그리고 향유하는 실제적인 모습들이 동일하여야 한다. 본질적으로, 또는 관념적으로 아무리 동질이라 해도 가시적으로 보아 차별성이 느껴지면 공동체 의식은 생겨날 수 없고, 있었다 해도 결국은 깨어질 수밖에 없다.

역사의 발전에 따라 진보의 내용은 달라지고 실천 방식도 달라져야 하는데 특정한 사상이나 흐름을 진보로 파악하거나 주장하는 것은 오히려 진보에 역행하는 것이다. 진보는 인간의 해방과 자유의 획득이라는 대전제를 목표로 설정하고 그것의 근접을 위해서 인간들이 끊임없이 새롭게 형성해가는

역사적인 개념이다.[56]

　이런 이유로 해서 진보의 구체적인 내용은 주체의 판단 척도와 처한 상황, 그리고 집단의 변화된 조건에 따라서 끊임없이 달라져야만 한다. 그럼에도 불구하고 진보의 내용을 일정한 것으로 인식시키고 그것을 실천하는 형식을 고정 불변의 것으로 강조하고 강요한다면 이미 그것은 진보와는 거리가 멀어진 것이다. 종교나 이데올로기의 주입을 통해서 본질상이라는 제한된 단서를 달고 아무리 동질성을 강조해도 결국은 그 허구성은 깨어져 나간다. 현상과 유리된 본질이란 있지도 않고 또 인간을 설득시킬 수도 없다.

　인간은 구성원들 간의 차별성을 이해하면서도 동질성이 깨어지는 것은 인정할 수가 없다. 그들이 이해하는 차별성이란 동질성을 전제로 한 것이거나, 아니면 동질성을 실천, 획득하기 위한 방법으로서 확신을 가질 경우이다. 또한 차별성은 각개의 고유성을 인정하는 것이고 상황에 따른 역할 분담을 뜻한다. 그리고 그것도 필요에 따른 한시적인 것이지 항구적인 구분은 아니다. 더구나 어느 한 쪽이 다른 한 쪽을 억압하는 것은 더더욱 아니다. 그렇기 때문에 일의 효율성과 조직의 생리상 계급과 신분의 존재를 이해하면서도 동시에 그것을 끊임없이 깨뜨려 온 것이 인간의 역사이다.

　둘째, 공동체 의식을 위해서는 철저한 의식 강화 교육과 인격 수행을 통해서 일체감을 인식해야 한다.

　인간은 역사의 주체이다. 활동의 주체이고 기록의 주체이고 평가의 주체이다. 역사 활동의 진수인 진보는 인간에 의해 이루어진다. 그리고 인간은 '본능' 외에 스스로의 '의지'를 가동시켜 자신의 행위를 결정한다. 주체를 강화시키고자 할 때 출발의 기본이 되고 그 행위를 운행하는 것은 인간의 의식이다. 인간은 공동체 의식의 강화, 일체감의 획득을 위해서 교육을 통한 자기 수행을 해야

56　진보는 어떤 특정한 내용(사상, 이론 체계)이나 형식(체제)이 아니다. 그것은 상황에 따라서 평가의 척도가 달라진다. 적절한 상황에 맞춰 유형화된 것을 진보의 절대적인 것으로 파악하는 견해는 인간의 역사 발전에 심각한 오류를 발생시킨다.

한다. 그렇게 함으로써 의식을 궁극적인 상태로 상승시켜야 한다.

모든 존재물은 자신을 구성하는 완전한 조건 위에서만 성립이 가능하다. 그리고 자신만의 조건과 주위를 둘러싸고 있는 조건이 관계를 맺으면서 존립을 지속시켜나간다. 그러므로 모든 존재물들은 본능적으로 일체감을 느끼고 있다. 이것은 인간에게도 공통적으로 적용되는 원리이다. 그러나 인간은 다른 존재물과는 다른 특징이 있다.

인간은 인식 기능이 있다. 자신들의 삶에 대해서, 또 자신이 속해 있는 우주에 대해서 그 법칙과 원리를 부분적으로나마 인식하는 기능이다. 그래서 우주와 자신의 일체감을 본능적으로 느끼면서 동시에 인식하기도 하는 경우도 있다.

본능적인 것 외에도 일체감을 인식하는 인간의 특성은 인간으로 하여금 다른 존재물과는 달리 존재와 인식 사이의 불일치를 경험하게 하였다. 본질상에서 우주는 하나로서 일체가 되고 인간의 인식 역시 일치감을 경험한다. 그러나 우주 존재물들의 삶을 이루는 내용들은 너무나 다양하고 복잡한 국면으로 이루어졌다. 때문에 각 존재물들의 존재 양식들은 필연적으로 부딪칠 수밖에 없으며 사실은 부딪치는 관계의 합이 일체화의 결과로서 나타나는 것이다.

그런데 인간은 오히려 이러한 부분에서 부딪치는 것을 불일치로 인식하는 경향이 있다. 인간의 인식은 끊임없이 확대되고 고양되어 불일치의 폭은 커지고 그에 따라 일체감을 상실하는 경우가 많다. 그러나 인간은 본능적으로 일체감을 느끼고 그 속에서 벗어날 수 없다는 사실을 인식한다. 그렇기 때문에 인간은 본능적으로, 그리고 의식적으로 부분부분에서 발생하는 불일치를 극복하고, 깨어지는 일체감을 회복하고자 한다. 인간이 의식적으로 일체감을 회복하고자 할 때는 인식 작용을 활발히, 적극적으로 한다. 스스로의 의지로는 자기 단련과 수행을 통해서, 그리고 집단 속에서 타율적으로는 교육을 통해서 일체감을 인식하고자 한다.

인간은 끊임없이 만들어지는 존재이기 때문에 교육의 필요성은 중요하며 항상 존재한다. 더구나 진보의 구체적인 상대는 상황에 따라서 가변적이기 때문에 진보의 구체적인 내용을 아는 과정은 용이한 것이 아니며 나아가 그것을 실천하는 과정은 더욱 어렵다. 그러므로 진보를 실천하고 누리고자 할 때는 교육을 통한 적응과 훈련이 필수적이다.

인간은 자의에 의해서든 타의에 의해서든 교육이나 자기 수행을 통해서 관념의 변화를 가져올 수 있으며 인식의 단계를 높일 수 있다. 그래서 일체감을 본능적이 아니라 주체적으로 인식하고, 느끼는 것이 아니라 체득할 수 있다. 또한 각 부분부분에서 발생하는 갈등의 양도 줄이고, 심지어는 관조할 수도 있는 능력을 구비하고 있다.

인간은 자신을 포함한 모든 집단의 구성원들이 하나이며 역사를 이루어가는 데 동일한 역할을 해야 한다는 사실을 이해해야 한다. 인간의 역사란 인간 전체의 노력이 모여서 이루어낸 결과물이다. 역사라는 거대한 흐름 속에서 인간은 모두가 하나가 된다. 뿐만 아니라 일상의 생활 하나하나에서 인간은 서로가 긴밀하게 연관이되어 있어 결국은 하나임을 부정할 도리가 없는 것이다. 이렇게 공동체 의식에 의해 내부 통합성이 강고해지면서 단위 주체들의 역량은 강화되고 진보의 실천은 보다 용이해진다. 사실은 공동체의 실현 자체가 바로 진보의 중요한 내용이다.

공동체 의식의 강화는 일체감의 획득으로 나타난다. 실제 생활에 기초를 둔 공동체 의식의 강화는 역사 활동의 모든 영역에 적용되면서 일체감으로 나타난다. 구체성의 관계 속에서만이 아니라 추상성에서의 관계성 속에서도 공동체 의식이 생겨나고 강화된다. 경제나 정치의 영역을 넘어서 종교, 예술, 철학 등 관념의 영역 속에서 일체감을 체득하게 한다.

이처럼 공동체 의식과 일체감을 가질 때 각개 인간들의 이익이 상치 충돌되는 것이 비교적 줄어들고 비교적 진보의 질에 대해서도 객관적인 태도를 갖게 된다. 이 단계에 이르면 주체의 역량은 극대화되어 진보는 작위(作爲)없이 실천되는 것이다.

무위이화(無爲而化)

'함이 없이 절로 된다'. 이것이 진보를 실천하는 올바른 행보가 아닌가. 老(노자)·莊(장자)의 무위자연이란 바로 이 같은 조건이 과학적으로 충족된 상태를 말한 것이다.

2) 목적의 설정

진보의 달성을 위해서는,

둘째, 진보 개념의 타당한 인식과 목적의 뚜렷한 설정이 있어야 한다.

우선 진보라는 것이 양보다는 질의 개념이라는 것을 확인해야 한다. 특히 집단인 경우에는 질의 주체적인 상태에 대한 공통의 인식이 선행되어야 한다. 물론 개별적인 삶에 있어서는 진보의 질이 중요하고 그것이 설득력을 가질 수 있다. 다시 말해서 현실적인 이익을 포기하고 명분을 추구하고자 하는 모습을 띤다. 왜냐하면 인간은 개별적으로 있을 때 사고를 진지하게 할 수가 있고 비교적 현상의 배후에 있는 본질에 대해서도 인식하고자 하는 노력을 기울인다.

사회 속의 인간은 관습이나 상식, 교육을 통해서 사고와 행동의 기준이 형성되었기 때문에 다분히 명분 지향적인 성격을 띤다. 그러나 일단 집단이 되면 인간은 전혀 다른 모습을 띨 수 있다. 집단이 되면 행위와 판단의 실체는 인간이 되고 그것에서 발생이 되는 결과 역시 집단에게 돌아가므로 개인에게는 어떠한 책임도 돌아가지 않는다. 따라서 집단 속의 인간은 명분이나 질적으로 우수한 것보다는, 보다 직접적이고 보다 현실적인 이익을 추구하게 되며 이익 추구에 대한 솔직성이 표현된다. 물론 이때의 이익이란 진보의 질보다는 양적인 측면이 강하다. 따라서 집단인 경우에는 질의 중요성과 질의 구체성을 구성원 모두가 인지, 인식해야 한다.

개체이건 집단이건 진보에 대한 질의 개념을 확실히 파악해야 진보를 달성할 가능성이 높아지는 것이다. 진보를 실천하는 주체의 역량을 강화시키는 것이 매우 중요한 것은 사실이나 진보의 질에 대한 그릇된 판단을 하게 되면 진보의 실천은 불가능하기 때문이다.

　진보의 개념에 대한 타당한 인식이 있은 다음에는 진보의 목적을 뚜렷하게 설정해야 한다. 물론 질 개념을 인식하게 되면 그 목적을 달성하는 데 1차적인 조건은 충족된다. 진보의 질이란 전반적으로는 긍정적이고 인간의 역사가 반드시 실천해야 하는 것임에는 틀림이 없다. 그러나 진보란 포괄적이고 다양한 형태를 띨 수가 있다. 다양한 계급과 다양한 성분의 사람들, 그리고 각각 형성 과정과 진행 상태가 다른 문화 속에서 진보의 목적과 내용이 항상 일치하는 것은 아니기 때문이다.

　이처럼 진보 주체들의 진보 내용과 목적에는 불일치가 생길 수 있다. 따라서 역사가 진보하기 위해서는 진보의 목적을 뚜렷하게 설정하여 모든 사람들의 이익이 보장되고, 대다수 사람들이 공통적으로 생각하는 진보가 실천되어야 한다. 이것은 당위의 문제이다.

　우주의 모든 존재물은 사물과 사건을 막론하고 존재하며 운동을 하는 이상 반드시 운동의 목적이 있다. 그것이 법칙(法則)의 단계이든 일회적(一回的)이든, 시간(時間)의 영속성(永續性)을 갖든 한시적(限時的)이든 반드시 일정한 목적(目的)을 갖고 있다. 우주 내에서 우연에 의해 발생되고 우연에 의해 존속되는 것은 아무것도 없다.

　조건의 완전한 구비가 비로소 존재를 탄생시킨다. 그리고 일단 탄생한 다음에는 기본적인 존립을 위해서 운동을 지속한다. 그리고 더 나아가서는 조건의 완전한 구현을 위해서, 완전에 가까운 존립을 위해서 운동을 한다. 그것은 바로 존재 자체가 '목적 있는 운동체'이고 존립 과정이 '운동 과정'임을 말해준다. 그러므로 역사 활동의 진수이고, 이미 말 자체에 가치 개념과 의미 개념을 공유하고 있는 진보가 목적을 가진 운동임은 지극히 당연하다.

　진보는 인간의 인식 작용의 결과이고, 그것의 실천은 인간만의 특수한 능력이다. 그런데 인간이 본능에 만족하거나 활발하고 적극적인 인식 작용이 없으면 인간의 의지는 약하고 진보의 실천 욕구도 떨어진다. 인간은 진보의 의지를 강하게 갖고 표현해야 하며 실천을 위한 여러가지 행위를 해야 한다.

또한 목적의 설정이란 진보의 목적이 구현된 상태에 관한 문제이다. 진보가 실현된 상태는 주체, 혹은 상황에 따라서 달라진다. 그러나 일반적으로 그 상태는 질적으로 고양되고 우수해지며 보다 완벽에 가깝게 실천되고 있다. 그러므로 변해가는 진보의 상태를 달성하기 위해서는 진보의 내용과 실현코자 하는 상태를 구체적으로 인식하고 적극적으로 파악해야 한다.

3) 운동성의 소유

세 번째, 진보의 달성을 위해서는 운동성의 적절한 소유가 있어야 한다.

진보는 그 자체가 운동임을 앞에서 살핀 바 있다. 그러나 단순한 운동량의 발산을 통해서는 진보를 효과적으로 실천할 수 없다. 진보는 일상의 활동이 아니고 목적이 있으며 일상의 활동과는 질적으로 다르기 때문에 거기서 발생하는, 또 발생해야 하는 운동은 단순 운동이어서는 안된다.

진보의 운동은 그것이 개인이건 혹은 다수의 집단이건간에 주체의 의지가 강하게 작용하는 과정과 결과이다. 따라서 일상의 행위와는 다르고 또 단순 운동과는 달리 최소한의 안정을 확보하고 있는 상황을 깨버린다는 것은 여간 어려운 일이 아니며 힘든 모험이 아닐 수 없다. 그렇기 때문에 그 운동은 쉽게 일어나는 것이 아니고 운동의 주체들도 쉽게 등장하는 것이 아니다. 따라서 진보를 달성하기 위해서는 진보에 대한 필요성을 자각하고 그 개념에 대한 정확한 인식을 하는 것도 중요하지만 운동을 실제로 일으키는 동기(動機) 또한 중요하다. 이때 동기를 유발시키는, 운동을 일으키는 첫 단계가 되는 '선구성(先驅性)'은 매우 중요한 역할을 한다.

사건이나 운동은 일단 성숙된 조건을 갖추고 있다가 일정한 계기(moment)를 만나면서 내재되어 있던 것이 밖으로 표출되는 것이다. 운동의 전 과정을 살펴보면 항상 일정한 질을 가지고 일정한 속도로 움직여 가는 것이 아니다. 그것은 질의 농(濃)·담(淡)이 있고 속도에도 차이가 있다.

운동은 내부의 움직임만으로 되는 것은 아니고 외부와의 관계, 즉 대상체와 만나는 형식에 의해 운동 방식이 영향을 받는다. 그러므로 때로는 내부에 간직하고 있는 질과 양을 최대로 압축시켜 외부와 관계를 맺을 수밖에 없는 경우가 있다. 그렇지 않으면 운동 자체가 불가능하거나 아니면 운동이 정지되어 존재가 파기되기 때문이다.

그런데 이때 외부와 관계를 맺고 운동을 처음으로 촉발시킨다는 것은 결코 용이한 일은 아니다. 더구나 그것이 미경험의 영역이고 그에 대한 알려진 정보와 자신감이 없을 때는 걷잡을 수 없는 불안감을 가져오고 공포감을 갖게 한다. 그런데도 인간은 이것을 극복하고 새로운 관계를 맺으며 운동을 발생시킨다. 이때 운동을 촉발시키는 것이 바로 '선구성'이다.

인간은 역사를 이루어오면서 이러한 경험을 수도 없이 하였을 것이다. 인간의 첫 출발이 그렇듯이 인간은 끊임없이 새로운 조건과 환경에 극복하거나 굴복하면서 살아온 것이다. 역사에는 운동 결과의 성패와는 무관하게 선구성을 가지고 실제로 운동을 일으키는 사람들이 있어 왔다. 이들이야말로 주체적인 의지를 갖고 역사 속에서 진보를 강하게 실천한 인물들이다.

그런데 선구성을 너무 강조해서도 안된다. 일단 운동이 발생하면 그 운동은 운동을 낳는 자기 법칙을 갖고 있다. 하나의 운동이 시작했을 때 그 운동의 영향을 받아 다음 운동은 비교적 쉽게 일어날 수 있고, 그 다음 운동은 그 다음 다음 운동을 낳는다. 그리고 나중에는 오히려 초기 운동의 법칙에 의해 조절과 통제의 어려움을 가져올 정도로 확산된다. 그러므로 운동이 일어날 때 그 힘의 '배합 비율(配合比率)'을 조정하는 작업이 매우 필요하다.

이러한 운동 법칙은 사회 역사 운동에서도 나타나는데 그 운동 방향의 예측 불가능성은 더욱 심하다. 역사 활동 속에는 현상을 유지하고자 하는 보수의 힘과 현상을 탈피하고자 하는 진보의 힘이 부딪혀 운동하고 있다. 두 힘이 격돌할 때 현상을 유지하고 기득권을 지속적으로 소유하고자 하는 보수에 대응해서 진보는 그것을 능가하는 더욱 강한 힘으로 밀어붙이고자 한다. 그러나 진보의 힘이 항상 강한 것은 아니다. 사회 역사 속에서는 오히려 보수의 힘이 일반적으로 강하게 나타나는 경향이 있다.

그런데 만약 진보의 힘이 강해서 기득권을 가진 보수의 힘을 압도한다고 하자. 그러나 이럴 경우 이 힘의 비율은 진보의 힘이 지나치게 강해서 보수가 견제하지 못할 정도로 진행되어서는 안된다. 이 힘의 비율을 잘못 계산하고 잘못 집행하게 되면 양적인 면에서의 진보는 이룰지언정 질적으로는 답보 상태에 머무르거나 아니면 더욱 퇴보할 가능성도 있는 것이다.

인간의 역사가 진보를 지향하고 있고 진보의 상태가 구체적으로 어떤 상태인지는 공통으로 인식하고 있다. 단지 계급이나 집단의 성격, 그리고 처한 환경에 따라서 약간의 차이가 있을 뿐이다. 그러므로 축적된 역사적 경험이 풍부하고 진보에 대한 지식이 정교한 현재에 있어서 진실로 어렵고 또 신중을 기해야 할 것은 바로 운동의 질을 조정하는 것이다. 다시 말해서 보수와 진보로 구분될 수 있는 두 힘의 '배합 비율'을 정확하게 진단하고 찾아내는 것이다.[57]

---

[57] 보수와 진보에 관해서는 우선 1차적으로 이 책에 실린 「역사 활동에서 일어나는 운동의 문제」에서 보충되고 있다.

Ⅵ. 맺음말

　우리는 아주 길고 복잡한 과정을 거쳐 오면서 진보의 여러 가지 모습에 대해 알아보았다. 진보의 일반적 개념과 용례, 진보의 발생 과정, 그리고 진보의 구체적인 상태 등을 여러가지 각도에서 탐색하고 중간중간에 소결론들을 내리면서 결국 마지막 단계까지 왔다.
　이 글은 처음부터 강한 목적 의식을 갖고 쓰여진 것이다. 그것은 첫째, 현실적인 필요성 때문이고, 둘째, 기존의 역사 이해 방식에 대한 불만 때문이다.
　첫번째, 어떤 집단이든지 자기 집단의 역사 활동을 가장 완전한 것으로 이루고자 한다. 그리고 그 집단 구성원들의 다수가 행복을 누릴 것을 염원한다. 때문에 이러한 목적을 달성하기 위하여 각각 자기 환경에 걸맞는 역사 운동 방식을 찾아내고 그것을 적극적으로 실천하고자 한다. 이것이 바로 진보이다.
　그런데 적합하다고 판단한 이 운동 방식은 집단이 처한 자연 환경은 물론 인문 환경, 그리고 역사적 경험, 심지어는 신체적 특성까지 복합적으로 작용해서 산출한 결과이다. 그러므로 지구상 각개의 집단들은 보편성과 함께 고유성을 동시에 갖고 있는 것이다.
　우리 한민족의 경우 오랜 역사 활동을 하면서 고유한 진보의 개념을 갖고 그것을 가능한 한 실천하고자 하는 노력을 기울여왔다. 특히 단군신화에는 우리 민족의 진보 개념과 실천 과정에 대한 방법론이 담겨 있으며 그것에 대한 검증 절차와 결과까지도 나타내고 있다. 그러나 한편 우리 역사는 실천상의 오류를 다소간 범하며, 자주적이고 바람직한 역사 운영이 왜곡된 경우도 때때로 있었다. 현재의 한민족사는 자주가 위협당하고 내부의 모순이 심각하여 진보의 개념을 찾아내고 그것을 실천하고자 하는 욕구와 필요성이 강하다.

이러한 시대적 민족사적 요청에 부응하는 진보에 대한 관심과 실천의 욕구는 당위인 것이다.

두 번째, 앞 글에서 반복되었듯이 진보의 개념은 다양하다. 주체, 대상체, 그리고 운동이 일어나고 있는 역사적 환경에 따라 다양하다. 그런데 민족사적 요구에 의해 진보의 실현이 적극 요청된다고 할 때 진보의 개념 설정과 그 실천 방법은 당연히 민족사의 입장에서 찾아야 한다.

자신의 위치를 찾고 자기를 해석하고자 할 때 그것은 바로 자기의 경험을 기초로 하고 그 직전까지 자기를 낳고 지탱한 논리에 입각해야 한다. 남의 논리와 경험으로는 '사실 해석'에 부정확함만을 낳고 '가치 설정'에 오류를 범하게 한다. 우리의 역사는 잘못 진행된 방향으로 인하여 자신을 해석하는 데 남의 말과 생각, 그리고 경험을 빌려서 하였다. 특히 근대 이후에는 힘의 우월성과 정교하고 치밀하게 위장된 서구의 논리를 차용하여 다소 무비판적으로 사용하여 왔다. 그것도 특정 시대, 특정 공간의 산물들을 보편성으로 오해하면서.

진보가 역사 활동의 궁극적인 목적이고 효용성이 크며, 일정 집단의 역사관이 축약된 것이라고 할 때 진보는 우리 식으로 해석해야 한다. 우리도 진보를 지향해 왔고 진보를 실천하는 노력을 기울였으며 그곳에서 진보에 대한 탐구도 있었기 때문이다. 그리고 무엇보다도 진보를 실천하기 위해서는 진보의 주체와 대상체, 환경을 알아야 하는데 그것을 비교적 사실에 가깝게 해석할 수 있는 것은 바로 우리의 역사이기 때문이다. 분명한 사실은 진보를 실천하는 집행의 주체도 우리이고, 수혜의 주체도 우리라는 것이다.

이러한 강한 목적 의식을 갖고 펜을 잡았으나 그것은 많은 한계를 노출시켰다. 특정한 이론이나 흐름을 토대로 해서 그것을 비판·보충해가는 방법을 지양하고, 진보라는 대상체를 놓고 소주제를 정한 다음에 정면으로 대응하여 필자의 지식과 생각을 기술하는 방식을 취했다. 그러므로 중복되는 모습을 보이고 논리가 다소 허술하고 체계가 허약한 모습을 보인다. 또한 불필요한 인용은 가급적 피했으므로 일반적인 논문에 비해서 상대적으로 인용문이 부족한 느낌을 준다.

필자는 이 글이 완결되었다고는 추호도 생각하지 않는다. 다만 시론이라고 여기며 진보에 대한 우리 식의 탐구와 논쟁이 활발히 일어나는 계기가 되었으면 하는 바람이다. 여러분들의 관심과 냉정한 비판이 있을 때 필자는 그에 도움을 입어 다시 논리를 구축할 수 있을 것이다.

앞에 전개한 글을 부분적으로 요약하면서 이 글을 끝맺음하려 한다.

진보는 첫째, 역사의 주체인 인간들이 자신에게 주어진 상황을 적절히 극복해 가는 것이다. 그리고 그 상황은 일상에서 일반적으로 일어나고 그 과정이나 영향이 평범한 것이 아니라 가능한 한 특수하고 힘의 집중을 요하는 것이어야 한다. 그 중에는 한계 상황으로 여겨지는 것들도 있다. 진보의 가장 극적인 상태로서 절정으로 표현되는 혁명같은 것은 결국 한계 상황을 극복해 가는 과정이다.

둘째, 진보는 선구성을 가진 운동성을 발산해야 한다. 그러나 그것은 목적 지향성을 갖고 배합 비율을 선택적으로 조정해야 한다.

한계 상황의 극복, 소외의 극복, 전체성의 획득 등 대립의 무화를 전제로 하지 않고서는 전체성이 깨어져 역사는 어느 특정 집단의 이익을 보장하면서 진행하기 쉽다. 이때 진보는 목적 지향성을 갖고 역사의 무목적적인 움직임, 혹은 과학성이 결여된 운동을 보다 효용성 있게 하며 역사의 발전을 가져오게 하는 역할을 한다.

셋째, 진보의 궁극적인 상태는 전체 구성원들이 합일(合一)된 상태이다. 그것은 다시 말해서 우주적 존재로서의 자각을 통해서, 그리고 실제적인 이익의 공유를 통해서 주체와 대상체간의 갈등이 무화되고 조화된 상태이다. 자연과의 갈등, 사회 그리고 인간들간의 갈등이나 경제적인 이익의 분배, 정치 권력의 분배를 둘러싼 각 계급간의 갈등, 각 집단간의 지나친 경쟁, 문화적인 차이 등의 모든 것들이 해소된 상태가 진보의 궁극적인 모습이다.

넷째, 인간의 역사적 운동은 우주의 일반적인 운동, 자연사적 과정을 포함하면서 동시에 그것을 뛰어넘는다. 외부 조건 혹은 대상체에 대하여 즉자적인 반응만이 아니라 의지적, 주체적으로 조건을 형성하면서 존재와 인식 사이의 불일치를 일치로 전환시키는 것이 역사적 운동이다. 이때 운동을 일으키는 계기는 물론 운동의 집행과 그 평가 기준의 설정 역시 최종적으로는 인간 의식의 소산이다. 따라서 인간의 의식, 마음이야말로 역사 진보의 가장 의미있는 원동력이다.

다섯째, 진보의 주체는 인간과 인간의 마음이므로 그것의 완전한 실천을 위해서는 객관적 조건의 조성과 함께 주체의 역량 강화가 필요하다. 따라서 일체감의 체득을 지향하는 본성을 회복해야 하고 일체감에 대한 구체적인 상태를 인식하며 끝없이 확인해야 한다. 이를 위해서는 자아 발현과 교육을 통한 역사적 인식과 함께 적극적 실천을 동반한 자기 체험이 필요하다.

진보는 역사의, 역사 활동의 진수인 것이다. 결국 역사가 그렇듯이 진보의 궁극적인 목적이란 일체감의 획득을 통한 '인간의 완전한 해방'과 '자유의 획득'이다.

사관이란 무엇인가?

I. 머리말

  역사는 모든 인간이 적극적인 주체가 되어 특정한 시간과 공간이 엮어낸 일정한 단위 속에서 생산해 낸 활동의 총체이다. 그러므로 역사는 인간에 의해 그 성격과 양, 질이 결정되며 역으로 역사에 의해 인간의 위치와 역할이 결정되는 상호 관련성을 갖고 있다. 역사에 대한 관심과 탐구는 어느 시대 어느 공간을 막론하고 대다수 인간들에 의해 꾸준히 진행되어 왔다.

  특히 한민족 현대사의 경우에는 모든 구성원들에 의해 강력한 관심의 대상이 되었고, 관심의 필요성 또한 인식되고 있다. 그러므로 소수의 전문 학자들 뿐만이 아니라 다수 사람들의 연구와 관심 영역이 되고 있다. 이것은 특수한 시대적 상황 속에서 역사학의 필요성이 보편화되고 있는 현실을 보여준다.

  한민족은 이른바 근대에 들어온 이후 현재에 이르기까지 다양한 형태의 심각한 민족적 시련을 겪었다. 그것은 첫째, 세계 자본주의 질서로의 타율적인 편입과 근대화의 진행이라는 두 운동량이 상호 중첩되면서 발생한 일본 제국주의 하의 식민지화이며, 둘째는 주체성이 결여된 식민지 상황의 불완전한 극복 과정과 외세 의존적인 상태로 편입되는 과정에서 발생한 남북의 민족 분단이다.

  역사와 역사학에 대한 온 민족적 관심이 모아지는 이유는 식민지화와 민족 분단이라는 최대의 민족적 위기를 연속적으로 당한 경험과, 이를 극복하지 못한 원인을 민족사에 대한 이해의 부족과 현실 개혁을 유도하는 역사 의식의 희박성에서 찾았기 때문이다. 더구나 외부의 강압적인 힘과 조직적인 논리에 의해 역사의 흐름을 지시받고 있는 현재의 시대적 상황은 자신의 역사적 경험과 정신 구조 속에서 위기를 타개할 논리의 기본 틀을 찾는 작업을 절실히 요구하고 있다. 이러한 작업 속에서 역사 활동 및 역사학에 대해서 의미를 부여하고 보다 효과적으로 질서화, 범주화시키는 역할을 사관이라고 한다.

그런데 집단에 대한 해석과 의미 부여 작업은 그 집단의 역사 활동 본질에 가장 충실해야만 하며, 집단 구성원 모두에게 인정되는 논리여야 한다. 그러므로 이런 관계 속에서 발생한 사관이란 집단이 처한 시간과 공간의 교차로에서 그 구성원들이 주체가 되어 만든 역사를 해석한 것으로서 집단 특유의 고유성을 갖고 있다.

사관의 고유성은 자기 집단(自己集團)을 외부 집단(外部集團)과 구별시켜 주는 역할을 하며, 한편으로는 외부 집단으로부터 독립성을 인정받는 근거가 되기도 한다. 그러나 현재의 역사학에서는 사관이라는 단어의 탄생 과정과 세계사 해석의 관점 분석 도구들이 대부분 서구를 배경으로 하고 있다. 다시 말해서 사관에 대한 이론적인 의미 적용과 특성에 따른 유형화 작업 자체가 근대 서구에서 비롯되었고, 현재 세계사 해석에 적용되고 있음은 물론, 심지어는 근대 이전의 비서구권 역사에도 역으로 소급되어 유형화시키고 있다. 이 같은 현실은 한민족의 현재적 현실과 맞물려가면서 사관의 이해와 형성에 적지 않은 영향을 끼치고 있으며 사관을 통한 역사 해석에 오류를 발생하게 한다.

Ⅱ. 사관의 개념

　사관에 대한 기본적인 정의는 '역사를 바라보는 관점' 혹은 유형화된 결과를 뜻하는 것이다. 사관이란 용어는 18세기경 볼테르가 역사철학이란 용어를 사용한 이후에 성립된 것으로 여겨진다. 가장 일반적인 것으로는 역사에 대한 견해, 개념, 관념, 사상 등을 의미한다.[1]

　용어는 한 사건 또는 존재물의 성격을 가장 단적으로 파악하는 데 유용한 척도가 된다. 그러므로 용어는 가능하면 대상의 본질을 가장 구체적으로 나타낼 수 있어야 한다. 특히 역사학 같은 비구상의 경우에는 더욱 중요한 의미를 갖고 있다. 역사라는 용어와 개념은 시간과 공간의 변화, 즉 인간의 경험 형태와 사회의 변동에 따라서 달라진다. 때문에 몇 가지 다양한 의미를 동시에 갖고 있으며, 때로는 혼용되어 사용됨으로서 역사상의 파악에 정확성을 잃게 한다. 이처럼 다양한 의미를 동시에 내포하고 있는 '역사(歷史)'라는 용어의 경우, 의미의 분명한 구별이 없이 그것을 유형화시킬 때 적지 않은 혼란이 초래된다.

　우리가 일반적으로 사용하는 역사라는 용어는 세 가지 이상의 의미를 복합적으로 갖고 있다. 첫째, 인간이 직접 주체가 되어 활동한 결과물로서의 역사가 있고, 둘째, 그 활동을 기록하는 측면으로서의 역사 기술이 있으며, 세 번째, 이미 기록이 된 것을 연구하는 학문으로서의 의미가 있다.

1　사관에 대한 정의는 역사에 대한 정의와 마찬가지로 수도 없이 많다. 위에 언급한 것은 한국 역사학에서 가장 일반적으로 알려진 것이다.

역사학은 역사를 시간적, 현상적 분류로 유형화시켜 그 활동을 평면적 진행 상태로 파악해서는 안된다. 또한 역사학이 가진 한 특징, 이를테면 기능적 측면이나 수단 등 어느 한 면만을 확대 해석하여 개념화시키거나 용어를 부여해서도 안된다. 유형화 작업은 해당 시대의 역사적 상황을 정확히 반영하고, 그 진행 상태를 구체적으로 표현해야 하며, 전체의 역사상을 구축하는 근간이 되어야 한다. 또한 정확한 용어의 부여는 역사 활동의 목적, 연구방법론은 물론 기술 태도 등을 종합적으로 판단하여 이루어져야 한다.

따라서 이 같은 다양한 의미 속에서 역사를 자료로 해서 성립되는 사관은 종류에 따라서 몇 가지로 유형화시킬 수 있다.

첫째, 인간의 활동으로서의 역사, 그 자체를 대상으로 한 것이다. 이 역사 속에는 우주관, 세계관, 사회관, 인간관 등이 포함되어 있으며 이것을 탐구하고 그 공통성을 기초로 유형화되었다. 이 유형화된 사관은 역사 활동의 의미와 목적 등 본질적인 것을 추구, 탐색하고 역사 활동은 어떻게 발생하고 발전해 나가느냐 하는 운용의 문제가 연구되고, 역사 철학, 혹은 역사 사상이라는 장으로 다가온다. 유물사관(唯物史觀), 섭리사관(攝理史觀), 문명사관(文明史觀), 진보사관(進步史觀)등의 구분은 바로 이러한 예이다.

둘째, 역사학이라는 학문 자체를 대상으로 한 것이다. 즉 역사 활동을 기술하고 그것의 인과관계, 기능, 역학 등을 해석하는 역사학에 대하여 의미를 부여하는 방법론에 관한 것으로서, 역사학에 대한 유형화 내지 분류화의 작업을 의미한다. 역사주의 사관, 실증주의 사관 등은 이러한 기준에 의거해 유형화시킨 것이다.

그러면 이러한 유형화를 가능하게 한 사관의 본질적인 내용은 무엇일까?

역사학이 가진 기능 중의 하나는 집단으로 하여금 존재의 명분을 부여받게 하는 것이다. 일정한 집단, 또는 일정한 체제가 보다 공고화되고 내부의 통합성을 기하고자 할 때 절실히 필요한 것은 집단을 하나로 연결시켜 주는 논리와 명분이다. 이 같은 목적에 가장 효율적인 방법은 역사 기술을 통하여 집단 전체를 진행 의도 방향에 적절하게 해석하는 것이다.

역사 활동 자체가 목적의 구현이고 역사학은 그것의 실천을 위한 명분 확보 작업인 이상 역사에서는 사실 확인과 함께 해석이 필수가 된다. 이 해석을 통해서 집단은 존립의 근거, 방향 등의 정당성을 대내외적으로 검증받게 된다. 그러나 만약 객관성을 상실하거나 특정 계급에 편향되는 모습을 보이면 정당성을 상실당하게 된다. 이때 사관은 역사 활동을 위해서도 필요하고 역사 활동을 객관적으로 해석하며 정당성을 검증받는 데 유효적절한 기능을 갖는다. 사관은 역사의 실천과 평가의 기준을 제공해 주기 때문이다. 즉 사관은 역사 활동을 효율적으로 운용하기 위한 역사 해석의 결과이고 동시에 해석을 위한 유용한 도구이다.

역사 활동은 인간의 의지와 실천이 합쳐져서 새로운 상황을 만들어가는 것이다. 그 과정에서 운동이 끊임없이 발생하며 그 발생한 운동은 목적이 없이 맹목적으로 움직이는 것은 아니다. 운동의 주체가 있고 그 주체가 인간인 이상, 운동에는 인간의 의지가 작용하여 분명히 목적을 지향하고 있다. 인간의 의지는 자신의 목적을 분명히 알고 있는 것이 일반적이지만 때로는 그렇지 못할 경우도 있고 목적을 달성하는 방법을 모르고 있는 경우도 많이 있다.

그런데 역사의 진보를 위해서는 역사의 진행 방향과 목적을 정확히 인식하는 것이 필요하고 그것의 실천을 효용성 있게 하는 방법론의 모색이 필요하다. 이때 역사의 실천 주체인 인간에게 그러한 필요성을 충족시켜 주는 것이 사관이다.

사관은 역사 활동에서 일어나는 모든 사건, 그리고 역사 활동을 이루는 모든 요소들을 조합하고 운동하게 하고 평가하는 기준이다. 이를 위해 사관은 역사 활동을 체계적, 일괄적으로 분석하고 재구성하여 사실을 정확하고 객관적으로 파악하게 한 다음, 그것을 토대로 역사의 진행 방향을 찾고 그것을 실천하기 위한 방법론을 해석해내는 것이다. 또한 역사 활동에서 발생한 운동의 방향을 정립하고 또 효율성을 요할 또 기준을 부여하여 그 힘을 일정한 방향으로 유도할 수 있다.

뿐만 아니라 사관은 역사 활동에 대한 해석 도구의 역할과 함께 활동의 결과를 서술하는 도구가 되기도 한다. 사관을 매개로 해서 역사 활동은 기록의 형태로 전환되었다. 이 때 기록이라는 것은 문자만이 아니라 몸짓이나 언어 등을 매개로 한 모든 것을 의미한다. 동양의 고대 역사나 서구의 고대 역사, 그 외에 최근까지 문자를 소유하지 못한 원시 미개 집단의 경우에도 나름대로의 역사관을 갖고 역사를 기록·전승시켜 왔다. 그것은 사관의 역할이 역사를 기술 또는 평가하는 효율성 있는 기준, 필요한 틀로서 인식되었기 때문이다.

　서술 도구로서의 의미를 가진 사관은 역사 기록의 수단이 무엇이든 역사 기록이 어떠한 형태이든 관계 없이, 다만 역사 활동과 이에 대한 기록만으로서도 제1차적인 성립 요건이 된다. 특히 집단의 경우, 공고한 체제가 갖추어진 경우일수록 사관이 더욱 분명하고 체계적인 형태로 나타난다. 집단을 하나로 해석하여 일정한 방향으로 유도해야 하기 때문이다. 역사의 급격한 변동이나 정치적인 변화가 있을 때마다 새로운 사관에 의해 그 이전 역사가 다시 쓰여지는 것은 사관이 가진 이러한 성격을 반영한다.

　이처럼 다양한 의미와 기능을 가진 사관이라는 용어와 개념은 역사학 또는 인간에 의해 역사 기록이 시작된 초추부터 있어 왔다. 인간의 탄생은 역사의 실재와 동시적이다. 그러므로 역사 속에는 인간의 의지와 구속적인 관련이 없이 역사관이 담겨 있다. 물론 그것이 치밀한 논리 체계와 그것을 뒷받침하는 조직과 힘을 어떠한 형식으로 역사 활동에 접근시켰는가는 집단의 발전 단계와 방향에 따라서 다른 모습을 띤다.

　우리는 위의 앞 글을 통해서 사관에 대한 일반적인 이해에 접근해 보았다. 하나의 유형화된 특정 사관을 이해하기 위해서 우리가 알아야 할 사실은 너무나 많다.

　사관은 역사를 재료로 한 해석과 유형화 작업인 만큼 역사 활동에 대한 다양한 구성 요소의 분석과 이해가 없이는 구성이 불가능하다. 또한 사관을 구성하는 요소는 수없이 많고 다양하기 때문에 특정 요소를 찾아 그것을 대상으로 분석하는 작업은 여간 복잡한 공정을 필요로 하는 것이 아니다.

　그런데 하나의 사건, 혹은 사물 속에 제각기 다른 성격을 가진 다양한 종류의 질이 혼란스럽게 구성되어 있는 경우 그 본질을 규명하기 위해 흔히 사용되는 방법이 있다. 우선 1차적으로 기본 단위(최소 단위와는 다른 의미)를 찾아내서 분석을 하고, 2차적으로 기본 단위를 축으로 해서 그것을 구성하고 있는 주변의 구성인자들을 서로 비교하면서 공통점을 찾는다. 그리고 마지막으로는 이것들을 포함한 더 큰 단위를 찾아내어 공통분모를 갖고 전체적인 성격을 알아내는 것이다. 이 같은 방법은 사관의 개념을 이해하는 데도 부분적으로 적용될 수 있다.

사관은 역사 활동이라는 거대하고 혼란스러운 단위를 마치 각을 뜨듯, 혹은 마름질을 하듯 선을 그은 다음 신중하게 도려내고 다시 도려낸 덩어리들을 모아서 공통점을 찾아 전체의 결론을 내리는 것이다. 특히 이 글에서 다루고자 하는 것은 사관의 개념과 내용 등 본질적인 것이다. 그러므로 사관의 본질을 이해하고 그 특징 및 성격을 파악하기 위해서는 먼저 사관을 채우는 역사 활동에 대한 이해가 선행되어야 한다. 그리고 난 후에 그 이해를 바탕으로 역사 기술 과정과 역사학의 성립 속에서 사관을 구성하는 몇몇 기본 요소를 설정해야 한다. 그 다음에는 그에 대한 의미 분석을 시도하면서 마지막 단계로 사관의 전체적인 모습을 파악해야 한다.

Ⅲ. 사관 성립의 요소와 내용

우리가 일반적으로 사용하는 역사라는 용어는 3가지 이상의 의미를 복합적으로 갖고 있다. 그것은 첫째로 인간이 직접 주체가 되어 활동한 결과물로서의 역사가 있고, 둘째는 그 활동을 기록하는 측면으로서의 역사 서술이 있으며, 세 번째는 이미 기록이 된 것을 연구하는 학문으로서의 의미가 있다.

1. 역사 활동의 이해

첫째, 활동으로서의 역사.
이것의 정의는 다음과 같다. 현재 이전의 인간을 중심으로 해서 발생한 모든 활동을 역사라고 한다. 이 정의는 가장 먼저 발생한 개념이며 다음 단계로 넘어가는 기본이 된다.

이 문장은 세 가지의 다른 단락으로 이루어진 것을 알 수 있다. 첫째는 현재 이전이라는 '시간'의 문제이고, 둘째는 인간이란 '주체'의 문제, 그리고 셋째는 '활동 내용'의 문제이다.

역사는 시간 축 위에서 비로소 성립을 하는 것이므로 시간의 전후관계를 매우 중요시한다. 그리고 인간을 다룬 다른 학문과의 구별이 분명한 것도 바로 이 부분이다. 그러나 시간의 문제는 다른 부분에서 다루기로 한다.

역사 활동이 성립하는 가장 기본 요소에는 주체, 대상체, 단위가 있으며, 그 외의 주변 요소로는 기본 요소들로 하여금 각각 관계를 맺게 하는 연결고리로서 운동성, 진보, 법칙, 경험 등의 것이 있다. 기본 요소들은 가시적인 특성으로 인하여 역사라는 총체적 덩어리 속에서도 실체를 잡아내어 분석하기에 비교적

용이한 것들이다. 그런데 이들 각 요소들은 형식상 개별적으로 분리·독립되어 있으나 상호 관련성이 전혀 없는 것은 아니다. 오히려 이들 요소들은 깊은 상관성을 갖고 있으며 이 상관관계의 형성 과정에 따라 역사 활동의 구체적 형태가 이루어진다.

그러면 각각 다른 성격을 갖고 있으며 개별적 존재인 이들이 관련성을 갖게 되는 것은 무엇에 의해서일까? 그것은 역사 활동이 가진 목적성 때문이다. 왜 역사가 존재하며, 역사 활동의 진정한 의미는 무엇인가 하는 근본적인 의문에 의한 것이다. 역사 활동 자체가 가진 목적의 성격과 질에 따라서 역사 흐름의 기본 방향이 결정되고, 이것은 각 기본 요소 및 주변 요소들의 배합 비율과 과정에 강력한 영향을 끼친다. 즉 역사 활동의 목적을 어떠한 입장에서 파악하느냐에 따라 역사의 주체·대상체·또는 단위에 대한 의미 규정 및 역할 부여가 달라진다.

결국 목적 실현 의지에서 주체·대상체·단위 등의 기본 요소를 연결하는 고리인 운동성·법칙·경험의 문제 등도 자기 모습을 결정하게 된다. 이 같은 목적성이 가진 역할을 볼 때 목적에 대한 의미, 기능의 분석과 이해는 역사 활동의 본질을 이해하는 데 중요한 관건이 된다. 그러므로 아래 글에서는 우선 주체·대상체·단위 등 보다 직접적이고 가시화된 주체를 다루고 그 다음 단계로 중요한 요소들을 다루고자 한다.

1) 주체

주체는 역사 활동의 담당자이며 거기서 발생한 이익의 실질적 수혜자(受惠者)이다. 그러므로 역사 활동은 주체인 인간이 어떠한 위치에서 어떤 質의 역할을 실천하며, 주위(외부)의 제 조건과 관계를 맺는 성격이 어떠한가에 따라 그 모습이 결정된다. 주체가 가진 이러한 무거운 비중은 사관 성립에 있어서 역사 주체의 구체적 성격에 대한 정밀한 파악을 요구한다.

즉 역사의 주체는 무엇인가, 그것도 방향 탐구의 주체인가 또는 방향 설정과 집행의 주체인가 등으로 세분된다. 또는 집단인 경우, 어떤 집단인가라는 큰 문제로부터 역사 속에서의 역할은 무엇이며, 차지하는 위치는 어느 정도인가 등의 지엽적인 문제들로 분화되어 나타난다. 그러나 가장 근본적인 문제는 역사의 주체는 무엇이며, 또는 누구인가 하는 자격(資格)및 성격(性格)의 문제이다.

역사의 주체는 반드시 인간만은 아니며 또한 항상, 어느 특정 공간에서의 인간이 역사의 주체였던 것은 아니다. 오늘날 우리가 인식(혹은 착각?)하는 것과 같이 대다수의 인간이 형식적(形式的)이나마 모든 정치 권리의 담당자로서 자격을 획득하거나, 또는 역사적 존재로서 자각을 하여 역사의 주체가 된 것은 현재를 기준으로 할 때 그리 멀지 않은 과거의 일이다. 역사의 상당 기간 동안을 인간은 결코 주체적이지 못한 존재로서 살아왔던 것이다.

인간이 최초로 인식한 대상은 자기 자신이 아니라 자연이었다. 자연은 자기 존재를 낳게 한 근원이고 동시에 존재를 절멸시키거나 지워버릴 능력을 가진 존재였다. 자연은 인간의 의식을 뛰어넘는 강력한 힘과 혼란스러워 보이는 우주 질서 자체를 만들고 운영하는 주재자(主宰者)겸 주체(主體)였다. 따라서 인간에게 있어서 가장 중요한 것은 바로 자연에 대한 자신의 입장과 위치를 완전하게 설정하는 것이었다. 그 위치 설정의 방법과 과정에 따라 개체는 물론 집단의 흥망성쇠가 결정되었다.

자연에 대한 인간의 관계는 지리적 조건, 기후적, 풍토적 조건 등 여러 가지 요인 속에서 발생을 한다. 인간을 포함한 모든 것은 각자가 개별적인 존재로서 우주, 또는 자연의 한 부분이 된다. 그러나 그것들은 동시에 자연 자체이기도 하다. 다시 말하면 '부분'이며 동시에 '전체'로서 상황에 따라서 조정하며 상호 변증법적인 관계를 맺는 것이다. 이 같은 자연의 기본적인 성격에 대해서 인간은 자신을 자연과의 관계에서 분리(分離)시키려는 경향이 있다. 인간은 자신이 만든 역사의 집행 주체이며 특히 인식 주체이기 때문이다.

그러나 자연과 인간과의 관계는 상호 보완적인 관계이다. 자연은 인간 존립의 근원이며, 인간은 존립의 과정에서 자연의 산물과 현상에 절대적으로 의존하고, 또 죽으면 자연의 한 부분이 된다. 그러므로 전 과정으로서의 인간 존재는 자연에게 절대적으로 의존하는 관계이다. 그러나 인간 존재를 삶의 국면에만 한정시킬 경우 자연은 상대적으로 '삶', 즉 생존 자체를 위협할 수 있고, 또 항상 위협하고 있는 가장 강력한 힘으로서 갈등의 주요 대상이 된다.

이 엄청난 자연과의 갈등을 극복하는 과정에서 인간의 역사는 시작되었고, 그 갈등의 본질을 파악하고 질서화시키면서 인간은 단순한 변화가 아닌 목적 지향성을 갖고 진보를 하게 되었다. 자연을 질서화시켜 인간과의 관계를 합리적인 것으로 재편하는 작업은 초기의 인간에게 있어서는 가장 중대하고 지난한 문제였다. 따라서 역사의 주체는 인간이 아니라 자연 또는 자연 현상이었으며 인간은 그것에 의해 영향을 받고 따라가는 수동적, 피동적 객체였다. 그러나 인간의 역사적 경험이 축적되고 자연 현상에 대한 지식이 증가되면서 그 관계에는 점차 변화가 생기게 되었다.

인간이 소유한 갈등 극복 능력은 대단한 것이었다. 인간은 자신 이외의 어떠한 존재보다도 자연과의 관계를 훌륭하고 확실하게 조정할 수 있다. 자연 조건에 대한 인간의 적응은 생리적 적응과 문화적 적응으로 나타난다. 문화적 적응은 오히려 생리적 적응보다 효용성이 크고 인간의 삶과 역사 활동에 성취한 바가 컸다고 할 수가 있다. 실제로 인간과 다른 존재물과의 가장 큰 차이는 문화의 발명과 활용이다. 그러나 인간의 신체적 적응도 상당히 광범위하고 적극적이다.

햇빛의 변화에 따라서 인간의 피부 빛깔은 달라진다. 이것은 태양 복사에 대해 적절히 반응하게 하기 위해서이다. 니그로들의 피부에 멜라닌이라는 색소가 많은 것은 이를 말해 준다. 기온의 변화에 따른 인체의 적응은 더욱 극적으로 나타난다. 생존을 위한 체온은 약 37.5℃를 유지해야 한다. 그러나 인간이 살고 있는 생활 반경은 섭씨 약 -67.7℃에서 54.4℃까지에 이르는 광범위한 지역이다. 이때 인간은 의복이나 주택, 혹은 불의 사용이라는 문화적 적응을 통해 극복한다. 그러나 그에 못지 않게 중요한 것은 신체적·생리적 반응이다. 예를 들어 고래, 바다표범, 곰을 잡아먹는 에스키모의 경우 다른 인종에게는 불가능할 정도로 많은 양의 지방을 소화할 수 있으며 더구나 여분의

지방을 피부 밑에 축적할 수 있다.

또한 한랭한 기후와 건조 기후에 사는 인종들간에 나타나는 콧날이 긴 코와 좁은 콧구멍은 호흡하는 공기가 목구멍과 허파에 닿기 전에 따뜻하게 하고 습하게 하는 데 도움이 된다고 한다. 그 외 니그로들의 두껍고 큰 입술과 코는 높은 기온에서 열을 발산하는 데 아주 적절하다고 한다. 이처럼 적응을 통한 자연에 대한 갈등 극복 능력이 확대되면서 인간의 역할은 중시되고 위치도 격상되어 갔다.

이 같은 역사 활동 중심부로의 진입 과정에서 인간과 자연은 습합되면서 공동으로 역사 주체자의 자리를 갖게 되었다. 오랜 세월이 흐르면서 드디어 인간의 역사에는 새로운 주체자로서 자연과 인간의 중간적 존재이며 양 성격을 동시에 포함하고 있는 신 또는 하늘(天) 등의 존재가 등장하였다. 물론 이때에 나타난 새로운 존재들은 인간의 모습은 띠지 않았으나 인간의 마음이 깃들어 있는 존재였다. 이때 신은 자연 현상의 다른 표현일 수도 있고 지배계급의 상징물일 수도 있으며 또는 한 집단이 갖는 가장 절실한 대상이며 꿈일 수도 있다

신은 인간이 만든 하나의 '필요개념'으로서 그 운용의 기본적인 주체는 인간이었다. 그러나 그럼에도 불구하고 인간은 신의 종속적인 존재로서 의지를 박탈당하거나 능동성을 철저히 외면당하였다. 역사 속에는 오로지 신의 의지만이 있었고, 신만이 그의 대행자 등을 통하여 인간의 삶에 영향을 줄 수 있었다. 분명한 것은 본질이 어떠하든 형식으로서 신은 '주체'이고 '시혜자'이며, 인간은 그 속에서 다만 '종속적'이고 '수혜자'였을 따름이었다. 더욱이 신의 대행자로서 나타나는 존재는 신의 그러한 성격을 더욱 직접적으로 갖고 있었다.

이러한 신의 위치와 역할은 상당 기간 동안 광범위한 지역에서 인정받고 수용되었다. 현재도 지구상의 일부 지역에서는 이런 모습이 발견되고 있다. 그러나 역사의 주체자로서 인간의 가능성이 새롭게 발견되고 인식되면서 신의 역할은 점차 감소되었고 그에 따라 신과 인간의 포괄적 존재인 신인(神人)이

생겨났다. 이들은 이른바 정신적 능력을 갖춘 초월적인 인간들로서 역사 속에서 신 또는 영웅들의 외장을 띠었다.

이들이 주인공이 된 영웅들의 시대, 혹은 신화시대는 대다수 인간들의 구체적인 삶과 활동 등을 낭만적인 외피 속에 감싼 채 적지 않은 시간동안 역사 활동을 주재하였다. 이 시대는 인간의 역사 중에서 어쩌면 가장 낭만적이고 인간에게 행복감을 충족시켜 주던 시대였는지도 모른다. 인간은 신과 인간의 사이를 오고가면서 적당히 자기의 위치를 조정하여 삶의 질을 고양시킬 수 있는 조건이 되었기 때문이다. 신화와 전설은 바로 그러한 시대의 인간의 역사이고 인간의 문화 자체이었다. 모든 것이 신화와 전설에서 말하고 있는 것을 표현하였다. 그리고 인간의 구체적인 삶도 역시 그것들이 지시하는 대로 따라가곤 하였다.

인간의 능력을 완전히 뛰어넘을 정도의 사건이나 사물을 대할 경우, 즉 인간의 갈등 극복 능력을 뛰어넘는 대상체에 직면했을 경우 인간은 神의 이름이나 모습을 빌려 해결을 시도하였다. 자신의 능력으로 극복할 정도의 것은 스스로 주체가 되어 극복해 가면서 능력을 서서히 증대시킬 수 있었다. 실제로 이러한 시대에서 인간은 전 시대처럼 역사의 주체자 자리를 신에게 완전히 양도한 채 소외감을 느낄 필요가 없었으며 또한 인간의 능력이 보잘것 없다는 어쩔 수 없는 사실 때문에 소외감을 느낄 필요도 없었다. 신과 인간의 자격을 넘나들며 교대로 상황과 필요에 따라 역사의 주체 자리를 차지하며 즐기면 되었다.

인간은 신의 모습이나 영웅들의 모습을 빌려 스스로 한계 상황들을 극복하거나 극복하는 감정을 느꼈다. 하늘을 마음껏 날고 거대한 자연 현상과 당당하게 맞서며 극복하고 때로는 자연 현상을 주재하는 모습마저 보였다. 인간을 가장 무서운 공포로 몰아넣었던 천둥과 벼락, 화산의 폭발과 지진 등을 불러오거나 잠재울 수 있었으며 무시무시한 괴물이 살아가는 바다에서는 거대한 파도를 아기 다루듯 잠재울 수 있었다. 그뿐만이 아니었다. 동일한 자연의 피조물임에도 불구하고 인간보다 신체적 조건이 우수하다는 하나의 이유로 인해 인간의 생명을 식량의 한 부분으로 삼았던 맹수들 역시 신과 영웅의 이름과 모습을 빌려 가볍게 다룰 수 있었다.

이 시대에 살았던 인간들은 적어도 인식 상에 있어서 불가능이 거의 없는 행복한 시대에 살았던 것이다. 그러한 이유로 해서 신과 영웅들의 존재가 완전히 부정된 오늘날도 그들이 주인공이 된 신화, 전설은 여전히 사람들을 흥분시키고 사람들을 불확실한 기대감 속에 빠져들게 한다. 인간들은 아직도 옛날 신과 영웅들의 시대를 그리워하고 꿈을 꾸기도 한다.

그러나 인간들의 행복은 그리 오래 가지 않았다. 한 그루의 나무가 새싹을 돋우기 위해 앞서 돋아났던 싹들을 밀어내야 하고 새끼 살모사가 제 어미를 잡아먹으면서 성장하는 것처럼, 우주 자연의 법칙이란 새로운 생명의 탄생을 위해 지난 것을 스스로를 포기해야 하는 것이다. 이미 새로운 것으로의 발전 속에는 과거 낡은 것의 지양이 내포되고 전제되는 것이 자연의 섭리인 것이다.

이처럼 인간은 필연적으로 성장하고 그 성장은 결국 자신의 과거를 부분적으로 지양하면서 나타나게 된다. 구체적으로 말할 때 결국 갈등에서의 부분적인 해방은 부분적인 또 다른 굴레를 가져올 수밖에 없다는 논리이다.

신화와 영웅들의 시대를 거쳐가면서 인간의 자연에 대한 갈등 극복 능력은 더욱 확대되고 자기 존재에 대한 강한 자각이 생겨났다. 그러면서 인간은 초자연적 존재의 힘으로부터 더욱 더 많이 해방되어 확실하고 구체적인 인간의 모습을 띠게 되었다.

이 같은 자연과의 기나긴 투쟁과 갈등 극복의 과정을 통해서 획득한 확실하고 구체적인 인간의 발견은 인간으로 하여금 결국 역사의 주체자 자격을 획득하게 하였으며, 이것은 인간 역사가 질적으로 비약, 상승할 수 있는 계기가 되었다. 그러나 자연으로부터 쟁취한 역사의 주체자 자격은 모든 인간, 또는 집단의 구성원 모두에게 공평하게 주어진 것은 아니었다. 이제 인간의 주요 갈등 극복의 대상은 사회와 그 부산물인, 계급이라는 새롭게 형성된 실체로 옮겨가게 되엇다.

자연과의 갈등을 보다 효과적으로 극복하기 위하여 인간은 더욱 유효한 수단을 강구하지 않으면 안 되었다. 그리하여 協同의 작업이 요청되었고 협동 작업은 필연적으로 分業의 개념을 만들어 내었다. 협동과 분업의 과정은 인간의 생활을 질적으로 발전시켰다. 그것은 생산물의 양을 확대시켰고 또한 분업에 따른 각 구성원들간의 역할 분담을 가져왔다. 이 두 가지 현상은 인간으로 하여금 수평 질서 속에서 공동체적인 삶을 영위하게 하여 역사에서 적지 않은 기간 동안 긍정적인 요소로 작용하였다.

그러나 시간이 흐를수록 이것은 역사란 수레바퀴를 삐걱거리게 만들었다. 힘은 힘을 낳고 집중시킨다는 운동의 속성은 생산물의 확대, 그리고 여기서 발생한 인간의 욕망과 결합하여 인간의 공동체 의식과 삶을 파괴시켜 버렸다. 마침내 인간의 역사에서 수직적인 질서와 계급이 발생한 것이다.

이행 과도기에 나타난 부산물인 계급의 발생과 신분질서의 확립은 인간 사이에서 주체와 객체를 구분지었고, 똑같은 인간으로 하여금 능동적·주체적 인간과 피동적·종속적 인간이라는 위치의 구별을 낳게 하였다. 이것은 역사 주체의 위치를 놓고 인간 상호간의 관계가 복잡해지고 갈등이 심화된 것을 뜻하며 역사 활동의 내용이 복잡해진 것을 의미한다.

계급의 발생도 초기 단계에는 그다지 확실하지 않았으며 부작용도 심각할 정도는 아니었다. 지배계급이 된 집단들은 자기들이 가진 힘을 노골적으로 확실하게 구사하지 못했다. 그 전 시대의 공동체적인 질서를 전면적으로 부정할 名分이 확실하지 않았고, 또한 구성원들의 상당 부분은 자신들에게 불리한 신 질서를 순순히 수용하지는 않았기 때문이다. 따라서 그들은 적지 않은 기간 동안을 신의 모습이나 신의 의지를 차용하여 지배할 수밖에 없었다. 서로가 자신들의 힘을 구사하면서 동시에 타협을 하는 기간이었다.

그러나 시간이 흐르면서 이러한 관계에는 점차 변화가 나타나게 되었다. 인구의 증가와 생산물의 확대, 그리고 새로운 생산 수단 내지 무기의 발달은 필연적으로 힘을 지배계급으로 집중시켰다. 더욱 강력한 힘을 집중시킨 지배계급은 보다 자신감을 갖고 확실한 형태의 지배를 원하였다. 그리하여 그들 위주의 체제 유지를 위한 조직을 구축하기 시작하였다. 정치제도와 군사제도의 확립이 그것이다. 그리고 그와 같은 행위들에 명분을 제공해 줄 개념 장치인 논리, 즉 체제 이데올로기를 만들기 시작했다.

이러한 과정 속에서 그들의 지배권이 어느 정도 확실해졌을 때 인간의 역사에는 아주 커다란 사건이 일어났다. 그것은 '신분의 탄생'과 '신분질서의 확립'이다. 이렇게 해서 인간은 이제 태어날 때부터 그들의 위치와 역할, 한계 등이 고정되어 버렸다. 소수의 사람들이 역사의 대부분을 주도해나가고 대다수의 사람들은 역사의 주체 자리를 빼앗겨버린 채 수동적이고 종속적으로 살아가게 된 것이다.

그러나 그렇다고 해서 대다수 인간들의 모든 권리가 박탈당한 것은 아니었다. 당연한 권리를 빼앗긴 그들이 항상 그런 부당한 질서를 인정하고 수용한 것은 아니다. 따라서 자신들의 역할, 즉 제반 권리를 회복하고자 하는 움직임은 회복 조건이 성숙될 경우 어김없이 나타났다. 그리고 상대적으로 이들에 대한 움직임을 봉쇄하고자 하는 지배계급, 혹은 지배신분의 방어작용 역시 항상 있어 왔다.

이러한 일련의 작용 속에서 양자의 주장을 어느 정도 무마시키는 방법이 강구되었다. 물론 이 방법은 힘을 가진 집단의 이익과 입장이 더욱 많이 반영되는 것이다. 이는 명분과 실리를 반드시 일치시키지는 않는다. 명분은 양자가 공동으로 소유하고 실리는 지배계급이 갖는 것이다. 이를테면 피지배계급의 경우는 실질적인 주체자임을 선언하되 그것은 위치에 한정이 되고 지배계급의 경우는 위임 또는 대표의 형식으로서 주체의 자리와 역할을 확보하는 것이다. 그리하여 피지배계급을 주인(主人)이라고 선언을 한다든가, 혹은 백성을 위한 정치라는 구호를 만든다든가 하는 것이다.

이렇게 명분과 실리의 조정을 통해서 지배와 피지배의 관계, 즉 계급과 신분의 부당한 질서는 어느 정도 해소된 것처럼 보인다. 특히 선언이나 구호, 혹은 이론 등의 명분에 입각해서 볼 때는 주체의 성격과 질에 차이가 없는 것처럼 보인다. 그러나 이때의 민(民)이나 인간(人間)이란 실제로 역사의 실질적 주체자의 위치가 아니고 객체로서의 위치하락(位置下落)을 의미하며 제

권리의 경우도 정당하게 향유하는 것이 아니라 지배계급의 덕이나 베풀음에 의하여 수혜를 받는 시혜의 대상으로 전락한 것을 의미한다.

이 같은 부당한 관계는 일반적으로 근대와 가까운 시기로 내려오면서 개선되는 경향을 보인다. 인간 경험과 지식의 축적에 의한 자신에 대한 재평가와 그에 따른 인식의 변화, 그리고 문화 양식의 변천은 인간으로 하여금 역사 활동의 주체로서 자각하게 하였다. 그리하여 적어도 표면상으로는 신분의 차별이 철폐되었고 다수의 사람들이 능동적·주체적 인간으로서 역사의 전면에 등장하게 되었다.

이렇게 볼 때 근대 이후의 역사는 달라진 듯이 보인다. 역사를 구성하는 대다수의 인간들에게 있어서도 인간의 위치와 역할은 상당히 격상되어간 듯이 보인다. 그러나 여기에는 아직도 한계가 있고 또 언제나 관계가 변할 가능성이 존재하는 것이다.

인간은 이렇게 해서 비로소 역사의 주체 자리를 확보하였다. 그러나 이것은 자격에 있어서의 명분 확보이지 실질적으로 역사 활동의 주체가 되었다는 것은 아니다. 앞에서 언급한 대로 역사 활동의 주체는 자격만이 아니라 성격의 문제도 아우른다.

역사의 주체는 인간이다. 그러나 우리가 이제껏 추구해 온 역사의 주체라는 것은 주체 자리 또는 자격에 관한 것이었지 주체 자체의 성격에 대한 것은 아니었다. 인간의 역사는 오랫동안 이러한 명제에 매달려 있어서 주체의 보다 구체적인 성격과 기능에 대해서 심각한 주의를 기울이지 못했다. 역사 활동에서 주체의 성격 분석은 보다 구체적이고 세부적이어야 한다. 그래야 주체의 명확한 모습이 드러나고 주체를 중심으로 한 역사상의 복원과 해석과 재창조가 가능하다.

결국 주체의 성격은 대상체와 관계를 맺는 방식에 따라서 달라진다. 하나는 대상체에 능동적으로 작용하는 것, 즉 집행으로서의 성격이고 다른 하나는 대상체와 작용함으로써 이익을 얻는 것, 즉 수혜로서의 성격이다.

집행이라는 것은 역사 활동에서 실질적으로 일에 참견하고 진행 방향에 영향을 주는 것을 의미한다. 일반적으로 역사 주체하면 이것으로 이해를 한다. 거기에 반해서 수혜라는 것은 역사 활동이 있었을 경우 거기서 발생하는 이익을 받고 누리는 것을 말한다. 이것은 실질적인 문제로서 집행보다 더욱 중요할 수 있다. 특히 인간 생활에서 나타나는 대부분의 문제는 이 수혜에 대한 불만 혹은 수혜의 불공평에서 발생하고 있다. 그런데 역사의 주체가 인간인 만큼 인간은 역사 활동에서 「집행 주체」(執行主體)로서의 성격과 「수혜 주체」(受惠主體)로서의 성격을 동시에 갖고 있다. 집행의 수혜는 동시 포괄 개념이고 더구나 동일한 단위에 있어서는 상보적인 성격을 갖고 있다.

집행과 수혜는 역사 활동의 큰 줄거리에서는 일치하고 있다. 인간의 기본권이나 참정권의 문제 등은 집행이면서 동시에 수혜의 개념이다. 그러나 일상의 문제나 구체적인 문제 속에서는 반드시 일치하는 것이 아니다. 그러므로 성격의 구분을 명확히 할 필요는 있다. 이 구분이 명확해야 수혜의 문제, 내용이 확연히 드러나고 또 집행에 있어서도 집행자 혹은 주체자의 자격과 모습이 드러난다. 만약 이러한 구분 없이 막연한 상태에서 역사의 주체를 논한다면 몇 가지 문제가 발생할 수 있다.

첫째는 주체, 즉 집행 주체의 논쟁에 빠져 수혜 문제가 등한시될 수 있다. 집행은 명분(名分)에 대한 것이고 수혜는 실리(實利)에 관한 것이다. 인간은 잃어버렸던 명분의 획득을 놓고 오랫동안 갈등을 벌이고 결국은 명분 획득에 성공했지만 명분만으로 인간의 역사적 위치가 상승되는 것은 아니다. 명분과 실리를 동시에 획득해야 비로소 역사의 주체 자리를 완전하게 확보하는 것이다.

그리고 엄격한 의미에 있어서는 실질적인 이익에 관한 수혜가 더 중요할 수가 있다. 수혜 문제에 등한시하고 명분 확보에 급급할 경우 그들은 당연히 받아야 할 이익을 명분상으로만 얻고 실질적인 이익은 얻을 수 없게 될 우려가 다분히 있다.

인간이 역사의 주체자임은 앞에서 계속 말해 왔다. 그리고 주체라는 것은 여러가지 성격과 기능을 동시에 갖고 있는 것 역시 언급하였다. 그중에서도 특히 중요한 것은 집행 주체과 수혜 주체의 명확한 구분이다.

둘째, 그 구분이 불분명할 경우 관리자임을 자처하는 그들의 동지들 또는 대표자들에게 모든 것을 빼앗길 우려가 있다. 신분제 사회에서 고대로 올라가면 갈수록 집행 주체와 수혜 주체는 일치되는 경향을 보이고 있다. 소수의 사람들이 권리를 집행하며 동시에 그 이익의 상당 부분을 누리는 수혜 주체자였다. 그리고 대다수의 사람들은 다만 시혜의 주체자였을 따름이다. 그러나 형식상의 신분이 철폐되고 계급이 어느 정도 해소되면 집행 주체는 명분상의 주체와 실질적인 주체로서 구분되어야 한다. 그리고 대다수의 기층 민중들은 그들의 권리를 위임받은 대리자들을 실질적인 집행 주체자로서 인정하되 자신들은 정당한 수혜 주체의 자격자라는 권리를 확실히 보장받아야 한다.

만약 집행 주체와 수혜 주체의 구분과 자격이 명확하지 않으면 기층 민중들은 불이익을 당한다. 그들은 당연히 받아야 할 이익을 명분상으로만 얻고 실질적인 이익은 관리자임을 자처하는 그들의 동지들 혹은 대표자들에게 모든 것을 빼앗길 우려가 있다. 또한 집행의 권리와 이익에서도 기층 민중들은 명분만을 얻고 실질적인 모든 권리는 그들의 대표자(?)들이 가져가게 된다. 결국 기층 민중이 집행·수혜의 주체가 된다는 명분을 표방하면서 실제로는 구체적인 이익은 물론 대리자 선택의 권리마저 빼앗고 독재를 하는 경우가 있기 때문이다. 민주주의를 표방하는 독재국가나 공산주의 국가, 전체주의 국가에서 그러한 예가 흔히 나타나고 있다.

위에서 살펴본 바와 같이 사관 성립의 중요한 요소로서 주체의 성격과 기능 의미는 매우 복잡하다. 그리고 역사의 변천 과정에 따라서 각각 다른 모습을 보인다. 그러므로 사관은 형성자 또는 평가자가 가진 사회적·민족적 기반과 함께 계급적 기반에 따라 역사에 대한 상이한 해석이 나오며, 유형화된 형태도 다른 결과로서 나타난다.

2) 대상체

역사 활동은 주체의 움직임만으로 이루어지는 것은 아니다. 주체가 있으면 그와 상대하는 관계자로서 대상체가 반드시 있다. 어떠한 사건이든 그것이 사건으로 성립이 되기 위해서는 이질적인 두 개의 성질이 부딪쳐야 한다. 그러나 동시에 그것은 상대적인 성질의 합이란 결과이기도 하다.

인간이 만난 최초의 상대는 물론 자연이었을 것이다. 그런데 자연과 인간은 서로 다른 모습을 하고 있고 성질도 다른 것이다. 여기서 인간은 역사의 초창기부터 혹은 인식의 첫 출발부터 서로 다른 두 개의 성질이 있고, 그것들이 서로 만남으로써 사건이 생긴다는 것을 알았다. 그런데 인간은 언젠가부터 이성을 발견하게 되었다. 인간으로서 동일한 성격인 이성이 서로 다른 성격을 가지고 있고, 그 이질성이 합해져서 동일한 성격과 자격의 인간을 만들어낸다는 사실을 인식하게 된 것이다. 분리된 것은 합해져서 하나가 되고 그 하나는 다시 분리된다는 것을 알았다.

인간은 결국 남자와 여자의 만남에 의해 또 하나의 인간이 생겨난다는 가장 기본적인 사실을 통해서 대상체의 의미와 역할 등을 확실히 알게 되었다. 인간이 만든 예술품들을 보면 이미 역사의 초창기부터 두 개의 대칭 구조를 표현한 것이 많이 나타난다. 서로 다른 존재가 있을 때, 혹은 대상체가 있을 때 그것은 만나건 혹은 부딪히건 어떠한 형식을 취하든 그 결과는 부분적으로 합해지거나 부분적으로 분리(파괴)될 수밖에 없는 것이다.

역사 활동은 일정한 단위의 주체와 대상체가 이루어내는 변증법적인 통일 관계이다. 이런 관계는 각각 다른 의미와 형식으로서 도전(挑戰)과 응전(應戰), 행(行)하는 것과 당(當)하는 것, 지배(支配)와 피지배(被支配) 등으로 나타나기도 한다. 그런데 사관에 있어서는 인식 대상의 위치로서와 서술 대상의 위치로서의 두 가지 대상체가 있다. 후자의 것은 서술 태도에 관한 것으로 사관의 유형화 작업에선 필요한 요소이나, 기술적인 측면이 보다 강하여 사관 개념의 본질과는 다소 내용상의 거리가 있다. 그러므로 이 글에서 논하는 대상체는 인식 대상의 위치를 뜻한다.

주체 이외의 것은 사물. 현상. 사건 등을 불문하고 모두가 대상체가 될 수 있다. 특히 자연의 상대적 존재로서, 인간을 역사 활동의 주체로 설정한 경우 인간 이외의 모든 것, 예를 들면 자연, 신, 사건, 제도, 사상, 인간들이 모여서 엮은 사회 등은 대상체가 된다. 대상체는 몇 가지 특징을 가지고 있으나 중요한 것은 주체와의 관계이며 그 중에서도 가장 중요한 것은 갈등 관계이다. 물론 이 경우의 갈등이란 운동의 양적인 측면만을 말하는 것이다. 만약 가치와 평가의 개념이 개입된 경우라면 우리는 조화와 갈등의 차이를 구분해야 하며 역사 활동의 과정에서도 그 역할을 분명히 할 필요가 있다.

일반적으로 대상체란 그 개념 자체가 주체와 반드시 일치되지 않는 성격을 나타낸다. 그러므로 양자는 의미나 또는 결과와 관련 없이 언제든지 갈등이 있고 또 새롭게 발생될 소지가 있는 관계를 말한다. 인간은 자기 자신 외에는 어떠한 존재(존재물, 사건, 현상)와도 갈등이 완전히 해소되는 관계를 갖지는 못한다. 모든 것은 크든 적든 갈등의 소지를 안고 있는 것이다.

인간의 역사는 주체가 주체 이외의 모든 것과 관계를 맺고 풀며, 존재를 가능한 한 장기간 완벽하게 지속시키는 것이다. 즉 주체와 대상체 사이에서 나타나는 인식과 실천 간의 갈등을 극복하고, 모든 불일치를 일치로 전환시키고자 하는 몸짓이 역사 활동인 것이다. 그리하여 형식을 막론하고 주어진 갈등을 극복하는 과정이 역사 내용의 상당 부분을 채우고 있다. 때문에 사관에서는 이 같은 대상체와의 갈등을 어떤 성격으로 평가하며 어떤 위치와 의미를 부여하는가를 파악하는 것이 중요하다.

갈등의 주요 대상은 집단의 성격, 역사 진행 방향에 따라 항상 일정하지만은 않다. 시간적으로 차이를 나타내며 공간의 전이에 따라서도 이질성이 확인되는 경우가 적지 않다. 일반적으로 갈등의 대상은 자연과 사회, 그리고 인간 본질의 세 범주로 나눌 수 있다. 이 세 범주는 각각 개별적으로 독립해 있는 것이 아니라 상호 영향을 주면서 결국은 역사라는 하나의 거대한 흐름을 형성해 간다. 그리고 인간이 그것들의 의미를 어느 정도, 이를테면 각 힘의 관계를 어떠한 형식으로 설정하느냐에 따라 그 시대와 공간의 역사 형태가 달라지는 것이다.

우리는 먼저 가장 구체적이고 현실적으로 우리에게 강한 영향력을 끼칠 수 있는 자연과의 관계를 주목해 보아야 한다. 인간에게 있어 자연과의 관계에서 발생한 갈등은 가장 강력하고 지속적이며 해결의 가능성이 몹시 어려운 것으로 파악되어 왔다. 실제로 인류 역사에서 대부분의 시간은 바로 이 부분의 갈등 해소에 소요되었다.

　자연 환경과 인간과의 관계는 우리의 상상을 초월할 정도로 밀접하다. 인간은 자연의 한 부분으로서 기본적인 영향을 받고 있다. 자연 조건은 장구한 기간 동안 그 구성 요건이 거의 변하지 않는데 반하여 인간은 수명 단위가 짧고, 문화 역시 자주 변동하는 모습을 보인다. 이것은 인간이 활동 범주가 광대하고 시간의 주기가 장기적인 자연 조건의 영향을 받고 있다는 현실적인 증거가 된다.

　자연 조건에 대한 인간의 생리적 반응, 신체적 조건의 적응 등은 이미 앞에서 부분적으로 언급한 바가 있다. 이 같은 생리적 반응 등은 인간을 구성하는 가장 기본적인 조건의 변화마저도 야기시키는 것으로서 자연과 인간과의 불가분성을 입증한다.

　자연 조건의 종류와 범위도 매우 다양하여 기후, 토양, 지형, 날씨 등등이 있다. 동인도 제도의 적도 밑에 있는 혈통들은 새까만 피부와 치밀한 와상모를 갖고 있는데 이것은 기후에 적응하기 위해 신체적 조건이 반응한 결과이다. 새까만 피부와 치밀한 와상모는 강한 햇빛으로부터 머리를 보호하는 동시에 땀샘으로부터의 습기 증발을 돕는다. 따라서 이러한 조건만을 갖춘 종족이 살아남을 수 있는 것이다.

　자연 조건과의 관계는 이런 각론적인 것에서만 찾을 수 있는 것은 아니다. 장구한 세월에 걸친 인류의 진화 자체는 바로 인간의 자연 조건에 대한 적응의 결과이다.

　자연 조건에 대한 인간의 문화적 적응 역시 인류 역사의 중요한 부분이다. 인간이 만든 한 자루의 주먹도끼나 불의 사용 등은 바로 인간과 다른 존재물 등을 구별케 하는 중요한 진전이다. 현재 북아프리카와 남서아시아의 사막에 해당하는 곳에서 돌을 아주 정교하게 만드는 기술이 습득되었을 때 이것은 인류사에 있어서 획기적인 의미를 갖는 것이었다.

인간과 자연과의 불가분의 관련성은 다양한 면에서 발견된다. 다양한 환경 아래서 생존하기 위하여 인간은 광범위한 경제 양식을 발명했다. 유목민들의 경우는 가축들이 뜯어먹는 풀의 식생지를 따라서 이동해야 한다. 그리고 수렵 문화인들의 경우는 사냥감들을 쫓아다녀야 하며, 농경인들은 풍부한 물이나 따뜻한 기후를 찾아 이동하는 것이다. 그뿐 아니라 지구상의 대 격변기나 기후에 이상이 생겼을 경우에는 인간의 역사에서 아주 강력한 사건들이 유발된다. 집단 혹은 종족의 대이동 같은 것은 바로 이러한 경우에 해당된다.

뷔름빙기에 대륙빙상과 대산악 빙하를 형성하기 위하여 대양에서부터 많은 양의 물이 제거됨에 따라 해면은 약 180m 가량 낮아졌다. 그리하여 아시아와 아메리카는 현 베링해협 자리에 위치한 지협(地峽)에 의하여 연결되었으며 지중해와 흑해는 일련의 호수로서 축소되었다. 또한 보르네오, 자바, 수마트라 등은 아시아 대륙에 육교로서 연결되어 있었다. 이런 일련의 변화 과정 속에서 인류의 이동이 이루어진 것이다.

이처럼 인간의 역사는 초창기부터 자연과 관계를 맺고 이 관계에서 발생하는 갈등을 극복하면서 이루어졌다. 그러나 자연과의 이 갈등은 점차 시대가 내려오면서 많이 극복되었으며 지금은 가시적이거나 실생활에 직접 강하게 영향을 끼칠 정도는 아니다. 그러나 자연과의 갈등이 해소되면서 그것은 필연적으로 사회와의 갈등을 유발시켰다. 자연과의 갈등을 보다 효과적으로 극복하기 위하여 인간은 사회를 만들 수밖에 없었으며 이에 따라 갈등의 주요 원천은 사회로 옮겨가게 되었다.

사회와의 관계에서 발생한 갈등은 자연과의 그것에 비해 그 진폭이 크거나 심각한 것이 아니며 또 극복이 불가능한 것도 아니다. 그 대신 종류가 다양하며, 대상이 자기를 포함하고 있는 인간의 집합체라는 데서 그 갈등의 질은 전혀 다르다. 사회를 구성하고 사회와의 관계가 밀접해지면서 인간은 자신과 다른 인간 사이에 있는 불일치를 인식하게 되었다. 인간은 동일의 이해 관계와 공동의 극복 대상을 가진 협력의 관계가 아닌, 갈등 경쟁 혹은 투쟁의 상대로서 인간을 발견하게 되었다.

인간에 대한 이러한 인식의 변화는 엄청난 파급 효과를 가져왔다. 인간은 일단 내부에서의 이익의 분배와 역할 분담을 둘러싸고 계급이 형성되었으며 이로 인한 계급간의 갈등이 심각하게 발생했다. 바로 이 문제를 해결하는 데 역사의 상당 부분을 소비하여 왔다.

사회에서 발생하는 갈등의 종류는 이것만이 아니다. 그것은 개인이 속해 있는 집단과 집단과의 갈등이다. 이것은 이른바 대외관계 모순으로 나타나는 것인데 인류의 역사에서 강한 운동량이 발생하는 것으로서 가장 큰 갈등의 범주이다. 인류 역사의 초기에는 활동 범주가 협소하고 집단의 규모도 자연히 작을 수밖에 없다. 그러나 시간이 흐르고 인간 집단의 규모가 확대되면서 갈등은 점점 심각해졌다. 그리고 가족의 범주를 벗어나서 혈통이나 문화가 이질적인 요소들이 합쳐져서 이루어진 단위가 되면서 각 단위들 간의 갈등은 더욱 복잡한 양상을 띠게 되었다.

그뿐만이 아니었다. 씨족·부족간의 갈등, 종족간의 갈등, 민족간의 갈등 등이 그렇고 특히 내부 계급간의 모순이 대외관계의 그것과 관계를 맺으면서 나타난 다른 국가들간의 갈등은 엄청난 양으로 인간의 역사에 심대한 영향을 끼쳤다. 이러한 갈등의 대표적인 것이 전쟁의 형태를 띤다.

다른 집단과의 갈등 관계에서 나타난 이 발견은 한편으로는 계급과 신분 질서에 대한 강한 자각, 정치권의 평등한 담당, 공정한 부(富)의 분배와 동등한 생활 영위의 추구 등에 대하여 강한 요구를 하게 하였다. 그리고 다른 한편으로는 다른 집단과의 관계에 있어서 보다 자율적이고 주체적인 관계, 즉 예속(隸屬)과 간섭(干涉)에서 벗어난 자유로운 관계를 유지하고자 하였다.

그런데 인간의 삶이란 필연적으로 집단을 이루고 살 수밖에 없으며 또 다른 집단과 관계를 밀접하게 맺고 있기 때문에 이 두 가지 요구는 때때로 상호 중첩되어 나타나고 있으며 특히 대외관계가 복잡하고 빈번한 집단의 경우에는 동시에 작용하고 나타나기도 한다. 그러나 요구와 현실, 즉 인식과 실제의 불일치라는 사회 관계는 필연적으로 발생하는 소외감으로 인하여 인간으로 하여금 역사 활동에 대한 수정을 요구하게 되고 또 다른 형태로 전환시키게 한다.

　이리하여 사회와의 갈등 내용을 규정짓고 관계를 재조정하는 작업을 시도하는데 이 작업에서 나타나는 태도와 방법론은 사관의 성립에 가장 필수적인 구성 요소가 된다. 사관이 체계화되고 사관의 필요성이 증대되는 시기인 현대와 가까운 시대일수록 사회에서 발생하는 갈등은 아주 심각하다. 그러므로 사관에 대한 이해를 위해서, 혹은 유형화 작업에서 중요한 잣대가 되는 것은 바로 이 부분이 된다.

　대상체는 자연과 사회만이 아니라 인간 자체가 되기도 한다. 이때의 인간이란 집단의 한 구성원, 즉 사회적 인간이 아니라 개체를 의미한다. 그러므로 여기서 발생하는 갈등이란 개인의 문제이거나 아니면 인간 본연의 문제이다.

　인간은 자신의 직접적인 이익과는 관련이 없는 일에도 관심을 기울인다. 뿐만 아니라 설사 관련이 있다 하더라도 직접적이지도 않고 인식하지 못하는 일인 경우에도 깊은 관심을 기울인다. 이를테면 인간 본질이나 우주의 이치에 관해서 탐구하고자 하는 일들도 그 한 종류이다. 인생의 의미, 역사의 의미 등은 역사 이래 많은 사람들에 의하여 추구되어 왔으나 그 성과는 뚜렷하지 않다. 더구나 다수의 인간들에게 그 성과물을 전파하는 것은 효용성도 미흡하며 지속성도 약하다.

　우리는 흔히 역사에 있어서 주체와 대상체를 논할 때 인간 본연의 문제에 관해서는 관심을 덜 기울였고 대상체로서의 자격을 부여하지 않았다. 그러나 이것은 어떤 면에서는 가장 중요한 문제로서 자연 혹은 사회와의 갈등을 조정하는 데 매우 의미있는 역할을 한다.

　우리는 이상의 논의를 통해서 역사에서의 대상체 문제를 살펴보았다. 주체인 인간을 일정하게 설정을 할 경우, 주체 이외의 모든 것은 대상체가 된다. 역사의 전 과정을 기준으로 할때 인간의 대상체는 자연 현상이나 자연물로부터 시작하여 사회로 확산되면서 그 종류와 질이 다양하게 변화되어 왔다. 그러나 이 관계에서 발생하는 갈등은 해소되지 않고 있다. 특히나 사회와의 관계에서 발생하는 갈등 관계는 복잡하고 다양하여 실제적인 영향력을 갖고 있으며, 인간 삶의 외적인 발전과는 관계 없이 해결 전망에 대한 확신이 부족한 부분이다. 그러므로 대상체에 관해서는 객관적이고 과학적인 자세로서 그 성격과 질을 분석해야 한다(*이 부분은 별도의 논문 「역사에서 나타나는 진보의 문제」에서 상세히 다루고 있다).

3) 단위

역사 활동은 주체와 대상체로만 이루어지는 것은 아니다. 이 두 요소의 만남은 단위(單位)의 성립을 가져온다. 행위의 결과는 단위이며 단위는 두 요소의 활동(活動)의 합(合)이다. 단위는 그 성격 자체에 관해서는 그렇게 복잡한 것이 아니다. 그러나 단위의 역할과 단위의 성립 변천에 관해서는 지극히 복잡한 모습을 띤다. 사실 인간의 역사 공정이란 단위들의 운동 결과이기 때문이다.

역사 활동 단위의 가장 작은 단위는 인간 개체이다. 그리고 이러한 개체의 合으로서 사회가 형성되고 사회는 여러가지 다양한 모습을 띤다. 우리가 주목하는 중요한 단위 중의 하나는 국가이다. 그리고 국가보다 상위의 개념으로서 민족이 있다. 일반적으로 민족에 대한 개념과 정의는 동서양, 또는 주의에 따라서 다양하며 그에 대한 통합된 의견이 없다. 그러나 국가보다 민족을 상위 개념으로 파악하는 데에는 몇 가지의 이유가 있다.

첫째는 영속성과 계기성이다.

민족의 시간적 단위가 국가보다는 더욱 영속성을 지니며 국가가 흥망성쇠의 과정을 통해서 계기성을 갖지 못하는 데 반하여 민족은 국가의 흥망과는 꼭 일치하지 않으며 계기성을 갖는다는 것이다. 인류의 역사 활동 속에서 모두 나타나는 현상은 아니지만 동아시아 내지 한민족사의 경우에는 전근대적이라는 한계가 있음에도 불구하고 민족이라는 통합 단위 성립이 비교적 일찍부터 이루어졌다. 그리고 그러한 단위는 그것에 기초한 국가 단위의 멸망이 있음에도 불구하고 지속성을 갖고 오늘날의 근대적 민족으로 성숙되었다.

둘째는 현실적 필요성이다.

현재 역사 활동의 가장 적극적 주체이며 극적인 단위는 민족이다. 오늘날의 우리 현실은 민족 문제와 깊숙한 관련을 맺고 있다. 한민족의 근대사는 민족 자주의 상실로서 시작되었고 현재는 민족 분단이라는 현실로 인하여 그것을 야기시킨 외세의 극복과 그 결과인 민족 통일의 성취가 가장 절실한 문제이다. 민족의 통일이란 민족 분단의 실질적 주체인 양 국가 내지 정치 단위의 극복을 의미한다. 그러므로 현재의 관점에서는 민족에 대하여 보다 무겁고 절실한 의미를 부여해야 한다.

역사 활동의 단위는 민족을 넘어서서 인종이나 인류라는 더 크고 확대된 단위로 나타날 수 있다. 민족 문제는 결국 인류의 문제와 불가분의 관계를 맺고 있다. 그러므로 민족과 국가라는 단위 속에서의 문제가 해결될 경우 우리의 관심은 인류라는 가장 큰 단위로 인식을 확대해야만 한다. 이것은 물론 민족 문제의 완전한 해결을 전제로 한 시간적 순서에 의한 것은 아니다. 그러나 역사 활동의 발생 원인 혹은 과정이 민족이나 국가 등 보다 적은 단위로부터 시작된 것이고 또 보다 깊은 인연으로 인하여 민족을 가장 절실한 단위로서 파악하는 것이다.

역사 활동을 사관으로 유형화시키고자 할 때 필요한 구성 요소는 위에 언급한 몇 가지에만 국한된 것이 아니며 그 외에도 여러 가지 중요한 것이 있다. 역사란 결국 어느 특정 요소만이 아니라 성립의 기본 요소를 비롯한 모든 것들이 합쳐져서 자기 성질을 발현하면서 통일적인 관계를 유지하는 것이다. 그러므로 사관의 성립은 이간은 여러 요소들의 고유한 성격을 찾아내어 구조적으로 일치시키고, 그것을 하나의 체계 속에서 통일화시키는 데서 시작된다.

2. 역사적 기록에 대한 이해

우리는 제3장의 내용을 통해서 역사 활동에 대한 이해를 하였다. 그것은 사관이 성립되기 위한 기본으로서 해석과 포장이 이루어지지 않은 활동 그 자체이다. 이제 사관에 대한 본질적이고 구체적인 이해를 위해서 다음 단계로 넘어가야 한다. 역사의 기록과 그것을 토대로 한 역사학의 성립으로써 그 속에는 이미 역사 활동에 대한 평가 척도와 사관의 개념이 부분적으로 들어가 있다. 그러나 사관의 성립은 최종적으로 전자에 언급한 역사 전반에 대한 구체적인 이해가 있어야 한다.

역사란 용어와 개념이 가진 두 번째의 것은 기록으로서의 개념이다. 우리가 일반적으로 말하는 역사란 이 같은 기록으로서의 개념을 말한다. 특히 전근대시대 혹은 고대로 올라가면 갈수록 역사란 기록을 의미하는 좁은 의미로 쓰였고 역사의 가장 중요한 기능과 목적의 하나는 사실의 기록과 정확한 전달이었다.

삼국사기에 김부식이 쓴 [진 삼국사기표(進 三國史記表)]에서 이 책의 기술 목적이 사실을 밝히는 것임을 밝히고 있다. 중국에서 "史는 記事者也 從手持中 中正也"라고 하여 사실을 바르게 기록하는 사람을 '사(史)'라고 하였다.

역사의 기록으로서의 의미와 기능은 역사의 어원에서도 잘 드러나고 있다. 오늘날 역사를 지칭하는 history는 그리스어 historia에서 나온 것으로 의미는 조사, 탐구, 연구라고 한다. 희랍의 역사가 투키디데스는 "시간의 흐름 속에서 잃어버리기 쉬운 인간의 공업을 후세에 전하기 위해 올바른 사실을 밝혀 두는 것이다"라고 하여 역사학의 목적이 사실 기록에 있음을 밝히고 있다.

이처럼 역사 또는 역사학에서 기록이 가지는 의미는 지대하다. 일상의 생활 혹은 사건은 바로 이 기록이라는 단계를 겪어야 비로소 다른 사람들, 이를테면 다른 시대나 다른 공간에 있는 사람들에게 전파하고 알릴 수 있다.

개인에게 일어나는 일, 또는 일상의 상황 속에서 일어나는 일들도 기록의 대상이 된다. 그러나 그것은 역사와 밀접한 관련을 맺고 있는 것은 아니다. 만약 그렇지 않을 경우, 이를테면 인간과 인간 혹은 인간과 집단 등이 관계를 맺으면서 발생하는 사건과 활동 등을 대상으로 할 경우에 기록이란 것이 역사의 이해와 분석, 혹은 평가에 필요한 기본 자료와 수단이 된다.

그러므로 역사를 이해하거나 역사학을 연구할 경우에 역사에 대한 기록은 살펴보는 것은 아주 중요한 의미를 갖고 있다. 기록을 통한 역사의 의미 파악은 기록 주체의 성격, 기록의 수단에 관한 문제가 있고 기록의 내용에 관한 것이 있다.

1) 기록의 주체

역사 기록은 기록 주체자의 세계관, 계급적 기반에 따라서 달라진다. 역사를 바라보는 관점, 사료를 선택하는 기준 등은 물론이고 특히 어떤 사건에 대해서 가치를 기준으로 평가를 하고자 할 때에는 기록 주체의 성격에 따라 전혀 상반되는 결과가 나타날 수 있다. 그러므로 기록 주체에 대한 의미 부여와 성격 분석은 매우 중요하다. 그러나 기록자의 기록 태도에 관해서 가장 영향을 끼치는 것이 기록 주체자의 개인적인 세계관이냐, 혹은 그가 속해 있는 계급적 기반이냐에 대해서는 각각 다른 의견을 내세우는 만큼 완전한 일치를 볼 수는 없다.

기록 주체자의 개성과 세계관은 분명히 역사를 바라보는 태도와 기록하는 자세에서도 차이가 나타난다. 사람은 자신들의 사회적 위치에 관련 없이 누구나 나름대로 인생의 의미와 살아가는 방법 등에 관해서 탐구를 하고 그 결과물로서 자신의 세계관과 인생관을 갖고 있다. 그리고 그것은 자신의 역사관을 형성하고 역사를 기록하는 자세에서도 차이를 나타낸다. 그런가 하면 기록자의 계급적 기반 역시 역사관 형성에 아주 중요한 요소가 된다.

사람은 개체 유지 본능을 우선으로 하고 있고 그것의 상당한 부분은 이기적인 모습으로 나타난다. 물론 전체로서의 위치를 인식하고 개체 유지 본능과는 배치되는 행위를 하는 경우도 있으나 그것은 본질적으로 자신의 보다 완벽한 존립을 지향하는 행위이기도 하다. 결국 인간의 역사란 개인의 집합체인 집단 또는 계급이 서로의 이익을 보다 많이 획득하고자 하는 행위들로 이루어졌다.

따라서 개인은 집단을 형성하고 집단을 통해 자신의 입장을 표현하는 경향이 있으며 자신을 특정 계급의 구성원으로 파악할 경우 자신의 이익을 소속 계급을 통해서 획득하고자 한다. 기록자인 개인은 어떠한 입장으로든 역시 계급의 구성원이 될 수밖에 없다. 위와 같은 일정 계급의 구성원으로서의 한계는 역사 기록자로 하여금 계급의 입장에서 초연할 수 없게 한다.

물론 위에서 언급한 이 두 요소는 상호 연관을 갖고 있다. 개인의 세계관은 자신이 속한 계급을 선택하는 데 일정한 영향을 끼쳤을 것이고, 반대로 자신이 속한 계급적 토양 속에서 세계관이 형성되었을 수도 있다. 그리고 타고난 계급과 선택한 계급은 반드시 일치하지도 않고 세계관의 형성에 계급이 결정적인 요인이 되는 것도 아니다. 그러므로 양자의 영향력에 대해서 중요도의 측정이라는 어설픈 저울을 내미는 것은 과학적인 태도가 아니다.

동일한 인간도 상황에 따라서 각각 다른 기준으로 역사를 기술하고 평가하듯이 기록 주제자의 역사 기술 태도 역시 두 요인의 상호 연관과 불가분성을 전제로 할 때 상황에 따라서 달라질 수 있다.

일반적인 상황 아래서 일상의 사실을 기록할 경우 개인의 세계관의 영향을 많이 받는 경향이 있다. 그것은 자신의 구체적인 이익과 직접적인 관련이 없거나 객관성을 유지시킬 능력이 있을 경우이다. 그러나 특수한 상황이 발생했을 때에는 다른 양상을 띨 수가 있다. 커다란 사건의 소용돌이 속에서 기록자가 냉정함을 잃고 판단 능력에 문제가 생겼을 경우이거나 혹은 자신의 이익 기반과 밀접한 관련을 맺고 있어서 객관성이 약해졌을 경우에는 계급적 기반의 영향을 더욱 많이 받는다.

이렇게 볼 때, 두 요인은 상황에 따라서 영향을 주는 것으로 보여진다. 그러나 역사의 기록 대상이 되는 것은 운동량이 큰 특수한 상황 속에서 발생하는 것이고 또 큰 사건일수록 다른 집단의 상호 이익이 충돌을 일으키면서 발생한 경우가 많다. 그러므로 대부분의 역사 기록의 경우 기록자는 일반적으로 자신이 속해 있는 계급적 기반에 더 영향을 받는다.

그러나 대부분의 역사 기록이 반드시 그런 것은 아니다. 역사의 주체는 모든 인간들이고 역사 활동에는 객관성을 가져야 한다. 개체 또는 집단, 계급의 한계를 극복하고 모든 것은 하나라는 일체성, 그리고 부분과 전체와의 통일성을 인식하는 것이 역사학의 궁극적인 지향점이듯 모든 역사적 사실의 기록과 평가는 자신의 한계를 초월하여야 한다. 역사적 인식이란 바로 사물의 본질과 사건의 핵심을 객관성과 초월성에 입각하여 파악하는 것을 말한다.

2) 기록의 수단

기록 주체에 이어 두 번째로 다가오는 것이 기록 수단의 문제이다.

기록 수단이라는 것은 기록의 도구라고 표현해도 큰 차이가 없을 것으로 여겨긴다. 기록 수단의 범위와 용도를 어떻게 설정하는가 하는 문제는 매우 중요하다. 이것에 따라서 역사상의 범위와 역사의 가치, 의미 등이 결정되고 이른바 사관의 설정과 성립에 영향을 끼치는 것이다.

우리는 역사 기록에 관한 한 적어도 어떤 일정한 관념에 빠져 있다. 역사의 기록 혹은 수단을 얘기할 때면 무의식적으로 문자를 떠올린다는 것이다. 그러나 기록의 수단을 문자로만 한정시킬 경우에는 적지 않은 문제가 야기될 수 있다. 첫째, 역사상의 복원이 불완전하게 되며, 둘째, 역사상의 범주 역시 지극히 한정된다는 것이다. 그리고 셋째, 역사 기술 주체의 범위를 한정시킨다는 것이다.

먼저 첫째의 경우(주로 시간적인 관점에서),

인간의 역사에서 문자를 사용하기 시작한 것은 그리 오래된 일이 아니다. 수백만 년의 역사를 통해서 볼 때 문자의 사용이란 기껏해야 6~7천 년 정도밖에 안 되는 얼마 전의 일이다. 그러므로 문자 기록에만 의존하는 한 문자 사용 이전의 역사성을 알 수 없으며 복원할 수 없다. 인류 역사의 대부분을 알지 못한다는 것은 역사의 의미와 활동 과정에 대한 이해가 부족하다는 것과 동일(?)하다. 특히 문자 발명 이전 시대의 인류 역사란 역사 활동의 기본 흐름을 결정지은 시기이므로 우리는 가장 소중하고 근원적인 것에 대해서 무지하게 되며 존립의 명분에 관해서도 확신하기가 힘이 든다.

둘째의 경우(주로 공간적인 관점에서),

역사상을 문자 기록에 의존하여 파악할 경우에는 인간 삶의 다양한 모습이 사상되고 특정 부분만이 복원된다. 따라서 인간의 역사는 상당히 단조롭고 건조한 일들로 채워지게 된다. 인간의 역사는 다양한 동기와 국면에 의하여 이루어진 만큼 모든 인간들의 다양한 삶들과 일상의 일들로 채워져 있다. 그리고 그것들의 작용과 합에 의하여 역사상의 큰 사건들이 일어나는 것이므로 일상의 일들은 대사건의 진실한 배경이 된다.

그럼에도 불구하고 문자의 속성상 역사의 기록은 대단위 사건들 위주의 기록이 된다. 또한 다루는 부분 역시 강한 운동량을 발산시키는 분야들, 이를테면 정치나 외교, 군사적 행동 또는 경제와 밀접한 관련을 맺고 있는 것들에 한정되어 있다. 그러므로 인간 역사의 활공 범주가 다양해지지 못한다.

이 같은 기록상의 한계는 현재의 인식에도 영향을 끼쳐 대다수 인간들의 일상적인 삶이나 소단위를 배경으로 해서 일어나는 사건들이 경시되거나 유리될 수 있다. 역사는 모든 것이 합쳐져서 일어나는 것이지 특정한 사람들이 주체가 된 특정한 사건들로만 이루어진 것은 아니다. 특히 일반 기층 민중들이 역사의 주체로서 전면에 등장하는 현재의 역사적 상황을 염두에 둘 때 문자만의 역사 기록에 의존하는 것은 자신들의 위치와 역할을 스스로 부정하는 것과 같을 수 있다. 민속 등이 역사학의 한 부분으로 재인식되는 것은 바로 이러한 요구와 무관하지 않다.

셋째의 경우(주로 주체의 관점에서),

행위를 하거나 논리를 전개시킬 경우에는 일반적으로 주체의 입장에서 출발하는 것이 순서이나 각 부분들 간에 논리상의 중복이 많고 그것들의 압축이 비교적 이 부분에서 확실해지므로 마지막으로 미루었다.

역사 사실을 문자로만 한정시킬 경우에 나타나는 가장 확실하고 분명한 사실은 기록의 주체자들이 특정한 부류에만 국한된다는 사실이다. 문자가 발명된 시기가 얼마 안 되었다는 사실은 앞에서 언급한 바가 있다. 그러나 문자의 발명 시기와 아울러 또 하나 중요한 것은 문자의 향유가 극히 소수 사람들에 의하여 이루어졌다는 사실이고, 더욱이 문자를 수단으로 하여 역사를 기록한 사람들은 더더욱 극소수의 선택되고 선발된 사람들이었다는 것이다.

문자의 발명 자체가 지배계급의 체제 유지와 밀접한 관련이 있고 문자 향유의 습득과 활용 역시 깊은 관계가 있는 만큼 문자를 통한 역사의 기록은 그 한계를 크게 벗어날 수가 없었던 그들은 역사를 체제 유지의 도구로 사용하고자 하였다. 결국 역사 기술은 소수의 전유물이요 특권이었다. 그러므로 문자를 가지고 역사를 기록하는 사람들은 결국 지배계급 자체이거나 지배계급의 대변자였다.

그들은 역사를 기술하면서 모든 분야에 영향을 행사했다. 역사의 의미는 물론이고 역사의 주체, 사료의 선택, 기술 내용에 이르기까지 의도에 맞게 조정하였다. 따라서 역사의 주체는 지배계급으로 기술되어 있고 사실의 평가 기준이 역시 지배계급의 이익이나 체제 유지의 측면에서 이루어졌다. 역사상에 대한 용어의 다름과 상이한 해석, 평가는 다 이같이 기록 주체의 차이에서 비롯되는 것이다.

그리고 그들은 역사에서 기층 민중들과의 의미와 역할 등을 평가절하하거나 지워버리기 위하여 역사 기술의 범위를 한정시켰다. 민중들의 삶을 거의 기록하지 않았고 역사의 주된 활동을 정치와 외교, 군사 등으로만 파악하고 기술하였다. 그것은 역사의 주요 활동은 특정 분야라는 주장과 그 일들의 주체는 자신들뿐임을 주장하는 태도이다. 이런 역사 기술 속에서 민중들의 생활은 기록되지 않고, 그들의 활동은 역사에 반영되지도 않을 뿐 아니라 민중들로 하여금 역사 활동의 주체 자리를 빼앗기고 스스로 포기하게 만들었다.

이런 과정 속에서 문자로 기술된 역사는 정치사, 외교사 등으로 점철되며 지배계급의 역사가 된 것이다. 역사 주체의 의미를 확실히 하기 위해서도 문자 이외의 것은 역사 기록의 수단으로 인정하는 것이 필요하다. 특히 대다수 기층 민중들의 역사적 위치를 회복시키기 위해서는 기술되는 역사 기록의 범주와 수단을 확대시켜야 한다.

이상을 통해서 역사 기록의 수단이 가지는 문제점을 살펴보았다. 문자 기록에만 한정시켜 역사상을 복원하고 파악할 경우 그것은 시간적·공간적으로 한계가 있으며 특히 역사 주체에 있어서 많은 문제가 야기된다는 것을 살펴보았다. 결국 대다수의 인간들의 삶은 사상되어 버렸다.

　문자 이외에 역사 기록의 수단이 되는 것은 많다. 인간의 역사가 시작되고 나서 인간이 처음으로 한 기록은 오로지 인간이 가진 최소한의 것뿐이었다. 그것은 바로 인간의 몸뚱이 그 자체였다. 인간은 본인이 의식을 하든 못 하든 자신의 신체와 행위를 통해서 역사를 기록하였다.

　그것의 흔적은 인간이 가진 문화적 습속과 의식, 예를 들면 무덤의 축조 양식이나 돌로 만든 도구, 흙으로 만든 원시적 형태의 그릇 등 생활도구, 그 외의 그 원형을 부분적으로 유지하여 온 생활 양식 등이 있다. 그러나 인간의 신체를 이용한 역사의 기록 중에서 가장 보편적으로 사용됐고 생명력이 길며 다수의 사람들에 의해서 유용하게 쓰여진 것이 바로 말이었다.

　인간은 언제부터인가 말을 시작했다. 이때의 말이란 것은 단순하게 신체에서 울려나오는 것은 아니다. 그것은 비록 단순한 형태일지라도 하나의 기호로서 의미를 담고 있어야 하며, 다른 기호들과 상호 관련성을 맺으며 표현상에 있어서 통일성을 유지하는 정도를 말한다. 이처럼 기호화한 말은 여러 가지 형태를 띠면서 역사를 다양하고 비교적 자유롭게 기록했다.

　말은 가장 광범위한 형태의 전달 혹은 기록 수단으로서 활용되어 왔다. 말은 사용 자체가 용이하고 누구나가 사용에 장애를 받지 않는다. 따라서 다수의 사람들을 매개시켜 공동으로 이용하게 한다. 이 같은 말의 대중적인 특성은 역사 기록 수단으로서 생명력을 갖게 한다.

　말은 하나의 사실을 기록하고 그것에 내용을 담을 경우 그것 자체로서 그치는 것이 아니라 계속해서 새로운 내용을 담아가며 발전한다. 그러므로 길다란 생명력을 갖는다. 말은 그뿐만 아니라 소수 특수 집단만의 역사를 기록하고 전승시킬 수 있다. 왜냐하면 말은 문자와 달리 노출된 것이 아니고 사용자의 가슴과 머리 속에만 있기 때문에 원할 경우에는 다른 집단에게 공개를 유보할 수 있다. 이런 특성 때문에 말은 문자가 발달된 오늘날에 있어서도 특정 집단의 역사 기록 수단으로 쓰여진다.

　말을 매개로 한 역사 기록은 시간의 장구성과 기록의 용이성 때문에 다양한 형식 속에 엄청나게 많은 내용이 있다. 말 중에서 역사 기록의 형식과 특성을 가장 많이 갖고 있는 것은 신화, 전설, 민담 등의 설화이다. 그러나 그 중에서도 가장 역사성이 강한 것은 신화이다.

신화는 역사성과 설화성이 공존해 있다. 역사 기록처럼 정확한 연대와 집행의 주체, 그리고 사건의 전개 과정이 상세하게 서술되어 있지는 않지만 역사적 사실을 기록하고 있다. 그것은 신화가 담고 있는 내용, 신화가 나타내고자 하는 세계관 때문이기도 하지만 기본적으로는 신화를 기록하는 수단이 문자가 아니라 말이라는 제한성에 연유한다. 그런 면에서 볼 때 설화나 민담의 경우도 어느 정도 사실을 담고 있다는 것에 대해 유의할 필요가 있다.

물론 이들 전달 수단이 모두 역사적 사실을 담고 있지는 않다. 정확하게 발생했던 사실인 경우도 있고, 때로는 실제로 일어나지 않았던 것일 수도 있다. 그러나 이러한 말을 매개로 한 전달 수단들은 나름대로 역사적 진실을 담고 있다. 특히 신화의 경우는 사건의 실제적인 발생 외에도 집단에 의해서 발생했다고 믿어지는 것들도 기록이 된다. 고대의 인간들은 신화 등을 통해서 자신들과 가장 관계가 깊은 사건들, 혹은 의미가 있었던 사건들을 역사로서 기술할 뿐만 아니라 그들의 세계관마저도 역사의 영역 속에 기술한다.

그 외에 말을 매개로 한 역사 기록은 노동요, 운동요, 전쟁요, 민요 등과 함께 서사무가와 같은 종교 음악 등이 있다. 특히 서사무가의 경우는 거의 신화와 비슷한 특성을 갖고 역사 사실을 반영한다. 역사 기술의 수단은 그 이외에도 여러 가지가 있다. 각종의 유물, 유적이 그것인데 건축물, 무덤 그림 등이 있다.

우리는 앞 장의 논의를 통해서 역사 기록의 다양한 형태와 그에 따른 성격을 살펴보았다. 이제 다음 단계로 수단에 이어 다가오는 문제는 내용에 관한 것이다.

3. 학문으로서의 역사

다음으로 역사란 용어가 가지는 개념은 학문으로서의 역사이다.

학문으로서의 역사는 가장 중요한 것이며, 사실 역사학이 필요로 하고 또 많은 이들에 의하여 적극적으로 수용되는 역사란 용어와 개념은 바로 이 개념이다. 인간의 모든 사고와 활동이 그렇듯이 역사 또한 현재적 관심에서 출발한다.

　인가의 활동, 특히나 현재의 인간들과 직접적으로 관련이 없는 과거의 사건이란 어떤 의미에 있어서는 무의미할 수 있다. 그리고 그것에 대한 기록이나 남겨진 기록물 역시 현재의 인간들에게 꼭 필요한 것은 아니다. 그런데 인간들은 과거의 경험에 대해 관심을 갖고 있고 현재의 역사 진행을 보다 원만하게 하기 위하여 역사 활동에 대한 분석과 이해를 시도하게 된다. 그러는 과정 속에서 1차적으로는 기록이라는 과정을 갖게 되고 그 다음 작업으로는 그 기록을 바탕으로 한 분석을 시도하게 된다.

　학문으로서의 역사에 대한 개념 정의는 몇 개의 단계를 거쳐서 이루어진 다소 복잡한 모습을 갖고 있다.

　역사는 기록을 바탕으로 일정한 시간의 흐름 속에서 발생한 사건인자들의 독특한 인과관계를 연구하여 1단계로 사실(事實)을 규명하고 2단계로 해석(解析)을 하며 3단계로 발견된 문제점의 해결 방법, 즉 방법론을 제시한다.

1) 역사학 구성의 소개념들

　이 같은 정의 속에는 여러 가지의 소개념들이 조합되어 있는 것을 알 수 있다.

　첫째, 역사 연구가 기록을 바탕으로 한다는 것은 지극히 상식적인 정의이다. 그런데 문제는 기록의 수단이 문자에만 한정된 것은 아니며 그 한계를 벗어나야 역사상의 복원이 원활하다는 것이다. 따라서 이 기록의 수단 속에는 문자로 기록된 책과 금석문, 비석 등과 언어를 매개로 한 것, 그리고 그것들의 결정체인 문화, 제도, 풍습, 사상 등이 모두 포함된다. 둘째, 일정한 시간의 흐름이라는 단서이다. 이것은 발생의 문제와 평가의 문제로 나뉘어진다.

(1) 시간

　먼저 발생의 경우, 역사는 시간의 전후관계를 매우 중요시한다. 또한 시간과 공간을 구분해서 생각하고, 공간에 비해 상대적으로 시간에 의미를 많이 둔다.

그러나 시간과 공간의 구분이란 애당초 있지도 않았으며 구분이 가능한 것도 아니다. 자연사적 과정 속에서 구분에 대한 인식 없이 모든 것이 존재하고 있다. 인간의 활동도 처음에는 그러한 구분없이 시간과 공간의 합인 장 가운데서 생활하였다

그러나 인간이 사건을 이해하고자 할 때 처음에는 공간 속에서 했다. 사건은 현재 일어나고 있었으며 또 그것만이 의미가 있고 직접적이었기 때문이다. 그러나 경험이 축적되고 사건을 이루는 관계가 복잡해지면서 인간은 사건의 즉자적인 대응과 해결에만 만족할 수 없게 되어버렸다. 사건에는 원인과 배경이 있다는 것을 인식하고 그것의 조합 과정이 사건 이해의 중요한 단서가 된다는 것을 깨닫기 시작했다. 여기서 시간의 문제가 대두되었다. 특히 거의 동일한 공간에서 이동하지 않고 살아가는 정착 문화 단계에 이르면서 시간의 중요성이 더욱 강조되었다.

시간의 인식과 함께 인간은 역사를 인식하고 스스로 자연 질서를 창조하고 변용하기 시작했다. 역사의 창조란 인간이 자기의 위치를 설정하고 스스로 외적 조건을 운용해 나가는 것을 의미한다. 위치의 설정은 추상적이건 구체적이건 사건의 현장에 있는 인간으로 하여금 사태의 판단과 다음 행동을 지시해 주는 '기본 지표'의 역할을 한다.

그런데 사건의 형성이나 발생이란 간단하고 단선적으로 이루어지는 것은 아니다. 하나의 사건일 경우 그 사건은 반드시 그보다 더 작은 소단위 사건들이 합해져서 일어난다. 역사적 사건이 각각 다양한 동기와 국면에 의해서 이루어진다는 것은 그것을 의미한다. 소규모의 단위들은 그때그때의 조건들에 맞춰 작용을 하면서 큰 사건들을 만들어 내는데 문제는 소단위 사건들의 조합 방법과 순서이다. 사건의 배합 비율도 중요하지만 배합하는 시간과 순서는 더욱 중요하다. 이것에 따라서 역사는 전혀 다르게 진행될 수가 있기 때문이다. 그러므로 역사학에서 시간의 역할과 위치를 중요시하며 그 전후관계 속에서 사건을 파악하는 것이다.

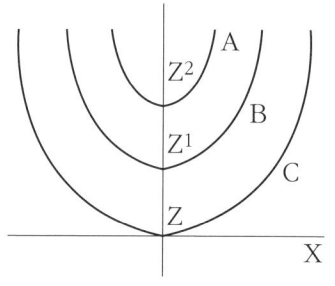

X는 공간축, Y는 시간축, Z, Z^1, Z^2는 사건
A, B, C는 각각 사건의 내용
Z, Z^1, Z^2는 각각 사건이 발생한 시점
A는 Z^2의 사건을 발생시킨 모든 역사 활동
B는 Z^1의 사건을 발생시킨 모든 역사 활동,
단 이 속에는 A의 과정도 포함되어 있다.
C는 Z의 사건을 발생시킨 모든 역사활동,
단 이 속에는 A를 포함한 B의 과정도 포함하고 있다.

　역사는 위의 도표에서 보는 것처럼 전 시대의 활동을 토대로 다음의 활동이 이루어진다. 따라서 역사에서는 가정 외에는 시간의 전후관계를 바꿀 수 없다.
　다음 평가의 문제, 역사학이란 결국 평가의 문제로 귀결된다. 역사적 사건을 평가하기 위하여 우리는 사건의 발생과 진행 과정을 살펴볼 필요가 있다. 그러나 과거의 사건도 그렇고 평가 당시의 환경도 그렇고 모든 것은 혼란 속에 있다. 아니 사실은 그 자체로서 통일되어 있는 것이다. 다만 인간에게는 혼란으로 인식되는 것 뿐이다. 이러한 상황 속에서 기준이 되는 사건을 정확히 이해하기 위해서는 평가 대상이 되는 사건을 동일한 시간의 연관선상에서 질서화시킬 필요가 있다. 하나의 사건이란 시간의 흐름 속에서 고유한 활동 양식을 가지고 각각 다양하게 일어나기 때문이다.
　예를 들면 일정한 사건은 배경과 발발 원인, 진행, 영향 등의 부분으로 시간 속에서 단계를 가지면서 흐르고 있다. 이때 특정한 사건의 전개란 동일한 시간대에 있다고 해서 모든 사건이 그 사건의 진행과 반드시 관련있지는 않다. 또한 시간의 진행에 따라서 자기 방식으로 진행된다. 전혀 다른 이질적인 사건과 섞일 가능성이 없는 것이다. 그러므로 현재의 입장에서 과거의 사건을 평가하고자 할 때 동일한 시간대에 있다고 해서 평가에 영향을 주어서는 안된다. 동일한 시간대나 그 속에서 발생한 사건들 중에서도 평가 대상 사건과 관련이 있는 것만이 역사의 평가 대상과 기준이 된다.

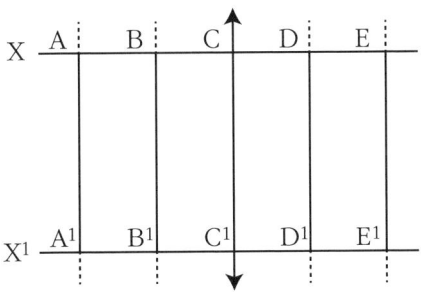

위 도표에서 보면 하나의 사건만이 아니라 여러 개의 사건이 중첩되기도 하고 동시에 일어나기도 하여 X라는 동일한 시간대에 ABCDE라는 수없는 사건이 있다. 이 각각의 사건은 자기만의 시간 축을 이루면서 사건을 진행한다. 즉 A에서 A^1으로, B에서 B^1으로, C에서 C^1으로, D에서 D^1으로, E에서 E^1으로, 이렇게 해서 X^1의 시간대에서는 A^1, B^1, C^1, D^1, E^1이라는 사건이 발생한다. 그러므로 사건을 평가하고자 할 때에는 동일한 시간대일지라도 각각 해당 사건 축 위에서 파악해야 한다.

1894년 사건의 경우, 그것은 단기간 동안에 단순한 요인에 의하여 발생한 것은 아니다. 동일한 지역인 조선 내부에서도 수백 년 전에서부터 바로 직전까지의 수많은 시간대가 혼재해 있다. 조선왕조의 봉건질서가 가진 한계에서부터 18세기 이후 조선왕조의 급격한 사회 변동이 있고, 외부와의 관계는 서구 자본주의의 침략과 일·청의 침략 등이 있다.

그런데 그 장구한 시간대 속에서 모든 시간이 다 그 사건과 관련을 맺고 있는 것은 아니며 극히 일부의 시간대와 사건만이 관련 있는 것이다. 만약 일정한 시간이라는 단서가 없거나 경시될 경우 사건의 전후관계는 파악이 안 될 뿐만 아니라 사건 자체의 파악이 불가능해질 수 있다.

위에서 언급한 것처럼 역사에 있어서 시간의 흐름이란 매우 중대한 의미를 갖고 있다. 역사학의 한 흐름인 인류학 같은 학문 분야에선 시간의 흐름을 별로 중시하지 않는다. 그러나 학문은 외적 변화가 적은 특수한 공간을 연구 대상으로 하고 있고 또 행위의 의미를 찾는 데 주력하기 때문이다. 다음에는 사건 인자(事件因子)들에 관한 것이다.

(2) 인과관계(因果關係)

사건 인자들이란 사건을 일으키는 요소가 되는 것들을 말한다. 이러한 요인들은 주요 요인과 부차적 요인 등으로 나뉘어진다. 이것들의 구별은 사건들에 공통성이 있는 만큼 거의 구별이 없으나 때에 따라서는 사건의 진행이나 의미 부여의 기준에 따라서 달라질 수 있다. 그러나 대체로 역사 활동은 주체, 대상체, 단위 등의 요소가 기본 요소가 되고, 부차적 요소들로서는 시간, 공간, 경험 등과 제도(체제), 사상(이데올로기)등이 있다.

인과관계란 원인과 결과의 관계로서 일정한 사건은 반드시 원인이 있고 그에 따라 관련을 맺는 결과가 있다는 것이다. 그것은 역사가 과거에서 현재의 연관 속에 있으며 미래로 전달되는 것이기 때문에 전후의 사건이 인과관계를 맺는 것은 당연한 일이다.

우리는 이 인과관계를 이해하는 데 있어서 지나치고 단순한 이해 태도는 자칫 역사에 대한 오해를 불러일으킬 수 있다. 이 인과관계에 대한 논의는 결국 역사의 운동 형태 혹은 법칙의 문제로 나타나기 때문이다.

이 인과관계를 해석하는 데에는 두 가지의 방법이 있다.

하나는 일반적인 것으로서 원인(原因)의 입장에서 결과(結果)를 해석하는 것이다. 다시 말해서 몇 개의 원인이 있으면 반드시 특정한 결과를 가져온다는 것이다. 이 해석은 인과관계를 결정론으로 이해하는 흐름의 일종이다. 그러나 역사에서 결정론이라는 것은 성립하기가 힘이 든다.

역사의 흐름을 결정론으로 해석을 할 경우 그것은 하나의 일정한 법칙이 된다. 그리고 그 법칙의 성립은 과거 사실의 재단은 물론이고, 미래의 진행마저도 지시하고 형성시킨다. 그러나 역사란 다양한 국면과 다양한 동기에 의해서 성립된 것이기 때문에 매우 복잡하고 몇 개의 기본 줄거리만으로써 해석이 가능한 것은 아니다. 더욱이 그 해석을 기초로 현재와 미래의 방향을 지시한다는 것은 많은 문제를 야기시킬 수 있다.

역사의 활동을 법칙화시킬 경우 만약 그 법칙이 잘못 설정되었다면 거기서 발행하는 역사의 그릇된 해석은 어떻게 될 것이며 그 해석을 기초로 진행시키는 현재 및 미래의 일에 대한 책임은 누가 질 것인가? 대다수의 사람들은 자기 능력의 결핍상 역사 해석자들의 말과 행동, 즉 그들의 지시를 싫든 좋든 따라갈 수밖에 없는 것이다. 그러다가 분의와는 상관이 없이 왕왕 역사의 희생자가 되어버린다.

역사 활동은 동일한 원인이 갖추어졌다 해도 반드시 동일한 결과를 가져오는 것이 아니다. 왜냐하면 진행조건의 변화가 끊임없기 때문이다. 동일한 조건을 갖고 출발했다 하더라도 내적 조건은 변화하고 무엇보다도 기준 단위와 관계를 맺는 대외적 조건에 변화가 뒤따라오기 때문이다.

대외적 조건은 사회적 조건과 자연 조건으로 구성되어 있다. 사회적 조건의 경우는 개체의 의사와 상관없이 진행되는 경우가 많이 있으며, 또한 자연 조건의 변화는 인간의 의사와는 전혀 관계가 없으므로 예상과는 전혀 다른 결과를 가져올 수가 있다. 인산의 역사 활동 단위가 다른 단위나, 혹은 자연 조건과 관계를 맺고 있는 한 결정론적인 인과관계는 있을 수가 없다. 그리고 과거 사건의 원인 요소들을 갖고 미래 사회를 구속할 수는 더욱 없다. 다만 공통점을 추출하여 유형화시킬 수는 있다.

다음으로 인과관계를 결과의 입장에서 원인을 추적하는 관점이 있다.

어떤 특정한 결과, 즉 역사적 사건이 있을 때 그 사건을 야기시킨 원인들이 있다. 이 원인의 추적을 통해서 공통점을 추출하므로써 현재의 결과물을 보다 정확히 이해할 수 있다. 그리하여 혼란스러워 보이는 현재의 사건들을 질서화시키는 데 도움이 되고 여러 가지 형태의 사건들을 유형화시키는 것이다. 이런 면에서 인과관계의 추적과 해석은 역사를 이해하는 데 유용하고 또한 하나의 '예측지표(豫測指標)'로서의 기능을 한다.

그러나 인과관계에 대한 일방적인 해석을 통해서 미래 역사를 예언하거나 지시하고자 하는 행위는 지극히 위험한 사고로써 많은 사람들의 희생을 가져올 수 있다. 특히나 해석의 정확성 여부나 편향성에 따른 오류 방지도 문제가 되고,

설사 올바른 법칙을 발견했다 해도 그 법칙이 예정대로 잘 적용이 되는가 하는 것도 문제가 된다.

2) 역사학의 역할

이제는 역사학의 역할과 기능에 관한 문제이다.

역사학의 역할에 대해서는 분분한 의견들이 있으며 이것은 진행 순서에 따라서, 그리고 역할에 따라서 3단계로 나뉘어진다. 먼저 대두되는 문제는 사실의 규명이며, 그 다음은 그것을 토대로 한 활동의 해석, 그리고 마지막은 문제점의 해결 방법, 즉 방법론의 제시이다.

그러나 그 같은 단계의 구분 방식과 의미에 대한 비중 부여는 역사를 바라보는 관점은 물론 역사의 기술 태도에 따라서 큰 차이를 나타낸다. 즉 사관에 따라 달라진다. 특히 한국의 근대 역사학의 경우는 서구 역사학의 방법론을 검증 없이 수용한 발생상의 문제와 식민지적 상황을 통해서 왜곡·발전해왔다는 과정상의 문제가 있다. 이로 인하여 역사학에 대한 의미와 역할 등에 관해서 적지 않은 혼란이 있어 왔으며, 현재도 역시 그러한 상태에 있다.

(1) 사실의 규명

역사를 학문의 대상으로 여길 때 가장 먼저 대두되며 그 근간이 되는 것은 사실의 규명이다. 사실의 규명이라는 것은 역사학의 본령일 뿐만 아니라, 모든 행위와 사고의 근본이다. 사실이란 사건을 발생시킨 가장 근본이며 기본 조건이다. 그러므로 어떠한 존재물이든 사실을 근간으로 해서 존재하는 것이다. 그러나 사실의 존재 여부와는 관련 없이 사람의 인식은 사실의 확인이 불가능한 상태에서는 상당한 불안감을 갖게 된다. 그러므로 신의 능력에 접근을 하는 것이다.

역사학을 통해서 우리는 신의 능력으로만 알 수 있다고 여겼던 것들을 알아가고 있다. 인간의 본질, 어떤 특수한 혹은 대상이 되는 인물의 인생 노정을 알 수가 있고 소속 집단의 기원, 형성 등 변천 과정을 알 수 있다.

사실의 탐구와 확인은 역사학의 본령이다.

역사학이 초창기에 가졌던 '사실 확인'의 기능은 시대와 공간에 따라 굴절은 있었으나 기본적으로 고수되어 왔다. 특히 근대 역사학의 경우는 그 직전 시기까지 인간의 의지나 사실의 규명보다는 신의 의지를 해석하고 전달하는 데 치중했다. 때문에 인간의 역할을 강조하고 역사 활동의 진행 상태를 정확하게 규명하고 사실을 기록하는 일에 의미를 두었다. "과거는 객관적으로 인식되어져야 하고 역사는 교훈을 가르치는 것이 아니며, 경솔한 유추를 피해야 한다"라는 랑케의 이 말은 근대 역사학의 기본 입장이다 랑케는 또한 "역사는 그것이 본래 있던 그대로 기술해야 한다"라고 하였다.

역사란 사실 등의 종합이므로 의미나 평가의 문제가 아니라면 1차적으로 가능한 한 사실을 복원해야 한다. 사실의 규명이란 사건이 있었을 경우 사건의 본질, 이를테면 그 발생, 진행 과정, 결과 그리고 사건의 흔적물 등에 대한 근원을 재현하는 것이다. 물론 이때 사실의 규명, 확인, 재현이라는 정확성을 가장 기본으로 해야 하고 엄격하게 객관성을 가져야 한다. 만약에 정확성과 객관성이 결여되었을 경우에는 사실 확인의 다음 단계인 의미 부여나 해결 방법의 단계가 이루어지지 않거나 왜곡됨으로써 더욱 혼란스러워진다.

그러나 역사에서의 사실을 규명하는 작업은 용이하지가 않다. 자연과학적인 사실은 규명이 가능하고 그것은 다른 사실의 발견으로 인하여 전도되는 경우가 거의 없다. 물론 예외는 있지만 말이다. 또 수학의 공식 같은 경우는 공리(公理)이기 때문에 사실 여부에 관한 판단이 필요치 않다. 이러한 역사학의 목적과 특성에도 불구하고 사실의 확인에는 일정한 한계가 있음을 부인할 수 없다.

첫째, 사실을 기록할 수 있는 정보의 문제이다.

역사를 기록하기 위해서는 정보가 필요하다. 그러나 역사가에게 주어지는 정보에는 문제가 있다. 정보가 없거나 부족한 경우가 자주 있으며, 있다 해도 주어진 정보의 정확성 여부가 또한 문제가 된다. 적지 않은 경우 대부분의 정보는 독점되어 있다. 그러므로 정보의 통제와 왜곡 제공은 흔히 있을 수 있는 일이다. 역사가의 치밀한 추적과 통찰력으로 사실을 밝히고자 하는 시도들이 있으나 그것의 성과 여부는 불투명하다.

둘째, 사실의 객관적 묘사가 불완전하다.

사실을 기록하는 것은 역사가이다. 일단 정확한 정보를 얻거나 주어졌다 해도 다양한 종류의 정보 가운데서 사료로서 취사선택을 하고 다시 조합을 하여 정선한 다음에 기록하여야 한다. 이처럼 정보가 주어진 이후에 그것을 1차적으로 묘사하는 것이 역사가이다. 그러나 역사의 기록자이며 동시에 평가자가 되는 역사가 역시 항상 변화하는 역사적·사회적 산물이다. 그러므로 역사가가 처한 상황에 따라서 역사관이 달라질 수 있고 그에 따라 역사의 기술 범위와 내용이 달라질 수 있는 것이다. 역사책과 그 내용을 연구하기 위해서 그것을 기술한 역사가에 대하여 관심을 가져야 하는 것은 바로 이러한 이유 때문이다.

그러나 사실 확인의 한계는 정보의 부재·왜곡이 역사가의 세계관에만 있는 것은 아니라는 데 있다. 역사를 기록하는 대상을 어떻게 선정하느냐 하는 선택의 기준 문제도 있다. 여기서 사실(事實)이 사실(史實)로 전환되는 요건은 무엇인가에 대한 이해가 필요하게 된다.

사실(史實)의 요건

인간이 주체가 되어 일어난 모든 활동을 역사라고 한다. 그러나 그것이 기록되고 분석되며 연구될 때 역사란 모든 것 – 전체를 뜻하지는 않는다. 역사 연구의 시발점이 기록된 사실에서 출발하듯이 역사란 사실의 기록에서 첫 걸음을 내딛을 수밖에 없다. 그러나 일반적으로 일어난 숱한 사건들이 모두 역사적 사실로서 기록되는 것은 아니다. 거기에는 몇 가지의 조건이 공통적으로 성숙되어야 한다.

첫째는 일단 일어난 사건은 특수해야 한다(양적인 의미).

인간의 삶 속에는 다양한 사건들이 있듯이 그 집합체인 역사 속에서도 다양한 사건들이 일어나고 있다. 언제나 일상적으로 보통 일어나는 일이 있는가 하면 어쩌다 한번, 혹은 처음으로 일어나 사람들로 하여금 충격을 주는 사건들이 있다. 흔히 일어날 수가 있는 사건은 역사적 사실로서 기록될 수 없다. 그리고 만약에 그것이 언제 어느 경우에도 일어날 수 있는 사건이라면 의미가 없다.

역사 기록의 대상이 되는 것들은 일단 새롭거나 충격적이어서 특수성을 띠고 있어야 한다는 것이다. 그러나 이 특수성이라는 것의 기준은 역시 역사가를 비롯한 인간이 내리는 것이다. 어떤 시기에는 특수한 사건으로 여겨지는 것들도 다른 시기, 다른 공간 속에서는 일반적인 것으로 의미의 변화가 생길 수 있다. 이럴 경우 물론 그 일반화된 사건은 역사의 기록 대상에서 탈락된다.

이를테면 하나의 체제를 깨트리려는 시도로서 혁명이 발생하였고, 혁명의 진행 과정 속에서 특수한 사건들이 발생하여 역사에 기록이 된다. 혁명의 과정 속에서는 체제를 무너뜨리는 일련의 사건들이 마구 진행된다. 혁명군이 입성하고 진주하며, 전 체제의 세력들이 체포·숙청되고 감옥소가 습격당하며 도처에서 피의 냄새가 진동을 한다. 이러한 각개의 사건들이 평상시에 발생했다면 그것은 특수한 사건으로서 역사에 기록될 가능성이 높다. 그러나 혁명이 진행될수록 사건의 평가는 혁명 분위기 속에서 이루어지므로 혁명 이전의 기준에서는 특수한 사건이 일상의 사건으로 의미가 퇴색되어 버린다. 초기 단계에서도 이러한 일련의 과장 속에서는 그것들이 다만 특수하다고 해서 모두 역사의 기록 대상이 될 수는 없다.

둘째는 사회적 의의(意義)를 갖추어야 한다(질적인 의미).

이것은 사회 전반에 영향을 끼쳐야 하고 사회 전반의 성격을 반영해야 한다는 의미이다. 어떤 사건이 일어났을 경우에 그 사건이 아무리 특수하고 구체적이라고 해도 단순한 개인의 사건이거나 일시적이고 우발적으로 발생한 것이라면 기록의 대상이 될 수 없다. 사회의 성격을 반영한 것이라면 한 개인의 사건이나 소수 집단의 행위라 할지하도 전체의 한 부분으로 나타나거나 전체의 모든 내용물이 압축되어 있는 것이다. 따라서 그러한 사건은 결국 사회 전체의 산물이기 때문에 사회에 적시 않은 영향을 끼친다.

예를 들면 어느 시기에 사회에 자살자가 급증했다고 하자. 사회에서 자살자가 생기는 것은 일반적인 현상이다. 따라서 그것은 역사에 기록될 수 없고 더더욱 역사의 연구 대상이 되지는 않는다. 그러나 그 자살 사건이 동일한 동기와 과정 속에서 유사한 사건들을 유발시키고, 자살의 요인이 단순한 개인의 문제가 아닐 경우에 그 사건은 역사에 반드시 기록된다.

1990년의 어느 한 시기에 발생한 전세값 파동으로 인한 빈번한 자살 현상은 역사에 기록될 나름대로의 가능성과 가치를 지닌다. 당시 자살의 요건이 된 전세값의 인상은 개인의 문제가 아니라 20세기 후반기의 특수한 경제 체제와 깊은 관련이 있다. 왜곡된 자본주의와 재벌들에 의한 집중 현상, 그리고 부동산 투기에 의한 자본의 축적 등, 특수한 혹은 시대상을 정확히 반영하는 사건들이다. 따라서 그 같은 모순에서 발생할 수밖에 없는 가난한 자들의 빈번한 자살 현상은 당시의 사회사, 혹은 경제 정치사에서 각론적으로 다루어져야 한다.

이 같은 조건 외에도 사실 성립의 요건은 많다. 이를테면 객관적 견해를 기초로 하거나 미래지향적이어야 한다든가, 기본적으로 앞의 두 조건이 낮으면 사실로서 역사에 기록될 수 있다.

(2) 역사의 해석

사실 규명의 다음 단계는 '해석(解析)'이다.

역사의 기능과 역할에 대해서 서로 상대적인 의견을 갖고 상대적인 역사관을 갖는 것은 바로 이 역사 해석의 문제를 어떠한 식으로 접근하느냐에 달려 있는 것이다. 사실에 대한 해석 작업은 역사학이 단순한 학문을 위한 학문이 아니라 그 이상의 것이며 역사학이 진실로 필요한 이유이기도 하다. 이것은 역사학의 현재성과 불가분의 관계를 맺고 있다.

인간의 모든 관심과 행위의 출발은 현재에서 시작한다. 중요한 것은 현재이고 더 나아가 미래이지 과거는 중요한 것이 아니다. 현재에 문제점이 많을 때, 현재를 보다 더 나은 상태로 이끌어가고자 할 때 인간은 그 실현 방법을 찾게 된다. 이때 인간은 과거로 눈을 돌려 그 표본과 기준을 찾게 된다.

그러나 현재의 구체적인 상태와 연결을 짓고 비교를 해야 한다. 여기서 역사에 대한 해석 작업이 필요하게 된다.

사람은 어떠한 형태로건 자신의 위치를 파악하고 그것을 해석하지 않으면 견딜 수 없다. 이렇게 하지 않으면 자신의 행위를 할 수 없을 뿐만 아니라 설사 한다 하더라도 불안감 때문에 지속성이 약하고 불완전하게 진행된다. 이처럼 인간 경험의 결정체이며 인간과 관련된 모든 것을 해석한 역사학이 현재성을 가지고 있는 것은 너무나 당연하다. 역사의 기록과 해석이 다양하고 또 그것들의 표현 방식이 각각 자기 집단의 특유한 모습을 띠고 있는 것은 이러한 이유 때문이다.

사건(事件), 사실(事實), 진실(眞實)

역사가 단순한 사실의 기록을 임무로 한다면 우리는 역사 기술에 있어서 사실 여부를 대한 검증이나 사료 선택의 신중함, 그리고 기록이 가져올 의미와 파장 등에 대해서 중요한 의미를 부여할 필요가 없다. 그러나 앞에서 계속 언급한 대로 역사는 해석과 의미의 추구들이 더욱 중요한 비중을 가지고 있다. 그러므로 때에 따라서는 사실의 추구와 확인이 의미가 있는 것인가 하면, 사실 여부를 떠난 진실의 문제도 있는 것이다. 따라서 역사에서 나타나는 일의 발생 순서에 따라서 해석이 가지고 있는 의미를 조금 더 구체적으로 알아보고자 한다.

첫 번째 단계는 '사건'이다.

역사책에 기록되어 있는 것을 보면 그것은 일단 사건의 시발로부터 비롯됨을 알 수가 있다. 일의 최초 발생은 사건의 발생이다. 사건과 사실을 혼동하고 있는 경향이 있다. 그러나 이것은 엄격히 구분해야 한다. 사건이란 말 그대로 단순한 일의 발생이다. 거기서는 누가 사건의 주체가 되었든 상관은 없다. 여기는 어떠한 가치 개념도 개입되어 있지 않고 다만 일 자체일 뿐이다. 이를테면 사건은 단순한 현상에 불과한 것이다. 1945년 8월, 1950년 6월, 1960년 4월에 일어난 것은 하나의 사건이다.

두 번째 단계는 '사실'이다.

사건과 사실은 일견 동일한 것으로 비춰질 수 있다. 그러나 사실은 이미 사건이라는 초기의 그리고 평면적 단계를 벗어난 것이다. 사건은 단순한 현상에 불과하다. 그런 데 비하여 사실은 사건의 모든 과정이 함축되어 있는 것이다. 사실 속에는 그 사건을 낳게 한 배후가 있다. 즉 배경, 원인, 동기, 촉발 요인 등이 있다. 그러므로 사건은 분석됨이 없는 단순한 덩어리에 불과하지만 사실은 덩어리를 일단 유형과 목적에 따라 해체, 분리했다가 다시 종합한 것이다.

위에서 언급한 1945년, 1950년 그리고 1960년 4월의 사건은 시간이 지남에 따라 그것이 발생한 배경과 원인, 그리고 진행과정 등이 점차 밝혀진다. 그리고 사건의 결과와 함께 영향도 밝혀진다. 이렇게 사건이 표면적인 관찰과 기술에서 벗어나 숨겨진 사실, 알려지지 않았던 사실, 그리고 사건 직후 전개된 사실들을 토대로 사건의 전 과정이 알려진다. 이것은 행위 주체와 기록 주체, 그리고 평가 주체 등을 모두 공유하면서 찾아낸 결과이다. 그러므로 부분적인 해석이 가해지는 것은 사실이다.

해석이란 단순한 사실 규명의 단계를 뛰어넘어 그 개별 사실들이 가진 의미, 그리고 전체 사실들이 가진 의미, 역할 등을 탐구하는 것이며 평가의 의미까지 갖고 있다. 때문에 일정한 사건이 발생했을 때 사실 규명뿐일 경우는 사건의 발생 원인을 평면적으로 드러내고 현상만을 수집하여 나열하는 정도일 따름이다. 그러나 해석의 경우는 최초의 원인으로 보여지는 사실들을 놓고 주변의 다른 요인들과 연관시켜가면서 최초 원인을 낳은 배경, 그 내적인 연관 관계, 의미 등을 찾는 것이다. 또한 사건 진행의 경우도 그 중의 몇 가지 사실만을 취사 선택하여 나열시키는 것이 아니라 주어진 사실들의 의미, 사실들간의 관계 등을 파악하고 재조합까지도 시도한다. 어떤 의미에서는 사실의 파악과 기술마저도 해석의 범주에 들어갈 수 있다.

그런데 사실과 해석의 차이와 그것이 역사에서 차지하는 역할과 기능으로 인하여, 일반적으로 사실은 해석의 상대적인 개념으로서 이해되고 있다.

그러나 엄밀한 의미에 있어서는 사실 역시 1차의 해석이 가해진 결과이다. 다만 그것은 가치와 평가를 위한 해석이 아니라 사건을 분석하고 이해하기 위한 해석이다. 따라서 상대적으로 객관성을 갖고 있다.

세 번째의 단계는 진실(眞實)이다.

인간은 모든 것을 현시의 이익을 기준으로 하고, 나아가 미래를 위해 그 일부를 할애하고 있다. 그러므로 인간은 자신을 둘러싼 모든 것들을 자신의 위해 복무하게 한다. 시간적으로 과거, 현재, 미래를 모두 통틀어서, 그리고 공간적으로 인간 사회는 물론이고 동·식물계 그리고 무생물계 등 우주 전체를 대상으로 하고 있다. 인간은 심지어 우주 현상이나 신의 형상과 성격마저도 인간을 위해 마음대로 조작하곤 한다. 이렇게 자신의 이익을 위해 주위를 복무시키는 데에는 여러 가지 방법이 있다. 그리고 그 중의 하나가 바로 역사의 해석으로 나타난다.

인간의 모든 행위가 그렇듯이 역사 역시 인간의 현실적인 필요성에 의해 만들어진 것은 부정할 도리가 없다. 오히려 역사는 인간의 활동 전체의 합이고 그중에서도 특수하고 의미가 있는 진수들의 합이므로 그 현실성은 어떤 무엇보다도 강력하다. 이러한 현실적 필요성을 인간으로 하여금 역사 해석에서 사실을 뛰어넘는 또 하나의 사실을 찾게 했다.

물론 역사는 사실의 발견과 사실의 확인만으로 만족할 수 있다. 그런데 인간은 항상 고정 불변의 존재가 아니다. 개인의 성격이나 가치관, 신체적 조건 등 주관적 요인은 물론이고 사회적, 역사적 조건 등도 변하고 있다. 이에 따라 사실을 해석하는 기준도 달라지고 역사를 평가하는 척도에도 변화가 생긴다. 그러므로 인간은 언제나 불변인 사실만을 가지고 있으면서도 현재 자신을 위해 복무할 수 있는 것을 원했다. 이것이 진실이다.

진실은 발생한 사건을 재정리·종합한 사실을 토대로 하여 평가 주체자들의 의지가 강하게 작용한 것이다. 다시 말하면 사실이 사건의 객관적인 기술과 평가임에 반하여 진실은 한 걸음 더 나아가 평가자의 가치 기준을 토대로 해서 해석을 한 것이다. 진실은 인간이 판단을 하고 행위를 하고자 할 때 그 기준이 되는 것이다. 역사학이 현재성을 띠고 있고 해석의 측면을 강조할 경우 진실은 해석의 주체와 상황에 따라 변화한다.

(3) 방법론의 제시

다음 단계는 방법론(how)의 제시이다.

사실 규명이 있고 해석의 작업이 진행될 때부터 이미 역사학은 현재는 물론 미래에까지 관계를 맺게 된 것이다. 그러나 역사학은 때에 따라 이러한 정도에서 만족하지 않는다. 미래에 대한 강렬한 자각을 바탕으로 방법론에 대한 탐구까지 하게 된다.

일반적으로 역사학의 역할과 기능을 이렇듯 방법론의 제시라는 보다 적극적인 상태로까지 여기지는 않는다. 그러나 역사학의 범주를 보다 확대시키고 역사학을 통하여 인간 개체의 본질까지도 인식, 체득하고자 할 때 그것은 가능하다고 본다. 더욱이 외부의 강압적인 힘과 조직적인 논리에 의해 역사의 흐름을 지시받고 있는 시대적 상황을 자신의 역사적 경험과 정신 구조 속에서 위기 극복의 논리를 찾고자 한다. 그리고 그것을 역사학을 통해 충족하고자 한다.

이렇게 볼 때 한국의 역사학은 단순한 사실 규명의 단계를 넘음은 물론 해석의 작업을 병행하여야 하고, 아울러 역사적 통찰력과 집약된 경험을 통해서 집단의 나아갈 방향을 제시해 주어야 한다. 역사가 궁극적으로 지향하는 것이 인간의 해방과 사회의 진보인 만큼 역사학의 궁극적인 목적은 역사 활동 주체들로 하여금 가능한 한 완벽한 의미의 역사를 영위하도록 방법론의 제시 기능까지 수행하는 것이다.

우리는 다소 길고 복잡한 논리의 전개를 통해 역사가 가진 의미를 살펴보았다.

우리가 무심코 사용하는 용어 속에는 이렇듯 다양한 개념이 혼재되어 있다. 만약 이러한 역사와 의미와 개념을 구분하지 않고 사용하거나 잘못 사용할 경우에는 역사 자체에 대한 오해는 물론이고 역사를 매개로 한 모든 일에 커다란 오류를 범할 수 있다.

특히 사관이라는 것은 해석과 평가의 작업인 만큼 복잡한 관계와 다양한 요소들의 합에 의해 이루어진 것이다. 그러므로 사관은 그것의 1차적인 재료가 되는 역사 활동 자체는 물론이고 역사 기술 과정과 역사학의 성립 모습 등 해석의 직접적인 대상에 대해 정확한 이해를 하여야 한다. 그리고 그러한 기본적인 단계에서 더 나아가 사관의 기능과 역할을 이해해야 한다.

IV. 사관의 기능과 역할

사관은 역사 활동을 단순히 있는 그대로 기술하는 것이 아니라, 그것을 소재로 하여 일정한 해석을 가하고 그 해석들의 공통점을 추출하여 유형화시킨 결정체이다. 따라서 공작 주체(工作主體)의 의지가 반영되어 각 단계가 가진 다양한 기능이 함유되어 있다. 그러므로 사관에 대한 본질적이고 전반적인 이해를 위해서는 사관이 가진 기능의 측면을 살펴볼 필요가 있다.

역사적 사건은 어느 것 하나 예외 없이 긍정적인 측면과 부정적인 측면을 동시에 갖고 있다. 특히 사관은 역사적 사실의 고증이나 단순 규명이 아닌 해석의 측면이 강하며, 분석 대상 자체의 범위가 광범위하고 시간의 단위가 크므로『순기능』과『역기능』의 상반된 측면을 동시에 가지고 있다.

1. 사관의 순기능

1) 질서화의 범주화

사관이 가진 순기능 가운데서 첫 번째로 의미가 있고 근간이 되는 역사 활동은『질서와』와『범주화』이다.

인간은 혼자서 존재할 수 없으며 외부의 사물들과 끊임없이 상호 연관을 맺어야 한다. 특히 다른 인간들과의 관계를 통한 반작용에서 존재를 확인하고 존립의 타당성을 입증받고자 하는 것이 인간의 한 속성이다. 때문에 역사 활동은 다수의 인간들이 불가피한 상호 관계 속에서 다양한 목적을 갖고, 다양한 기능을 통해서 실천해가는 과정으로 채워져 있다. 이 같은 이유로 각각의 인간들이 생산해 낸 역사 활동은 그 종류가 다양할 뿐 아니라 양 또한 엄청날 수밖에 없다.

그런데 인간 행위와 실천의 첫 발은 역사적 존재로서의 자기 위치 설정과 자각에서 출발한다. 그것은 주어진 정보를 적절히 선택하여 배합하고 자기 위치를 설정해 나가면서 시작된다. 즉 기존 사실을 알아야 한다. 그런데 인간이 가져야 할 정보의 종류와 양은 매우 많다. 인간과 자연에 대한 자연과학적인 지식도 필요하고 인간의 본질이나 소속된 집단의 기원, 발전 과정, 그리고 특성 등도 필수적이다. 그리고 직접적으로 자기에게 영향을 끼치는 주위 환경에 대한 지식도 필요하다.

그런데 각개 인간에게 주어지는 선택의 기준과 재료가 되는 정보는 그 양이 엄청나며 질은 부정확하거나 왜곡된 경우가 적지 않다. 그리고 실제로 필요한 정보는 턱없이 부족한 모습을 보인다. 그러한 현상은 현대에 가까울수록 더욱 그러하며, 수직적 질서, 차별적 계급이 형성되어 있는 경우에는 특정 집단의 의도에 따라 정보가 통제, 조작되기도 한다. 이와 같은 정보의 특성은 인간으로 하여금 거대한 혼돈의 도가니 속에서 혼란을 경험케 하여 혼란(Chaos)속의 한 존재가 되게 할 수밖에 없다.

역사 활동이란 단순하거나 소규모의 것이 아니다. 하나의 역사 활동은 여러 가지 다양한 요소와 다양한 동기, 그리고 복잡한 국민들이 합쳐져서 이루어 낸 결정체이다. 역사를 이해하고 그 속에서 자신의 위치를 정확히 찾기 위해서는 그러한 다양한 요소들을 이해해야 할 뿐만 아니라 그것들을 연결한 과정와 단계도 가능한 한 많이 알아야 한다. 그러나 인간의 경험은 유한하고, 가지고 있는 지식과 정보의 질, 양도 부족하다. 따라서 거대한 역사의 소용돌이 속에서 인간은 자칫하다가는 자신의 위치를 찾지 못하고 혼란 속을 헤메게 된다.

그러나 인간은 맹목적으로 역사에 매몰될 수 없으며 무의지 상태로 역사에 자신을 방기할 수도 없다. 위치 설정의 불가능은 존립의 불가능 자체와 동일하기 때문이다. 존립하기 위해서 인간은 Chaos를 Cosmos화시킴으로써 역사 속에서 자신의 위치를 설정해야만 한다. 그러므로 Cosmos는 결국 존립의 제1차 기본 조건이 된다.

혼돈(Chaos)을 질서화(Cosmos)시키기 위한 방편으로써 인간은 주어지고, 또 스스로 선택한 엄청나게 다양한 정보를 재조정해야 한다. 이 재조정 작업은 역사 활동에 대한 전반적 이해가 필요하고 특정한 역사적 사실을 해석하며 흐름의 방향을 정확히 인식해야 가능하다. 이때 특히 요청되는 것은 역사를 장기적이고 포괄적으로 보는 태도이며 각 정보간의 관련성을 조절하는 것이다. 다시 말해 자연스럽게 주어진 정보를 필요에 맞게 재조정해야 한다. 이러한 재조정 작업의 효율성을 위해서 역사란 커다란 덩어리를 단계적으로 유형화시키고 범주화시키는 것이 사관의 형성 과정이고 동시에 사관의 기능이다.

역사 활동을 일정한 단위로 구획짓고, 그 단위를 시간 축과 공간 축이 만나는 상황으로서 분석하여 그 '단위시간'만의 특성을 찾아낸다. 공간의 경우에도 지리적인 의미로서의 공간이 모두 역사적인 공간이 되는 것은 아니며 역시 일정한 특성을 전제로 하여 단위화되어야 한다. 단위시간과 단위공간의 설정은 일정 단위에 결박되어 있는 주체와 대상체의 성격과 특성을 분명히 함으로써 단위의 역사적 성격을 분명히 할 수 있게 한다. 뿐만 아니라 사건과 사물을 객관화시켜 과거의 상황 혹은 동시대의 다른 상황과 비교하여 그 성격과 위치를 명확히 파악할 수 있게 한다.

이 같은 단위화의 작업을 거치면서 질서화시키고 인간의 역사적 위치를 찾고 설정케 하는 것이 사관이 가진 순기능 중의 중요한 하나이다.

2) 일체감 획득의 유도

사관이 가진 순기능 중 두 번째의 것은 역사적 존재로서 강한 자각과 그로 인한 일체감의 획득을 유도하는 것이다. 이것은 결국 역사 활동 또는 역사 기록에 대한 가치 평가의 문제이다.

역사는 인간이 주체가 되어 만들어 낸 생산물의 총체이며, 그에 대한 기록과 평가의 주체는 역시 인간이다. 그러므로 역사 활동의 방향과 질에 관계없이, 목적이 분명한 경우 가치 평가는 항상 있어 왔으며 동시에 가치 평가가 행해지는 과정 속에서 역사가 이루어져 왔다. 물론 가치 평가에 일정한 기준이 있으나 그 기준의 설정 자체는 지극히 상대적인 면이 있으며 추상적일 수 있다.

왜냐하면 기준의 주체가 될 수 있는 집단 또는 인간에게 통용될 수 있는 최대공약의 발견이란 용이하지가 않기 때문이다.

역사는 장기적이고 포괄적이며 복합적인 성격을 갖고 있음을 앞에서 살핀 바 있다. 이 같은 특성을 무시한 평가는 객관성을 상실하고 편향적이어서 가치 평가 자체를 무용하게 할 수 있다. 수많은 가치 기준과 다양한 평가의 범람이 야기되는 경우 '가치 평가'라는 역사의 주요한 기능을 스스로 말살시킬 수 있다. 이 같은 가치 평가의 부정적 측면은 공통성을 확보한 일정한 기준의 마련과 평가 단위의 조정을 통해서 극복될 수 있다. 객관성 있는 가치 평가를 위해서는 먼저 역사를 장기적이고 포괄적인 관점에서 파악하고 공통점을 추출하는 방법이 있다.

판단 주체는 시좌(視座)를 자기 집단이 속해 있는 시간대와 가까운 혹은 밀접한 곳에 한정시키는 것을 지양하고 먼저 자기 집단의 생성 시원으로 거슬러 올라가야 한다. 그리고 그 이후부터 현재까지를 통시적으로 파악하여 일관된 흐름의 방향을 탐색해야 한다. 한 집단의 역사 진행 방향은 단기적 관점에서 볼 때 방향이 일정치 못하고 진폭도 안정되어 있지 못하여 혼란스러운 모습을 띤다. 그러나 장기적으로는 실천이나 효용성 여부와는 관계 없이 일관된 흐름을 지향하는 모습을 나타낸다. 이 같은 역사적 시간의 개념은 역사적 공간, 즉 단위에도 동일하게 적용된다.

인간은 종류와 크기가 다양한 집단 속에서 역사를 이루고 있다. 다양한 종류의 시간, 공간 속에서 각각 별개로서 존재하는 것이 아니라 몇 개의 상이한 단위에서 동시에 존재하면서 동시에 활동하고 있다. 이 단위는 다른 성격의 단위일 수도 있고 큰 단위 속에 포함될 작은 단위일 수도 있다.

그런데 동일, 동질의 단위 속에서는 수혜받는 이익이 일치되고 평가 기준이 동일한 경우가 많다. 그러나 단위가 달라질 경우 평가 기준이 동일한 경우가 많다. 그러나 단위가 달라질 경우 평가 기준에 대한 수정은 부분적이건 전면적이건 불가피할 수밖에 없다. 이처럼 각개 단위 속에서 발생한 이익과 평가 기준의 불일치 현상은 보다 더 큰 단위 집단의 역사 활동 내지 그것에 대한 평가 기준에도 필연적으로 착오를 일으킬 수 있다. 이것은 자칫하면 역사 진행의 운동에 착오를 가져와 역사의 파멸 붕괴를 야기시킬 가능성도 있다.

이 같은 종류의 마멸을 극복하고 동일한 가치 기준을 유도할 수 있는 방법은 단위의 크기를 확대시켜 역사적 존재로 하여금 대규모 단위, 즉 동일성을 간직하면서 확대된 더 큰 단위 속에서 역사 활동을 하고 평가하게끔 하는 것이다. 이처럼 시간의 한계를 탈피하고 공간의 제약을 뛰어넘어 평가하는 것을 '총체적 관점'이라고 한다. 이 총체적 관점이란 것은 '시좌구조(視座構造)'를 이동시켜 통시적이고 범공간적으로 역사 활동을 바라보는 것이다.

물론 이러한 총체적 파악은 용이한 작업이 아니다. 역사는 혼잡스러운 덩어리 그 자체로서는 체계적인 이해가 불가능하다. 이 덩어리에 선을 긋고 잘라내서 구획을 정리하고, 다시 그 구획마다 고유한 의미와 법칙을 부여하는 것이 사관의 한 기능이다. 즉 총체적 관점에서 '보편성'을 잃지 않는 '특수성'에 기준하여 역사 활동을 유형화시킨 것이 사관의 모습이고, 이 사관으로 인하여 역사에 대한 가치 평가가 비교적 정확할 수 있다.

물론 사관의 유형화 과정에서 발생하는 특수성 혹은 편향성을 완전히 극복할 수는 없다. 그러나 그 같은 약점은 총체적 작업이 완성도에 가까워지는 속도에 비례하여 일정 정도까지의 극복은 가능하다. 만약 인류사 전체의 관점에서 인간 전체의 이익 수혜라는 기준으로 재단되어 유형화된 사관이 있다면, 그것은 인류사에 뚜렷한 절대 불변의 진리를 완벽한 가치 평가 기준으로 가능케 할 수 있다. 여기서 역사적 존재로서의 강한 자각과 일체감의 체득이라는 역사의 가치 평가가 나타난다.

인간은 사관을 만드는 과정에서, 또 사관의 척도를 기준으로 해서 전 역사를 통찰할 수가 있으며 그 통찰 속에서 인간은 단순하고 개별적인 존재가 아니라 통일적이고 의미있는 역사적 존재임을 자각할 수 있다. 역사적 존재는 역사 속에서 역사의 모든 구성 요소와 하나가 되어 일체감을 획득하고, 그것을 목적으로 활동을 한다. 상대적일 수도 있는 가치 판단이 사관을 매개로 해서 전 역사를 관통할 때 그것은 절대적인 가치를 갖고 나타난다. 인간이 의식하든,

의식하지 못하든 역사는 바로 이 절대 가치의 구현 과정으로 채워진다.
　사관은 인간이 일체감을 획득하게 하는 유용하고 효용성 있는 도구가 된다.

3) 미래예측지표

　사관이 가진 세 번째의 기능은 '미래예측지표'의 역할을 수행하는 것이다.
　일반적으로 역사를 '인간을 중심으로 한 현재 이전의 모든 활동'이라고 정의한다. 이것은 역사의 평가 자체가 과거사에 한정된 것이고 평가의 대상은 이미 완결되었다는 역사 인식 태도를 전제로 하고 있다. 그러나 이 논리는 역사를 수동적이고 피동적인 객체로 파악하고, 과거사가 현재 이후사에 대해 적극적 관련을 맺고 있지 않다는 사실을 간접적으로 표명한다.
　또 역사학의 역할 중의 하나로서 교훈적 측면을 든다. 과거의 사실을 교훈 삼아 현재를 분석하고 나아가 미래의 문제 해결까지도 도움을 받는다는 것이다. 이 논리는 상당히 타당성이 있으며 실제로 동·서양을 막론하고 근대 이전 대부분의 역사가들에 의해 보편적으로 주장되어 온 논리이다. 그러나 교훈의 측면을 강조하는 것은 역사에 있어서 과거, 현재, 미래를 각각 단절된 것으로 파악하고 인간은 언제나 현재의 자리에 서서 과거를 조망하여 미래를 기대하는 수동적이고 피동적인 객체로서 인식하는 것이다. 그러나 역사만이 아니라 인간의 경우도 역시 역사적으로 이동을 하고 자기가 관계를 맺은 시간과 공간을 부분적으로 조정하는 것이 가능하며 또 실제로 그렇게 해 왔다.
　과거의 것만이 역사가 아니다. 행위는 과거에 있었으나 평가의 주체는 현재에 있으며 활동의 주체 역시 현재적 인간이다. 인간은 역사 속에서 단위 시간의 제한이 있을망정 과거, 현재, 미래가 통일적으로 구성된 과정 가운데에 존재한다. 특히 과거에 대한 현대의 평가자는 평가 순간순간에 곧바로 과거와 연결되며, 동시에 미래의 평가가로 위치 전이가 이루어진다. 따라서 현재의 인식과 실천은 동시에 과거와 미래의 영역이 되고 그 영역에 영향을 끼친다.
　미래를 결정짓는 가장 강력한 힘은 미래의 상황이다. 그러나 미래의 상황을 야기시키는 동인은 미래에 대한 과거, 즉 현재의 상황인 것이다. 그러므로 미래는 현재와 강력한 통일 관계 속에 있다. 이 같은 역사적 시간의 이동성 때문에 인간은 역사의 주체자가 되고 동시에 평가의 주체자가 되어 과거와 현재를 해석, 규정하고 미래의 방향과 형태를 결정짓는 것이다.

이 같은 역사 활동의 능동적 성격에서 미래의 상황과 역사 진행 과정에 대한 예측은 매우 중요한 의미를 갖고 있다. 이때 사관은 유형화의 보편성과 기준을 지표로 하여 미래의 진행 방향을 예측할 수 있도록 많은 도움을 준다. 즉 유형화 작업에서 도출된 진행 형식을 좇아 미래가 진행되어가는 가정 아래 사관은 미래예측지표의 기능을 수행하는 것이다.

사관이라는 유형화 작업은 위에서 열거한 중요한 기능 외에도 몇 가지 긍정적인 기능이 더 있으며 이 기능들을 통해서 역사학은 물론 역사 활동에 적지 않은 역할을 한다. 그러나 사관은 유형화를 특징으로 하는 만큼 긍정적 기능과 함께 부정적 기능을 갖고 있다.

2. 사관의 역기능

사관의 부정적 기능을 나타내는 데에는 몇 가지 요인이 있다.

첫째는 유형화라는 일정한 틀의 완성을 작업 시작의 전제로 하는 데서 오는 것이다. 둘째는 유형화에 따라 완성된 사관이 예상과는 달리 올바른 가치 지향을 수행하지 못할 가능성이 있는 데에 있다. 그런데 둘째의 경우는 유형화의 결정체인 사관만이 아니라 역사의 역할, 기능, 그 외 인간의 모든 행위와 가치 개념이 가질 수 있는 일반적 약점이므로 사관만의 역기능이 될 수는 없다. 따라서 사관만이 가진 고유의 부정적 기능은 유형화에 따른 결과에서 찾아야 한다.

역사 활동을 유형화시켜 사관을 완성하고자 할 때 다음처럼 부차적으로 발생하는 문제점은 적지 않다.

1) 일반성 강조

　첫 번째는 사관의 형성과 그를 척도로 한 역사에서의 '일반성'의 강조이다. 유형화 작업의 효율성을 중시하다 보면 보편과 특수의 관계성을 제대로 인식하지 못하고 다양한 측면과 동기를 무시하기가 쉽다. 더구나 가시적인 관점에서 역사 활동의 공약수를 선택하다 보니 일반성만 강조되는 경우가 적지 않다.

　역사 활동은 보편과 특수의 변증법적 통일 속에서 이루어진다. 어떤 특정 시대 특정 공간 속에서 발생한 역사적 사건의 경우, 그 상황에만 적합한 고유한 특수성이 있다. 그러나 그 특수성은 사건 자체가 역사적 산물이니만큼 전체 단위 속에서 동질성을 잃지 않는 가운데의 이질적인 상태를 뜻한다. 특수한 동질성의 강조로서 양 개념은 상대방의 성격을 이미 내부에 서로 갖고 있는 것이다. 따라서 어떠한 사건이든 이 보편과 특수가 각각 동질성과 이질성을 서로 부정하고, 동시에 서로 협력하는 상호 존중의 관계 속에서 역사 활동이 이루어진다.

　사관의 유형화 작업에서 한 존재 내에 있는 보편과 특수를 각각 사상하고 일반화시킴으로써 역사를 최대공약수로 분장시키는 것은 역사가 가진 자체의 운동성과 그것이 발생한 다양성을 무시하는 것이다. 이러한 행위는 역사 속에서 인간의 능동성을 억압할 뿐 아니라 꾸준히 지향하고 있는 진보에의 의지를 위축시킬 가능성이 다분히 있다. 역사 활동을 지나치게 단순화, 획일화시킬 경향이 강한 것이다.

　역사 활동은 다양한 동기와 복합적인 국면으로 구성된다. 그런데 유형화 작업을 통해서 다양성을 사상하고 특정 요인을 강조하며, 하나의 특정한 법칙이 역사의 전 과정을 지배하는 것처럼 평가하는 경우 역사는 단순화, 획일화되어 행위·평가의 주체자인 인간으로 하여금 역사의 적극적인 참여자 자격을 빼앗고 객체로서 수동적인 평가자의 기능밖에는 할 수 없도록 만든다. 이것은 결국 내용의 질 여하를 떠나서 역사가 인간의 손에서 벗어나 논리나 관념, 혹은 그를 뒷받침해주는 제도와 조직으로 흡수·마련되어 가는 결과를 초래할 가능성도 있다. 사관에 의한 역사 활동의 일반성 강조는 사관의 영향력이 강하면 강할수록 더욱 큰 폭으로 부정적인 기능을 수행한다.

2) 객관성 상실

둘째, 사관은 사실 확인의 불성실성과 해석의 객관성 상실을 야기시킬 수 있다.

사관의 성립은 일정한 틀을 토대로 한 유형화를 뜻한다. 틀의 설정이나 그 집행의 주체는 인간, 논리, 제도, 조직을 막론하고 분명한 목적의식을 갖고 있으며 실천의지도 갖고 있다.

인간은 그 존재의 성립 자체가 우연의 소산이 아닌 만큼 뚜렷한 목적의식을 갖고 만들어진 존재이며 삶 자체가 일정한 목적을 지향하고 있다. 그리고 단순한 삶의 시간적 연장, 공간적 외연 확대의 역사 속에서는 그 방향과 목적을 반드시 필요로 하며, 집단을 효율적으로 움직일 명분(名分)으로서 그것을 집요하게 추구하고 실현하고자 한다. 이것은 인간의 의지가 사실을 뛰어넘을 개연성을 나타내는 것이며 그것이 구체화될 수도 있음을 뜻한다.

그런데 사관은 역사의 재단 작업으로서 고도의 논리 체계와 정교한 세계관, 역사관, 그리고 그것을 바탕으로 해서 실천에 옮겨질 대상과 주체가 분명히 있어야 완성이 가능한 작업이다. 따라서 자체에 목적성을 갖고 있는 사관의 완성이란 이미 나름대로의 자기 운동 방식을 가진 또 다른 역사 단위의 탄생을 뜻한다. 이 역사 단위는 자체의 생명력을 가진 유기체(?)로서 역사 활동을 시작한다.

이 같은 자기운동성은 역사 활동의 다양성이란 측면에서 긍정적으로 작용할 수 있다. 그런데 새로운 역사 단위의 성립에 필요한 기본적 요소를 갖출 때에는 미묘한 문제가 발생할 소지가 있다. 사관은 1차적으로 정확한 사건 해석을 토대로 해서 성립되어야 한다. 즉 역사 활동을 놓고 어떻게 해석하느냐에 따라 사관은 각각 여러 모습을 띤다. 그런데 목적의식이 지나치게 강할 경우에는 정확한 해석을 소홀하게 다루기 쉽다.

이 경우에는 질서화와 미래예측지표 기능의 도구, 방법으로서의 유형화 범위를 뛰어넘어서 이미 세계관을 설정하고 그 세계관을 가시화시키기 위한 예비 단계로서 지나간 역사를 사실과는 동떨어지게 해석하게 된다. 해석을 위한 사건의 사실 규명 의도에서 이미 목적의지가 강하게 작용하고, 사료선택 및 사실 해석의 과정에서도 객관성을 상실할 경우가 발생할 수 있다.

역사를 오로지 만들어가는 일면적인 작업으로서만 인식하는 경우, 혹은 특정 집단의 의도에 의해 역사 진행 방향의 조정이 용이하다고 인식하는 경우에 이 같은 문제가 발생한다. 사관이 가진 역기능 중의 하나가 이와 같이 목적의식이 지나치게 강하여 사실을 왜곡하고 해석과 유형화 작업에 당위와 필연을 강조하는 모습이다.

이것은 특수 집단과 특수 의지에 대한 그릇된 평가로서 역사의 진행에 불규칙적이고 불안정한 움직임을 초래할 수 있다. 특히 근대 이후의 사관은 구체적으로 정치, 사회, 경제, 현실과 결탁함으로써 이러한 부정적 역할을 심각하게 행한 경우가 적지 않다.

위에서 살펴본 바와 같이 사관의 작업은 긍정적, 부정적 기능을 동시에 갖고 있다. 사관은 역사 활동의 주체가 자격을 갖고 있고, 또 평가자일 수밖에 없는 인간에게 역사를 운용하는 능력을 배양하게 하고 주체자의 자리를 확인, 획득하도록 한다. 따라서 다소간의 부정적인 기능이 있음에도 불구하고 인간은 사관의 유형화 작업과 사관을 수단으로 한 역사 해석과 미래를 통해서 역사적 존재로서 완성될 수 있다.

V. 맺음말

이상과 같이 길고 지루한 논의를 통해서 사관을 이해하는 한 방법에의 접근을 시도해 보았다. 이 글은 사관의 이해라는 단순한 서술 의도에서 기존의 학설이나 또는 사관에 관련된 글의 형식에 구애됨이 없이 비교적 자유로운 입장에서 사관에 대한 몇 가지 문제만을 추출하여 나름대로의 견해를 표현해 본 것이다. 따라서 이글은 형식상으로나 내용상으로 보아 완결된 것은 아니며 뚜렷한 결론이 도출된 것도 아니다.

다만 본론에 아울러 한 가지를 덧붙인다면, 사관의 필요성은 누구나 인식하고 있으나 사관에 대한 이해는 상대적으로 단순하며 사관의 유형화 역시 서구적 개념을 분석의 틀로 차용하는 경향이 다소 있는 것이 사실이다. 이미 유형화된 몇 개의 틀을 갖고 과거의 역사 전반을 해석하고 재구성하는 작업은 부분적으로 의미가 있다고 여겨진다. 그러나 사관의 성립은 과거의 사실을 재료로 해당 집단의 역사관을 적용하여 보편성을 추출하는 과정을 거쳐야 정확하고 타당성이 있으며 또한 긍정적 역할을 할 수 있다. 더구나 한국 현대사의 절박한 상황 속에서 요구되는 사관의 역할은 더욱 그러하다.

사관의 완성과 이해를 위해서는 역사 전반에 대한 이해 방식은 물론 역사를 해석하는 기본 능력으로서 인간을 포함한 우주의 본질과 현상에 대한 절실한 탐구 노력과 그에 따른 지적, 경험적 축적이 이루어져야 한다. 완전한 사관의 확립은 역사의 궁극적인 목적인 인간의 해방과 자유의 획득을 성취하는 데 유용하고 효율적인 도구를 완성시키는 것이다.

역사 활동에 나타나는 「운동성」 문제

Ⅰ. 머리말

역사란 인간이 사회적 존재로서 주체가 되어 만들어가는 生産의 과정이다. 그러므로 역사에 대한 정확한 이해를 위해서는 생산물의 총체적인 파악은 물론 인간과 관계를 맺고 있는 자연에 대한 이해까지도 필수적이다.

그러나 이 글은 그중의 한 부분, 즉 역사를 이해하기 위한 열림돌로서 역사 활동을 일으키고 그것을 이끌어가는 운동성(運動性)에 대해서, 그것도 사회적 여러 관계나 인간과의 밀접한 관련을 사상하고 단순한 운동성 자체를 평면적으로 분석해 본 것이다. 운동의 기능이나 관계에 따라 나타나는 구체적인 형태, 형태에 따른 여러 특징 등 보다 심층적인 것은 다음 지면을 빌리려 한다.

Ⅱ. 운동성의 문제

　인간은 그들의 역사를 이루어가는 과정 도중 어떤 일정한 시기에 자신들의 존재에 대해 인식을 하고 그에 대해 심각한 사고를 하게 되었다. 그 같은 사고의 시작이 인간에게 불행을 가져다 주었는지, 혹은 반대로 행복을 가져다 주었는지에 대해서 인간들은 각각 서로 다른 견해를 표명하며 갈등을 일으켜 왔다. 그러나 분명한 사실은 인간이 처음 그러한 인식을 한 이후로 그것은 인간을 떠나지 않았던 것이다. 아니, 인간이 그것을 떠나보낼 수가 없었을 것이다. 이러한 역설이 인간의 탄생이요 문화의 시작이었다.

　인간이 속해 있는 우주는 우리의 감각과는 독립하여 나름대로 운동을 하고 있다. 가을산 빨갛게 물들은 단풍잎 새를 날며 시간을 움직이는 바람결도, 우리들 꿈에 젖은 눈길 끝에 달려 창공을 나는 새들의 여린 날개짓도, 그리고 아름다운 님의 가슴을 향해 겁없이 달려가는 젊은이의 사랑도 — .

　우주는 모든 것이 운동(運動)을 하고 있다.

　우리의 인식 여부와 관련 없이 우리를 둘러싼 모든 것은 움직이고 있다. 잠시 숨을 멈추고 우주의 운행 질서로부터 비껴서서 하나의 수학공식을 대하듯 냉랭하고 무미건조한 눈길로 주변을 바라보자. 그래도 우주는 나의 의사나 존재와는 관련 없이 계속해서 움직이며, 언제나와 다름 없는 평상의 운행을 할 것이다.

　오늘 내가 존재로서 존재의 자격을 잃어버린다 해도 우주의 운행은 물론, 인간의 역사에는 하등의 변동이 일어나지 않는다. 더 나아가 이 우주에서 인간이란 존재가 완벽히 사라진다 해도 우주의 운행과 흐름에는 자그마한, 정말 하찮은 변화마저도 일어나지 않을 것이다. 모든 존재물들의 개별적인 활동으로 채워져 있는 우주 속에서는 개별 존재들의 의지와는 반드시 일치하지 않는 일들이 계속해서 일어나고 있다. 그것은 우주가 다양한 종류는 물론, 다양한 운동으로 가득 차 있으며 개별 존재들의 의지나 역할에 구속을 받고 있지 않으며 독자적으로 운행하고 있다는 것을 의미한다.

우리는 우주가 운동을 하고 있으며 운동으로 가득 차 있다는 것을 논증하기 위하여 하나의 명제를 설정하고 출발하는 방법을 취하는 방법을 선택하고자 한다.

" 존재물은 존재하고 있다."

모든 존재물은 어떠한 일정한 순간에 어떠한 형태를 띠든지간에 존립하고 있다. 그리고 그 존립을 항상 인식하고 있다. 그런데 만약 존재가 파기된다면 그 순간 인식 작용 역시 사라져 버린다. 그러므로 존재한다는 사실은 존재물에게 있어 절대 부정할 수 없는 대명제이다.

그런데 이 대명제는 또 다른 몇 개의 작은 명제들을 낳는다.

그것은 우선 첫째, '존재물은 자기 유지의 본능이 있다'는 명제이다.

즉 존재하고 있는 존재물은 어떠한 상황에서 어떠한 방식으로든 자기 존재를 계속해서 유지시키고자 하는 적극적인 본능이 있다. 다시 말해 존재물은 그 자체로서 완전하며 또 끊임없이 완전을 지향하고 있다. 만약 존재물이 더 이상 존재하고 있지 않을 경우에는 이미 인식 자체가 불가능하므로, 적어도 인식 능력이 있거나 인식 대상을 가지고 있는 존재물은 적어도 존립에 관한 한은 인식의 순간에 완전한 것이며 완전함을 지향하고, 지향할 수밖에 없다. 그러면 이 완전함을 지향하기 위한 존재물의 능력은 무엇일까?

존재물의 구성은 그 구성을 이루는 기본 조건이 완벽하게 충족된 결과이다. 그리고 계속적인 존립의 과정이 지속성을 갖고 있는 것은 역시 충족된 기본 조건이 계속해서 유효하기 때문이다. 그러나 내적 요인 혹은 외적 요인에 의해 구성 조건의 '변화'가 야기될 때 존재는 부분적으로 존립에 금이 가고 때에 따라서는 존재의 완전한 파기를 가져오기도 한다. 그러므로 어떤 존재물이든 적어도 존재하고 있는 동안인 경우에는 자기를 유지시키고자 하는 강력한 본능을 갖고 있다. 여기서 운동이 발생한다. 이것은 동물이나 식물들을 포함한 모든 존재물들이 공통적으로 갖고 있는 현상으로서 인간의 경우에도 역시 그러한 법칙에서 한 치도 벗어날 수는 없다.

  우리는 인간에 대한 이해를 하고자 할 때 인간과 다른 존재물과의 차이점을 강조하고 그것에 대해 특별한 유의를 하는 경향이 있다. 그리고 그러한 차별성을 강조하다 보니 인간을 이루는 하나의 축, 즉 인간의 내면이라든가 의식의 역할 내지 비중을 강조하는 모습을 보인다. 특히 시대가 아래로 내려오고 인격신을 주체로 한 종교의 영향이 강해진 이후에는 더욱 그러하다.

  인간이 처음에 발견한 것은 내면에 있는 본질이 아니라 쉽게 드러나고 확인할 수 있는 현상이며 그것을 채우는 '운동'이었다. 그리고 인간을 처음으로 있게 하고 또 계속 존재하게 만드는 것도 역시 운동이었다. 우주 내에 존재하는 존재물들은 모두가 불가분하게 상호관계를 맺을 수밖에 없다. 그리고 생존하고 생활하기 위해서는 상호협력이든 아니면 적대관계든 상대방과의 관계 방식을 정하지 않으면 안된다. 이런 의미에서 인간도 역시 다른 존재물과의 관계를 정립하지 않으면 안 되었다.

  지구상에 하나의 생명체로서 내던져진 인간에게 있어서 가장 중요한 것은 생명의 지속적인 보존을 위한 생존의 유지였다. 그 과정 속에서 우선 시급한 과제로 등장한 것은 '식량의 획득'과 '자신의 방어'였다. 식량의 획득이라는 것은 운동하고 있는 다른 존재물과의 관계에서 운동을 발생시키는 것이며 자신의 방어라는 것은 존재물이 낼 수 있는 최고의 운동성을 발산시키는 것이다. 그것은 이를테면 생존 경쟁의 가장 극적인 관계이기 때문이다.

  인간이 동물을 먹이의 대상으로 할 때 인간에게 식량은 운동 자체로 여겨질 수밖에 없다. 인간은 굶주린 배를 채우고 살기 위해서 사냥감을 쫓는다. 그러면 상대적으로 동물은 인간에 의한 살해 혹은 포획이라는 위협에서 벗어나기 위하여 산과 들을 뛰면서 도망이라는 운동을 한다. 방어적 의미에서 여기서 발생하는 운동량은 가장 큰 것이다. 그런데 상대적으로 대다수의 사냥감들은 인간의 느린 다리로 추적하기에는 너무나 빠르다. 따라서 인간에게는 생명 유지를 위한 운동이 발생할 수밖에 없다.

여기서 발생하는 공격적 의미의 운동량도 대단히 클 수밖에 없다. 사냥의 과정에서 발생한 이 같은 운동의 관계는 인간이 자기보다 강한 맹수와의 관계에서 자신을 방어하는 경우에도 마찬가지로 적용된다. 그러니 공격이건 방어건 간에 생존에 급급했던 초기의 인간들에게 있어서 인식의 대부분은 아마도 운동으로 충만되어 있었을 것이다.

인간의 운동에 대한 강한 인식은 이러한 동물과의 관계만이 아니라 식물과의 관계에서도 마찬가지이며 더욱 극적인 것은 자연과의 관계에서 나타난다. 인간을 둘러싼 모든 자연 현상은 강한 운동을 발산하며 그 운동의 종류와 질에 따라서 인간의 존립 여부 혹은 형태가 결정되어진다. 그러므로 자연과 관계를 맺는 인간에게 자연은 운동 그 자체, 혹은 운동의 결정체로서 인식되었을 것이다.

인간은 자연과의 길고 긴 관계 속에서 운동을 발하여 왔다. 그러나 그 운동은 처음부터 일관된 양과 성격을 가진 것은 아니었다. 인간이 초기 단계에 인식한 운동은 현상을 단순한 현상으로 받아들이는 것이었지 사물이나 사건들 사이에 내재하는 법칙의 단계로서 인식한 것은 아니었다. 각개의 사냥감들은 눈에 보이는대로 움직이고 있었고, 흐르는 강물이나 죽죽 내려치는 비, 무섭게 폭발하는 화산 등의 자연 현상들도 현상으로서 그냥 무섭게 느끼는 것이었다.

인간은 그것들을 각각 개별적으로 활동하는 운동으로 이해했다. 그러나 서로가 연관을 갖고 상호작용을 하며 나름대로의 법칙성 속에서 움직인다는 사실을 깨닫지는 못했다. 각각의 현상들이 연관성 속에서도 자기 운동 법칙에 의해 움직인다는 사실을 깨닫기에는 아직 역사의 진행을 좀 더 기다려야 했다.

운동에 대한 인간의 이러한 초보적인 인식은 점차 변화되기 시작했다. 인간은 반복되는 경험과 지속적인 관찰을 통해서 자신을 둘러싸고 일어나는 일과 운동들이 가지고 있는 특징들을 하나하나 발견하게 되었다. 그것은 첫째

유사한 것들이 모여서 하나의 단위가 되는 유형화이고, 둘째는 운동들의 상호 관련성과 상호작용이다.

각개의 개별적이고 무원칙적으로 나열된 것 같은 사실들은 외부적으로 드러나는 특성을 종합하여 볼 때 덩어리 덩어리로 유형화시킬 수가 있다. 그 유형화된 덩어리는 내부적으로 공통점을 추출하여 분리된 끈을 연결해 보면 하나의 공통분모로 연결되어 있다. 그리고 다른 유형화된 덩어리들과의 대외관계에 있어서 서로가 깊은 연관을 가지고 상호작용을 하고 있다.

인간은 각개 사실들 간에 존재하는 이러한 숨은 사실들을 인식하기 시작했다. 화산의 폭발로 불덩어리들이 하늘로 분출하며 인간들을 기가 막힌 공포의 도가니로 몰아넣을 때, 그것은 발 밑에서 땅을 쩍쩍 쪼개가며 자신들의 동족들을 삼켜버리는 지진과 깊은 연관이 있다는 사실을 알았다. 그리고 자신들이 애써 마련한 생활의 보금자리를 폐허로 만들어버리는 강물과 바닷물의 범람 역시 화산과 관련을 맺고 있다는 사실을 알았다. 이것은 하나의 예에 불과했다. 인간은 자신들이 잡아먹을 식량의 종류와 양이 하늘이나 땅의 움직임과 불가분의 관계를 맺고 있다는 사실도 깨달은 것이다..

이처럼 현상의 배후에 있는 본질의 존재와 각 현상들 간의 상호 관련성을 이해하는 인식은 점차 발전되어 그 깊이를 더해 갔으며 적용 대상의 지평을 확대시켜 나갔다. 그것은 두 가지 면에서 나타난다. 하나는 인식의 질적인 측면이고, 다른 하나는 적용 범주의 문제이다.

인간은 각개의 현상들이 보이지 않는 자기 법칙을 갖고 운동하며 상호 관련성을 맺고 있다는 인식을 확대시켜 나갔다. 그리고 마침내 모든 현상들을 관통하면서 운동을 야기시키는 하나의 법칙이 존재함을 원(願)하기 시작했다. 그리고 그 법칙은 어느 운동에도 적용되며 영원히 변하지 않는 것임을 원했다. 이렇게 해서 인간의 인식 상에는 드디어 본질과 구조라는 개념이 생겨나게 되었으며 더 나아가 법칙과 불변이라는 개념이 탄생되게 된 것이다.

존재물이 있기까지의 과정, 이를테면 존재물을 구성하는 조건은 무엇으로 되어 있는가? 존재의 구조, 사물의 구조, 그리고 인간의 가장 궁극적인 본질을 추구하고자 동·서양을 막론하고 많은 철인들과 과학자, 종교인들은 노력을 기울여 왔다. 고대 중국인들은 기(氣)라든가 음양(陰陽) 등의 용어와 개념을 통해서 우주의 본질과 생성 변화를 설명하였다. 그리고 인도인들은 '브라만'이라는 궁극적인 실재를 찾아 길고 깊은 사유의 도정에 몰입하곤 하였다. 특히 그리스의 철인들은 '피직스(phics)'라고 불리워졌던 사물의 본질, 즉 진정한 구조를 밝히고자 하는 노력을 꾸준히 계속하였으며 그 나름대로의 정리를 했다.

이 가운데서 궁극적인 본질을 불변의 덩어리, 혹은 불변의 흐름 내지 법칙으로 인식하는 것은 사물을 하나의 완결체로, 혹은 완성되어 있는 순간에 停止되어 있는 것으로 파악하는 태도의 소산이다. 그러나 본질은 개체의 인식 여부나 태도에 관계가 없이 언제나 그 자체이고 현상의 변화에 상관 없이 언제나 본질로 있으며 그 속에서는 일체의 차별이 없다. 그러나 차별이 없다는 것은 운동이 없고 정지되어 있다는 것을 의미하지는 않는다.

본질과 현상이 상호 대립되는 존재이거나 별개의 개념이 아닌 이상 현상은 본질의 다른 모습이고 본질은 현상의 다른 모습이다. 본질은 다만 모든 것이 일어나는 근원으로서 다양한 현상을 나타낼 수 있다. 우주에 있는 모든 존재물들은 끊임없는 변화의 과정 속에 있다. 이를테면 자연현상의 끊임없는 변화, 각종 생명체들의 생과 사 등 변화하지 않는 것은 아무것도 없다.

이처럼 본질의 불변 가능성 여부와는 관련 없이 인간을 둘러싸고 있는 우주는 모두가 변화하고 있는 운동으로 가득 차 있고, 인간의 인식 역시 끊임없이 변화하고 있는 현상을 매개로 해서 이루어지고 있다. 우리가 감각을 통해서 확인할 수 있고 실제로 우리가 활동을 하고 있는 자연은 본질임에 틀림이 없지만, 그것은 우리에게 현상의 형태로 나타나 있다. 현상이 없을 경우 인간과 자연은 맺어질 통로가 없는 것이다. 그러므로 우주를 구성하는 각개의 분자들 사이는 물론이고 우주 자체에서도 역시 운동은 발생하며 또한 운동으로 가득 차 있기도 하다.

『중용(中庸)』의 첫머리 「천인론(天人論)」에는 다음과 같은 구절이 있다.

"天命之謂性, 率性之謂道, 修道之謂敎"이라. 이것은 천명(天命)으로 표현이 되는 본질이 성(性)이며 이 성(性)을 따르는 것이 도(道)라는 것이다. 도(道)는 결국 본질을 충실히 다르고 구현하는 것으로서 운동의 발생을 말한다. 결국 우주의 생성과 지속, 변화를 전제로 할 때 우주는 운동으로 가득 차 있다는 것을 알 수 있다. 이처럼 모든 존재물들이 자기 유지 본능을 갖고 그 본능을 충실히 지켜나가는 과정에서 운동이 발생한다.

그렇다면 운동은 어떤 과정을 거쳐서 발생하는 것일까?

우리는 이러한 관심에 대답을 하기 위하여 과정을 야기시키는 원인 또는 요소에 대해서 먼저 알아보아야 한다.

Ⅲ. 존재를 구성하는 두 힘

1. 상대적인 두 힘

우주에는 어느 사건, 어느 장소 또한 시간과 공간을 축(軸)으로 삼아서 이루어진 어떤 존재물을 막론하고 그 내부에는 두개의 상대적인 힘(작용의 의미도 있다)이 존재하고 있다. 생물이든 무생물이든 모든 존재물은 변화를 전제로 해서 성립되고 또 계속해서 존재하고 있는데 존재물은 그 두 힘의 작용에 의하여 비로소 성립되고 변화하기 때문이다.

어떤 존재물이든지간에 활동을 하지 않는 것은 없으며 그 활동은 동일한 단위 속에서 이루어진다. 그러나 일정한 존재물을 이루는 구성 요건들이 다양하듯 동일한 활동 단위 속에는 여러 가지 다양한 질과 양의 힘들이 공존해 있다. 그러나 이 다양한 힘들을 서로가 가진 유사성을 기준으로 해서 모아가다 보면 결국은 두 개의 서로 다른 성질로 대별이 된다. 우리가 관계를 맺고 있는 모든 존재물들을 볼 때 그 같은 두 가지 형태로의 대별은 쉽게 확인될 수 있다.

우리는 그 두 개의 힘으로 모여지는 과정을 좀 더 차근차근히 살펴볼 필요가 있다. 인간이 우주에 발을 딛고, 또한 일정한 단계에 이르러 역사 활동을 시작하였을 때 처음으로 발견한 것은 인간이 아니었다. 그것은 인간의 생존을 위협하고 인간의 생활에 절대적 위치를 차지하고 있었던 자연의 발견과 인식이었다. 그것은 인간이 자신과 자신 이외의 존재물과 관계를 맺을 수밖에 없고 그 관계의 설정을 통해서 비로소 존립한다는 사실의 발견을 의미한다. 인간은 비로소 자신과 대상체, 혹은 주체와 대상체라는 이중의 상대적인 구조를 발견한 것이었다.

인간은 이렇게 발견된 '이중구조(二重構造)'를 자신을 둘러싼 모든 영역에 확대 적용하기 시작하였다. 인간은 자신을 둘러싸고 있으며 자신을 포함하고 있는 존재가 무엇인가를 살피기 시작했다. 그리고 마침내 자신의 머리 위에 있는 하늘의 존재를 발견하였다. 물론 인간이 최초로 발견한 하늘은 그들을 위협하는 여러 가지 현상을 낳는 존재로서, 또 인간에게 직접적으로 공포감을 주는 존재로서 시작되었다. 그러나 이 단계에 이르러 다시금 발견한 하늘의 존재란 그 가치와 힘의 비교를 떠나서 인간과 거의 대등한 위치에 있는 것을 말한다. 이러한 의미를 가진 하늘의 발견은 불가분하게 동등한 의미를 가진 땅의 발견을 가져왔다.

대등한 위치로서의 하늘과 땅을 새롭게 발견한 이후 인간은 자신을 포함한 우주의 모든 것들이 서로 상대적인 존재와 힘, 성질의 습으로 이루어졌다는 것을 알게 되었다. 그리고 한걸음 더 나아가 발전을 거듭하여 일정한 단계에 이르러 자신을 인식하게 되었을 때 더욱 놀라운 사실을 발견하였다. 그것은 인간들이 두 가지 서로 다른 종류로 이루어졌다는 것이다. 각각의 인간들이 서로가 다양한 차이를 갖고 있었음에도 불구하고 역시 가장 큰 차이는 男과 女라는 성별의 차이였다. 그것은 외면상의 분명한 차이, 그리고 능력, 역할과 성격이 다른 것을 보여주었다. 그리고 그 같은 차이가 결국은 인간의 끊임없는 탄생을 유지시킨 절대적인 조건이었다.

자연물이나 동물로부터 신의 모습을 빼앗아 온 인간은 이제 단순한 인간신이 아니라 성별을 갖춘 신으로 분화되었다. 그리고 신이 해야 할 일들, 예를 들면 자연 현상의 해석과 주재, 조정 등의 일들을 성격에 맞춰 분할하고 역할을 분담하였다. 신화나 종교에서 남녀신이 등장한 것은 우주와 인간사의 모든 일이 두 개의 범주로 유형화된 것을 의미한다.

이러한 성별의 두 유형화는 인간에게만 적용되는 것은 아니다. 인간 외의 모든 것들, 특히 생물로 분류되는 것들은 모두가 암수라는 양대 성질의 결합에 의해 그 존재가 계속 유지되는 것이다. 이 같은 사실은 인간으로 하여금 사물, 사건 또는 모든 존재물들도 서로 다른 상대적 힘에 의해 이루어질 수 있다는 느낌을 갖게 했다. 그리하여 그 느낌을 모든 사물들에게 적용시키기 시작했다. 그리하여 인간 이외의 모든 것들, 이를테면 자연물은 물론이고 자연 현상들도 결국 발생의 원인과 발생 과정을 유사한 힘으로 한 단계 한 단계 모아가다 보니 결국은 두개의 상대적인 힘으로 모이는 것을 알 수 있게 되었다.

인간이 이러한 인식을 하게 된 것은 물론 관찰과 경험을 통해서이다. 어떤 존재물이든 동일한 것은 자신과 자신의 경험을 통해서 주위를 판단하고 경험하는 것이다. 왜냐하면 그것은 결국 자기 위치의 완벽한 이해와 설정을 통해서 자기 존립을 보다 완벽하게 하고자 하는 의도의 소산이기 때문이다. 결국 생물이든 무생물이든 모든 존재물은 변화를 전제로 해서 성립되고 또 계속해서 존재하고 있음을 알 수 있다. 그리고 변화를 일으키는 요인은 바로 상대적인 이 두 힘이다.

이 두 힘에 대해서는 인간이 사유를 시작한 이후 수많은 철인, 학자, 종교인들이 그 힘의 질이나 성격 또 기능 등에 대해 제각기 다른 규정을 내리고 있다. 그리고 그것은 구체적이고 복잡한 분석에서부터 지극히 추상적이고 간결한 기호에 이르기까지 아주 다양한 형태로 묘사되고 있다. 「1과 2」, 「음과 양」, 「이(理)와 기(氣)」, 「정과 반」 등의 상징에서부터 시작해서 「작용과 반작용」, 「인력과 척력」, 「원심력과 구심력」 등의 물리적 개념, 그리고 「아와 비아」, 「가진 자와 못가진 자」, 「행(行)하는 것과 당(當)하는 것」, 「도전과 응전(challenge and repond)」 등의 역사성을 띤 구체적인 상태로까지 표현되고 있다.

그런데 이같이 다양한 논리들은 모두가 하나의 결론을 전제로 하면서 출발하고 있다는 공통점이 있다. 즉 이 두 힘은 동일한 존재물 내부에 상호 병존하고 있으며 어떠한 과정을 거치든 '합일'에 의해서만 완전한 상태로 움직인다. 그리고 이 합일을 지향하는 운동에 의해 우주는 성립되고 계속해서 형성, 변천된다는 것이다.

이 두 개의 상반된 힘은 이떠한 기호나 상징으로 표현이 되어도 논리 전개에 직접적인 상관은 없다. 이 글에서 다루고자 하는 것은 그 힘의 질이나 성격 등 본질적인 것이 아니라 그것을 낳는 운동성 자체이기 때문이다. 그러므로 우리는 이 운동성의 개념을 보다 쉽게 이해하기 위하여 가능한 한 우리에게 친숙하고 또한 그 개념이 쉽게 파악되는 간결한 상징으로서「음과 양」이라는 기호를 빌려올 필요가 있다.

음과 양은 서로가 상대적인 위치에 있으며 또한 제각기 상반된 성질을 갖고 있다. 예를 들면 음은 정(靜)하고 그윽하며 어둡고 소극적인 성질을 갖는 반면에, 양은 동적(動的)이고 화려하며 밝고 적극적인 성질을 갖고 있다. 그러나 이 음과 양은 위치가 일정불변하여 항상 고정되어 있는 것이 아니며 또한 질의 변화가 정지되어 있는 것이 아니다. 일정 기간 동안의 위치의 고정은 일정한 상태에서의 정체를 낳고 이것을 깨뜨릴 내적·외적 자극이 미약한 상태가 지속되면 정체는 결국 도그마가 되어버릴 가능성이 높다.

그리고 이같이 상반된 두 힘의 고정과 그 결과로서 나타난 도그마는 결국 심각한 갈등과 대립을 야기시키게 된다. 왜냐하면 상반된 두 힘이 상대방으로 힘이 전이되거나 상호 교환이 이루어지지 않으면 두 힘이 관계를 맺을 소지가 없으므로 타협 없는 대립이 발생하며 이것은 해결 없는 갈등, 생산 없는 투쟁을 지속시킬 뿐이기 때문이다. 그리고 종국에는 존재 자체의 파기를 가져온다.

그러나 음과 양은 우리가 흔히 알고 있듯이 전혀 다른 두 가지 성질로 이루어진 것은 아니다. 이 상반된 두 힘은 서로가 상대방의 성질을 어느 정도 포함하고 있다. 즉 음은 전면적으로 음의 성질로만 채워져 있는 것이 아니며, 음 속에는 양의 요소가 7:3($5+a$:$5-a$)의 비율로 공존하고 있는 것이다. 또한 상대적으로 양 속에는 음의 요소가 7:3($5+a$:$5-a$)의 비율로 구성되어 있다. 그러므로 양의 내부에 있는 음의 요소는 음과 관계를 맺기 위해 음을 향해 움직이고 동시에 음 내부에 있는 양의 요소는 양과 작용을 시작하는 것이다. 다시 말하면 음과 양으로 상징되는 상반된 두 힘의 각자 내부에는 상대적인 힘 또는 외적인 충격과 상호 작용할 소지를 충분히 갖추고 있는 것이다.

이같이 대립된 두 성질의 상호관계를 매개로 해서 발생한 의지 작용은 음양 자체의 운동을 가져오고 이 운동은 음·양의 위치를 상호 반전시킨다. 마치 태극 안에서 음과 양이 회전하는 것과 같다. 이것을「제1단계 자기운동」이라고 한다.

이 1단계 자기운동은 운동량의 증가와 지속에 의해 「제2단계 자기운동」으로 질적 전화가 일어난다. 존재물 내부에서 일어나는 음양의 움직임은 자체의 힘을 형성하고 힘은 팽창하면서 외부로 분출된다. 힘의 이동과 전이가 일어나는 것이다. 그리고 그것은 결국 존재물 자체의 운동을 유발시킨다. 즉 음양의 성질이 합쳐져 생성된 존재물은 이제 자체가 스스로 운동을 하게 되는 것이다. 전자가 자전적이라면 후자는 공전적이라고 할 수 있다.

 이상과 같이 음양이라는 일반적인 개념을 통해서 운동의 성격을 살펴보았다. 모든 운동은 우선 1차적으로 내부에서 이루어지면서 존재를 완전한 상태로 구성하고, 그 다음에 2차적으로는 내부의 움직임을 포괄하면서 그 힘을 이용해서 외부적으로 존재물 자체를 움직인다. 이 같은 운동성으로 인해서 존재는 소멸없이 끊임없는 생성을 계속하는 것이며, 우주는 영원한 것이다.

 이 같은 우주의 운동 법칙은 우주의 한 분자인 인간에게도 당연히 작용되지 않을 수 없다. 이것은 인간 내부의 움직임은 물론이고 그 집합체인 집단에게도 기본적으로 작용이 된다. 인간은 이러한 운동에 대해서 일찍부터 주목해 오고 중요한 의미를 부여해 왔다. 원시시대의 암각화나 토기 등에도 그렇고 기타 의기나 생활용품에서도 운동을 의미하는 나선형 혹은 동심원 무늬들이 많이 나타나고 있다. 오늘날에도 남태평양이나 아프리카의 원주민들은 이 나선형 무늬를 즐겨 사용하고 있다.

 만약 음양이라는 상징적인 논리 축을 인간 내부에 일어나는 운동성에 적용시킨다고 가정을 할 때 우리는 그 두 상반된 힘을 다음과 같이 구분할 수 있다. 즉 음은 인간에게 주어진 현상을 그대로 유지하려는 소극적인 의지로 표현되고 양은 이에 상응해서 현상을 깨뜨리고 새로운 상태를 지향하려는 의지로 표현될 수가 있다. 이 음양이라는 논리 축은 인간 내부에만이 아니라 모든 영역에 적용이 가능하다. 이를테면 인간의 집합체인 사회라든가, 아니면 모든 집합체들의 활동인 인간이 모여 이룩한 총체적인 유기체인 역사에도 여러 가지 모습으로 적용될 수 있다. 역설적으로 말하면 이 같은 힘의 법칙이 구체적으로 적용되는 과정을 추적하는 것이 인간의 역사가 될 수도 있다.

그러나 이것이 인간 집단인 사회나 역사에 적용될 때는 반드시 자연계에 적용된 것과 같은 결과가 나오지는 않는다. 인간의 집합으로서 이루어지는 단위 속에서는 이 상반된 힘의 주체가 항상 동일한 위치에서 동일한 역할을 하는 것은 아니다. 이 힘은 때때로 동일한 위치에 있더라도 그 관계가 다시 어느 일방으로 기울어지는 불평등의 관계로 변화될 수 있기 때문이다. '자연과 역사'를 구분하는 소이는 바로 여기에 있다.

〈자연 현상, 생물, 무생물 등……〉이라는 것은 그 자체가 이미 完全함을 뜻한다. 일정한 조건이 갖추어지지 않으면 존재는 결코 성립될 수가 없기 때문이다. 비록 그것이 부분적으로 또는 일시적으로 결함이 있을지라도 근본적인 것은 다 갖추어지지 않으면 안된다. 그러므로 존재란 일반적으로 그 자체에 대한 회의나 가부(可否)에 대한 물음이 성립될 수가 없다.

그러나 모든 존재물 중에서 유독 인간만은 자신을 완전치 못한 존재라고 여긴다. '존재하고 있다'라는 불변의 사실이 있음에도 불구하고 인간의 인식은 그 사실을 의심하고 때로는 부정하기까지도 하는 것이다. 이것은 자기 존재에 대한 불완전한 자각과 개체로서의 불완전성에 대한 인식, 그리고 인간이 관계를 맺고 있는 외적 상황의 간단없는 변화 등으로 인하여 자신을 완전치 못한 존재로서 인식하기 때문이다. 존재와 인식이 반드시 일치하지 않는다는 사실은 인간을 다른 존재물과 구별시켜 주고 있다. 인간은 이 같은 불일치 속에서 공허감을 느끼고 더구나 존재에 대한 확신이나 절실한 체험이 없을 땐 '존재하는 것' 자체가 불가능해진다.

역사는 존재와 인식 사이의 이 같은 불일치를 일치로 전환시키고, 불완전함을 완전함으로 바꾸고 완성됨을 지향하는 복잡하고 다양한 몸짓의 과정이다. 인간은 이 같은 불완전성의 인식을 토대로 하여 그 결핍됨을 채우려는 충족 욕구를 갖게 되는데 존립과 관련을 맺고 있는 이 욕구는 상당히 강렬하여 주어진 한계를 극복하려는 적극적인 의지로 나타난다.

인간이란 존재는 자연적 존재로서 육체적 한계와 정신적 한계를 갖고 있으며 동시에 사회적 존재로서 사회적 한계를 같이 갖고 있다. 그것은 인간이 독립된 개체로서 자연적 존재이며 다른 인간과 관계를 맺으면서 생겨난 사회적 존재이기 때문이다. 그러나 이 서로 다른 두 존재로서의 성격은 상호 별개의 것이 아니며 항상 갈등만을 일으키는 것이 아니다. 이것은 서로 관계를 맺고 작용하면서 병존하고 동시에 합일을 지향하면서 하나의 통일된 존재를 이루고 있다. 그리고 통일적 존재인 인간은 스스로가 가진 여러 한계들을 극복해 가면서 궁극적인 자유를 획득하려 한다.

자유의 획득, 한계로부터의 해방, 불완전함의 충족을 위해 인간은 새로운 시간과 새로운 공간, 즉 새로운 상황과의 만남을 절실히 필요로 하고 있다. 그러기 위해 인간은 자신이 처한 위치를 과거에서 미래로 부단히 전이시키고, 이 지역에서 저 지역으로 끊임없이 이동시켜야 한다. 이와 같은 이동의 필요성에서 이미 존재물 자체에 내재해 있던 운동성은 그 기능을 본격적으로 발휘하기 시작한다. 이렇게 해서 존재를 낳고 키우고 소멸시키며, 관계의 고리를 맺고 풀게 하는 원초적 힘은 변화를 가져오는 운동성으로서 역사에서 실질적이고도 영향력 있는 역할과 기능을 하게 된다.

2. 운동성 속의 두 힘

역사에 대해 지대한 관심을 갖고 있는 우리는 이 두 가지 상반된 힘이 인류 역사에서 수행한 역할과 기능, 그리고 그 구체적인 방법에 대해 일정한 평가를 내릴 수가 없다. 그것은 이 두개의 힘이 개별적으로 독립해서 존재하고 있는 것이 아니라 한 덩어리로서 상호작용을 하면서 사건과 활동을 만들어내기 때문이다. 그러므로 이에 대한 적절한 평가를 위해서는 우선 일차적으로 일정 시간이라는 단위, 즉「단위시간」을 설정해 놓고 그 속에서 활동하는 상반된 두 힘의 배합 비율을 관찰해야 하고, 그 다음 단계로는 그 배합된 힘이 작용하는 힘의 방향, 즉 환경을 고찰해야 하며, 셋째는 상황(狀況)등에 따라 대처하는 그 구체적 형태를 살펴야 한다.

우리가 특정한 역사적 사건을 평가하려 하거나 특정 인간의 삶에 대해 일정한 판단을 내려야 할때 일면적이고 미시적인 태도를 지양하고 다양성과 총체적인 시각을 가져야 하는 것은 바로 이 같은 힘의 성질 때문인 것이다. 그러나 역사 활동을 일으키는 한 요소로서 이 글에서 논하고자 하는 「운동성」은 그것이 지향하는 목적의 정당성 여부나 결과의 우열과는 관계가 없다. 이 운동성은 힘의 방향에 관한 것이 아니라 상반된 힘의 배합 비율과 그 강약에 의해 진행되는 과정을 말한다.

자연적 운동 속에서 나타나는 두 개의 상대적인 힘은 사회, 역사적 운동으로서 성격이 변화할 때 보다 구체적인 형태를 갖는다. 즉 두 개의 힘 가운데에서 현상을 유지시키고자 하는 힘은 소극적이고 수동적인 의지로서 보수성을 반영하는 것이라 하겠다. 반면에 고착된 형상을 타개하고 새로운 상황을 창조하려는 것은 적극적이고 능동적인 의지로서 진보성의 표현이다. 이 상반된 힘에 대해 평가를 내린다고 할 때 우리는 적극적이고 능동적인 의지에 대해 보다 높은 평가를 하지 않을 수가 없다. 물론 감각적으로는 상반된 두 종류의 힘이 어느 정도 평형을 유지하는 것이 바람직한 현상으로 여겨질 수도 있다. 그러나 그것은 결과에 집착한 나머지 그 과정마저도 결과에 관련시켜 생각하려 하는 마음 때문이다.

균등과 조화는 결과이지 결코 과정 그 자체는 아니다. 결과가 처음부터 있는 것이라면 과정이란 것은 그 낱말조차 있을 필요가 없다. 결과를 위해서, 그것도 균등과 조화로운 결과를 이룩하기 위해서는 「과정」이라는 에너지 소비 절차가 필요하고 그 과정의 내용은 힘의 배합 비율이라든가 강약 또는 방법 등의 중요한 요소로 채워지는 것이다.

과정에서 나타나는 두 상대적인 성격의 힘은 그 배합의 비율이 일정하지가 않고 또한 어떤 일정한 시기의 배율이 고정된 상태로 언제나 지속되는 것도 아니다. 그 힘을 운용하는 주체가 동일한 것인 경우에도 시간의 흐름과 공간의 변이에 따라 인식에는 차이가 생기게 마련이며, 더욱이 힘이 작용해야 할 대상, 즉 상황 역시 언제나 일정한 상태로만 있는 것은 아니기 때문이다.

배합 비율의 조정이란 결국 중용(中庸), 또는 중화(中和)의 상태를 적절하게 찾아내는 것을 말한다. 중용이 단순한 배합을 의미하는 것이 아님은 자명하다. 주희는 중용을 이렇게 말하였다. '不偏不倚, 無過不及, 而平常之理'. 즉 치우치지 않고 기대지 않아 지나침도 미치지 못함도 없어 평상의 도리인 것이라고. 본질인 중(中)이 상황에 따라 적절하게 발현하는 것이 중용이고 그것은 완벽한 배합 비율의 선택인 것이다.

'역사 속에서 나타난 힘은, 그 주체가 인간이다'라고 평가하는 경우에도 인간 스스로는 물론이지만 인간을 둘러싸고 있는, 역으로 말하면 인간이 형성되는 자연환경과 인문환경은 쉼없이 변화하고 있는 것이다. 변화란 현상과의 갈등을 의미하며 결과적으로 현상 타파를 가져와 기존 질서 속에서 이득을 보는 보수 세력을 붕괴시키고 진보를 창조한다. 그러므로 이 같은 변화의 환경에 적응하기 위해서는, 또 가능한 한 변화의 주체가 되기 위해서는 소극적이고 수동적인 태도보다 적극적이고 능동적인 운동성이 더 많이 요구된다.

그리고 한 개체로서나 집단으로서나 인식 영역이 확대되고, 경험의 폭이 넓고 깊어지면 그만큼 더 새롭고 어려운 상황이 발견되고 그것은 힘들여 해결해야 할 당면 과제가 되는 것이다. 다시 말해서 임계 상황(臨界狀況)이라는 일상의 장(場)이 한계 상황(限界狀況)이라는 새로운 장으로 전이되고, 그에 따라 그 질과 양이 성숙해지는 것이다. 이 끊임없이 다가오는 피할 수 없는 한계 상황의 적절한 극복을 위해서 존재물은 적극적인 행동을 취할 수밖에 없고, 행동을 위해서는 실천력 있는 의지를 갖추지 않으면 안된다. 결국 존재물에게 있어 최소 한도의 존립을 위해서라도 언제나 능동적인 의지가 수동적인 의지보다 더욱 강한 힘을 갖고 있어야 한다. 이 때문에 인간의 역사 속에서도 보수성보다는 진보성이 더 강력한 힘을 가져야 하는 것이다.

그러나 이 당연한 논리도 존재물의 내부가 정체되고 있는 경우이거나 또는 비정상적으로 운영이 될 때에는 흔들리게 된다. 다시 말해서 인간 사회가 기본적으로 갖추어야 할 보편성을 잃어버린 상황이거나 어느 일방의 힘이 적절한 정도 이상으로 강해졌을 때 진보 상에 약간의 우위를 둔 힘의 평형 관계는 깨지게 되는 것이다. 그 결과로서 상반된 두 힘을 운영하는 주체(사회의 경우는 집단)의 우열은 주체 내부에 있는 두 힘(보수와 진보)의 충돌을 일으킨다.

  이 충돌의 결과는 대단히 긍정적으로 나타날 경우도 있으나 또한 부정적인 결과를 초래할 수도 있다. 그러나 한 가지 분명한 사실은 그 충돌의 진행 과정이 대단히 혼란스럽고, 적지 않은 경우 그 혼란이 와중에서 존재물의 심각한 희생이 야기될 가능성이 크다는 것이다. 특히 역사 활동의 단위가 커지거나 또는 여러 개의 '소단위'가 모여서 이루어진 '대단위'의 경우에는 그 갈등의 과정 속에서 소단위 존재들의 희생이 보다 빈번하고 강력하게 발생하게 된다. 인류 역사상에서 격동기나 과도기라고 불리워지는 시기에 대다수 기층민들의 희생이 의외로 큰 것은 이 같은 사실을 잘 입증하고 있다.

  상반된 두 힘의 갈등이 충돌로 나타나는 경우에 사회를 이루고 사는 역사적 존재인 인간에게 그것은 아주 심각한 문제로 제기된다. 인간 개체는 스스로가 삶의 주체임을 인식한 까닭에 그 자체 내에서 발생하는 힘의 갈등을 감지하고 그 해결을 위해 개체가 滅할 때까지 운동을 계속한다. 그러나 최소 단위인 인간은 그 갈등 해결의 과정 속에서 또 다른 소단위의 인간들과 갈등을 일으키게 되고, 역사라는 최대 단위 속에서는 그 대단위 자체가 가진 갈등의 영향을 받으며 진폭이 확대된 충돌을 일으킨다.

  이 갈등을 극복하지 못한다는 것은 두 힘의 균형이 깨지는 것이고, 그것은 존재의 파기를 뜻하는 것이다. 그러므로 인간은 결국 존재의 성립과 유지를 위해서는 본능적으로「갈등 조정 기능」을 가질 수밖에 없는 것이다. 이「갈등 조정 기능」이야말로 인간을 포함한 모든 존재의 성립과 유지에 가장 필수적인 기능이다.

  그러므로 두 상반된 힘의 주체가 완벽하게 존재하기 위해서는 첫째, 두 힘의 상호작용이 원활해야 하며, 둘째는 적극적인 의지에 優位를 둔 힘의 균형 관계가 깨어져서는 안된다. 인류의 진보를 이룩하기 위해, 특히 일정한 시대, 일정한 사람들의 희생을 최대로 극소화시킨다는 의미의 진보를 위해서는 보수성과 진보성이라는 상대적인 두 힘, 또는 의지가 항상 순조롭게 상호작용을 해야 한다. 여기서 역사가 가진 기능과 특징 중의 하나인 운동성이라는 부분의 중요성이 강조된다.

자체 운동성은 행위의 주체들에게 -그것이 생명체이건 무생물이건 또는 인간이건 집단이건 간에- 이 힘의 상호작용을 부드럽게 해 주고 주체 내부의 질서 관계를 원활하게 하는 역할을 해 준다. 더욱 구체적으로는 존재에게 갈등 조정 기능을 부여한다. 그리고 존재에 힘을 충전시켜 외부에도 그것을 확산시킨다. 왜냐하면 역사 활동이 가진 운동성은 소극적이고 수동적인 의지를 포함하면서도 적극적이고도 능동적인 의지이며, 또한 보수적이기보다는 진보적이기 때문이다.

인간의 역사상에서는 격동기 내지 변혁기에 이 같은 운동성이 자주 발생해 왔다. 그러므로 이때의 운동성은 단순한 물리적 힘의 이동이어서는 안된다. 그것은 역사의 진보에 대한 인식을 기반으로 한 방법론의 과학적인 모색과 철저한 실천력을 필요로 하며 힘의 배합 비율 또한 주어진 상황에 가장 적합한 것이어야 한다.

역사 의식은 인간이 이처럼 구체성과 정확성을 가진 운동을 他에 의해서 주어진 극한 상황이 아니라, 인간이 일반적 상황 가운데에서 스스로 선택하여 만든 극한 상황 속에서 발생시키고, 그것을 통해서 경험을 축적하여 인간을 성숙시키는 기능을 한다. 다시 말해서 일반 상황을 선택 의지에 의해 극한 상황으로 만들고 그것에 자신을 적응시키는 것이다.

이렇게 볼 때 역사 의식은 사회가 항상 운동성으로 활기있게 유지되도록 작용하는 것이며, 인간으로 하여금 자신이 처한 시간과 공간을 확대하게 하여 사유 영역과 활동 영역을 확대시키게 한다. 이 같은 경험의 확대는 인간으로 하여금 결코 고정된 통념에 상주하거나 보편적 법칙에 어긋난 비정상적인 현실에 안주하지 못하게 한다. 그리고 한계 상황을 인식했을 때는 그것을 극복하는 의지를 직접 표면화시키고 구체적인 활동을 한다. 다시 말해서 인류의 진보나 사회의 발전을 위해 필요하고 반드시 요구되어지는 힘과 의지를 항상 충족시켜 주는 적절하고 직접적인 수단이 된다.

이러한 역사 의식을 획득하는 데 있어서 운동성이 가지는 의미는 매우 크다.

이 운동성은 의지를 유발시키고 행위를 추진시키는 힘이다. 그러나 인간성의 완벽한 구현과 사회의 영원한 진보를 지향하는 것이 역사 활동만의 특징이 아니듯이 운동성 역시 역사 활동만의 특징은 아니다.

그러면 역사 활동이 가진 운동성의 특징, 즉 그 내용은 무엇일까. 우리는 다음 작업으로 이 운동성의 특징을 보다 구체적으로 해부할 필요성을 느낀다. 그렇게 함으로써 역사의 개념에 보다 구체적인 접근을 할 수 있으며, 그 결과로서 역사의 전모를 찾을 수 있기 때문이다.

IV. 역사 속의 운동성

1. 출발 – 선구성

다른 행위와는 달리 역사 활동은「선구성」을 가져야 한다. 다시 말해서 운동의 주체인 행위자, 즉 역사인은 선구적이어야 한다는 것이다. 사실 선구성이란 단어는 역사 속에서 그 개념이 어떻게 구체적으로 설정되어 있는지 모르나 적어도 역사 활동이라는 범주 속에서는 가장 쉽게 부각이 되고, 또 강력한 의미를 포함하고 있다. 왜냐하면 선구성과 활동은 시작과 결과라는 계기적 관계를 갖고 있으며, 또한 앞에서 언급한 역사 의식은 이 선구성이라는 계기를 만나야 비로소 구체화되기 때문이다. 즉 본질이 현상으로서 나타나기 시작하는 것이다.

인간 행위의 대부분은 과거로부터 현재에 이르기까지 개인 또는 집단에 의해 이미 습득한 정보의 양과 질을 근거로 해서 그 방향과 정도가 결정되고 있다. 그러므로 행위에 관한 정보가 부재하거나 부정확할 때 인간은 판단에 혼란을 가져오거나 정확한 판단을 할 수 없게 되며 더구나 이것을 토대로 해서 구체적으로 실천에 옮길 의지는 더욱 약해지는 것이다.

그러나 정보의 질 정도와는 관련 없이 인간에게 일정한 대상(상황, 대상물)이 생겼을 때 그것은 자신이 스스로 선택했건 아니면 자기 의지와는 무관하게 강제로 지워졌건 간에 그 극복은 필수적인 과제일 수밖에 없다. 더구나 그 대상이 존재하는 데에 심각한 위협을 가져오는 경우에는 그것을 반드시 극복해야만 한다. 다시 말하면 인간은 죽기 전까지는 어떤 상황이든 극복할 수밖에 없고 또 살아 있는 인간은 어떠한 형태로든 극복하고 있는 것이다.

만약 극복하지 못할 경우 존재는 지워져 버린다. 그러면 인식 기능 자체가 소멸되므로 존재와는 아무런 관계가 없다. 그러므로 살아 있는 인간의 경우 극복이란 너무나 당연하고 또 필연적인 것이다.

그러나 이 극복이라는 것은 결과이지 그 과정은 아닌 것이다. 그 극복이라는 결과를 낳기 위해서 인간은 일정한 대상을 상대로 일정한 과정을 겪어야 한다. 그런데 그 과정이 단순한 일상의 것이 아니고 운동량이 크며 또한 사회의 발전 방향에 영향을 끼칠 때 그것은 역사가 된다. 역사는 바로 이 같은 극복의 과정에 의해 하나하나의 단위로 구성되어 있다.

그런데 과정이란 것은 어떤 일이나 그렇듯 이 노력의 요구와 불확실성을 특징으로 하고 있다. 과정은 결과에 대한 「불확실성」, 또 행위의 진행 방향에 대한 불확실성, 그리고 무엇보다도 대상에 대한 불확실성 등으로 채워져 있으며 이것을 하나하나 완전하게 또는 동시에 부분적으로 해결해 나가는 것이다.

이때 대상은 사건의 출발점이고 동시에 극복의 시작이기 때문에 그것에 대한 불확실성은 가장 심각한 문제들 중의 하나가 된다. 일정한 대상에 대한 축적된 지식이나 확인된 경험이 없다면 그 대상이 아무리 단순하고 평범한 것이라 해도 그것은 행위자에게 거의 무한대에 가까운 복잡성을 띠고 있으며 극복할 수 없는 한계 상황으로서 절대적이라고 할 만한 위치를 갖게 된다. 이런 불확실성의 상황 속에서 다수의 인간은 사고를 중지하고 또한 의식적으로나 무의식적으로 특정한 행위를 거절한다. 이것이 바로 통념이고 현상에 고착하려는 인간이 가진 하나의 의지작용이다. 그러나 이 같은 다수의 통념과 도식적인 행위를 거부하고 깨뜨리는 것이 운동성이며 그 중에서도 보다 적극적이고 능동적인 의지가 바로 그 역할을 한다는 것은 앞 글에서 밝힌 바 있다.

인간은 누구나 내부적으로나 외부적으로 운동을 하고 있다. 그런데 이 운동은 묘한 속성을 갖고 있다. 집단 내에서의 부분적인 운동은 집단 전체의 운동을 유발시킨다. 그리고 한 집단의 운동은 상호 관계가 깊은 다른 집단의 운동을 일으킨다. 즉 운동은 운동을 낳는다는 자기 법칙을 갖고 있는 것이다.

따라서 행위에는 과정 하나하나의 요소가 자기 나름의 역할과 기능을 하므로 중요한 것임에 틀림이 없지만 적어도 행위의 결과를 놓고 총체적으로 조망해 볼 때는 운동을 유발시키는 동기가 가장 중요한 평가를 받게 된다. 즉 중요한 것은 운동 그 자체보다도 운동을 일으키게 하는 첫 번째 작용인 것이다. 일정한 행위를 할 때는 인식과 의지가 가장 중요한 요소임에 틀림이 없다. 그러나 그것이 실천화의 과정으로 돌입할 때, 즉 운동성을 일으킬 때 가장 중요한 것은 바로 첫 움직임, 즉 「선구성」인 것이다.

현상 속에서는 언제나 모순이 내재해 있다. 없는 듯이 여겨질 때에도 사실은 없는 것이 아니고 다만 그것을 인식하지 못할 따름이다. 평범한 인간들은 그 모순을 당연한 듯이 받아들여 주어진 현실에 안착하지만, 보다 선구적인 사람들은 현실에 대해서 모순을 인식하고 보다 나은 세계에 대한 가능성을 느낀다. 그래서 그는 그 모순이 가득 찬 환경 속에 자신을 고착시키는 한계 상황에 대해 갈등과 저항을 느끼고 그 갈등을 해소시키기 위해 반작용을 한다. 그러므로 역사 활동에 있어서 이 선구성이 가지는 의미는 대단히 깊다.

과거가 없는 현재가 없으며, 조건이 없는 결과는 있을 수 없다. 외견상으로 비슷하거나 또는 과정이나 결과가 모두 동일하다고 해도 선구적인 것과 그 다음 이루어지는 것과의 가치 차이는 큰 것이다. 설사 선구적인 것의 결과가 질이나 양에 있어 그 다음의 것들보다 적잖이 뒤떨어진다 해도 그 평가는 역시 처음과 마찬가지로 절하될 수가 없다.

역사 활동에 있어서 선구성이 갖는 의미와 위치는 그 후의 어느 것과도 비교할 수 없다는 것은 주지의 사실이다. 선구자들의 의욕적인 행위를 통해서 다음 행위자들은 행위 대상의 성격과 특성, 즉 정확한 정보를 보다 더 많이 알 수가 있으며 그 외에도 가능성에 대한 확신을 갖게 된다. 그리고 그뿐 아니라 행위를 할 때 필수적으로 수반되는 불안과 공포심도 그 충격을 이미 최초 행위자가 일차적으로 흡수한 까닭에 다음 행위자들이 받는 충격은 그 강도가 훨씬 완화된다.

선구자들은 오로지 자신만의 의지와 신념, 그리고 선구성이라는 운동량을 가지고 첫 걸음을 내딛는다. 그리고 그 첫 걸음에는 바로 인류의 역사가 걸려 있는 것이다. 단군신화에서 천왕인 환웅이 태백산 마루 신단수 아래에 첫 발을 내딛을 때(太伯山頂 神壇樹下) 그 발자국은 모든 인류의 불안과 기대, 한계에 대한 갈등, 그것을 극복하려는 욕망 등의 모든 것을 한 몸에 안은 인류의 발자국이었다. 존재물, 특히 인간의 모든 활동, 즉 의식이나 행위 등은 이 선구성이라는 어렵고 가치 있는 계기를 통해 새롭게 질적 전환을 할 수 있는 것이다.

우리는 이상과 같은 길고 지루한 논의를 통해 역사 행위에 대해서 그 구체적인 특징들을 점차로 이해하기 시작했다. 그것은 첫째, 역사 행위는 자체로 운동성을 갖고 있으며 둘째, 그 운동성은 선구성을 갖고 있어야 한다는 것이 그것이다. 그러나 이상의 두 가지 특성을 갖춘 행위는 그 종류에 관계 없이 모두 역사적 행위가 될 수 있는 것일까? 물론 본질적으로는 가능하다. 그러나 보다 구체적으로, 또는 일반적으로 인식된 역사 활동의 분야에서 그와 같은 운동성과 선구성이 역사 활동의 필요 조건은 될 수 있으나 충분조가를 찾을 필요성을 느끼게 한다.

이를 위해서 우리는 운동성이라는 발생 동인, 선구성이라는 힘의 출발을 살핀 데 이어 다음 단계로 힘이 진행되어가는 과정, 즉 상황에 대한 것을 관찰하려 한다.

2. 진행 과정 – 상황

운동성이 진행되는 과정, 즉 인간이 역사 활동 속에서 겪는 상황은 반작용하는 힘의 강약에 따라 「일반적 상황」과 「극한적 상황」이라는 두 가지로 분류할 수 있다.

인간이 언제 어떤 형태로 이 우주에 그 모습을 나타냈는가는 아직도 알 수 없다. 그러나 많은 학자들이 인류의 기원을 밝히기 위하여 오늘도 각 분야에서 연구를 진행시키고 있다. 따라서 언젠가 멀지 않은 장래에 인류의 발전 과정을 과학적으로 소상하고 체계 있게 밝혀낼 수 있을 것이다. 그러나 그것은 인류의 발전 과정일 뿐이지 그것으로 인간의 한계가 규정되는 것은 아니다. 우리는 그 기나긴 발견 과정 속에서 어떤 순간의 그 상태만으로서 인간이라고 규정지을 수는 없다. 다만 우리는 그 한계를 설정할 수 있을 뿐이다.

그 기나긴 과정 속에서 일정한 시간과 공간이 만나는 곳을 선택하여 그곳에 있는 존재물을 인간이라 부르자. 우리가 인간이라 부르는 한 생명체가 이 우주에 첫발을 내디디면서 보고 느끼고 당한 것은 모두, 이를테면 하늘에 빛나는 태양, 살갗을 스치는 바람, 발바닥에 느껴지는 흙과 돌, 심지어는 한 방울의 물마저도 인간에게는 오로지 대상체였을 뿐이다. 그 순간의 그것들은 모두가 인간을 제어하는 굴레일 뿐이요, 무시무시한 극한 상황이었다.

인간에게 순응하고 앞으로의 존재를 가능하게 할 힘을 줄 것이라곤 그 순간 인간 존재를 탄생케 한 아주 당연한 조건밖에는 없었던 것이다. 그런데 오늘날 인간은 이 지구라는 행성 위에 힘차게 뿌리를 박고 우주를 향하여 시간과 공간을 확대시켜 나가고 있다. 인간은 오로지 그 탄생의 조건만을 가지고 대상체에 도전하고, 그 도전에 의해 한계 상황을 뛰어넘어가며 변화를 시작했다.

그러면 인간으로 하여금 그 당연한 조건만으로 대상체에 도전하게끔 한 그 알지 못할 힘은 무엇일까? 그 첫째는 생존에의 본능이다. 생존이라는 것은 생명체의 절대절명의 욕구이다. 따라서 생명체는 이 욕구를 위하여 그 지키고자 하는 생명 자체의 파기를 무릅쓰면서도 활동하는데 이것은 즉 본능이다. 그리고 둘째는 본능에 의해 충실하게 지켜지는 한계 상황을 벗어나 탈피하려는 의지이다.

본능과 의지는 별개의 독립체가 아니다. 그것은 하나의 과정으로 변천하며 전진하는 것이다. 다시 말하면 본능은 언제나 현실을 만들고 의지는 다시금 그 현실을 뛰쳐나가 새로운 세계를 창조하며, 본능은 다시 그 새로 창조된 세계를 당연한 듯이 여기고 그것을 충실히 지켜나가는 것이다. 본능이나 의지가 모두 한계 상황을 극복하고 새로운 세계를 창조한다는 데서 공통점을 갖고, 또 오늘날의 인간을 낳았다는 점에서 무한한 가치가 있다.

그러나 인간을 그 기준으로 하고 인간의 역사를 사고의 대상으로 한다면 우리가 보다 큰 가치를 부여하고 추구해야 할 것은 의지이다. 왜냐하면 본능은 생명체에 공통적으로 존재하는 것이나 인간이 그들과 다르고, 또 우리가 인간으로서의 역사를 갖고 오늘에 이르게 된 것은 생명 유지를 위한 본능 이외에도 타 생명체보다 더 넓은 영역에서 더욱 강력하게 작용하는 의지가 있었기 때문이다.

인간은 역사 속에서 행위자의 선택 의지에 의해서거나 아니면 무의지에 의해 극한 상황이라는 절박한 과정을 맞을 수밖에 없다. 극한 상황이라는 것은 사회와 자신의 관계, 혹은 인간과 자신의 관계라는 두 개의 논리 축에서 특수한 경우에 발생하는 것으로서 한계 상황의 한 형태이다.

존재물은 특정한 상황에 몰입함으로써 자신을 둘러싼 모든 관계를 전과는 다른 상태로 변화시킬 수 있다. 예를 들면 인식과 인식의 차이에서 발생하는 갈등이라든가, 행위와 인식의 별다름에서 발생하는 소외감, 상황의 어려움, 생존의 위협과 육체적 정신적 한계의 경험, 집단과의 갈등, 소속 집단과 상대 집단과의 갈등 등이 그것이다. 이러한 것들은 때와 장소에 따라 행위자를 최대한도로 긴장시키며 또한 곤경에 처하게도 한다.

이 같은 상황은 진행 상태에 따라 좀더 심각한 상황을 낳을 수도 있다. 결국 심각한 상황은 자신과 자신과의 싸움으로 전환됨으로써 최대의 상황, 즉 극한 상황으로 전개된다. 자신과 자신과의 싸움이란 존립 자체에 대한 가부를 묻는 것이기 때문이다. 존재로부터의 분리는 사회적 존재, 역사적 존재 등 관념적·추상적인 것으로부터의 일탈이 있는가 하면, 생존 그 자체와 관련을 맺은 실존적·육체적인 것이 있다.

역사 활동은 본질적으로 구시대 혹은 낡은 질서의 통념을 깨뜨리고 인간을 억압하는 한계 상황을 극복하는 행위이다. 그런데 이 같은 한계 상황의 극복은 변화를 전제로 하는 것이며, 그것의 결과 역시 변혁으로 귀결된다. 이때 이 변혁을 가져오게 하는 인자(因子)는 운동성, 즉 운동의 양과 질, 방향이다. 이 운동성이라는 것은 일반적인 상황 속에서는 존재 내부에 또는 존재물의 활동에

활력소 역할을 한다. 그러나 커다란 변혁이 요구될 때나 또는 위기감이 팽배한 극한 상황에 돌입했을 때는 그 역할에 변화가 생긴다. 즉 외부적 충격과 이에 상응하려는 내부 조건의 급격한 변화에 의해 운동성의 진폭은 극도로 확장되고 이에 따라 강력한 힘이 발생한다. 이 힘은 그 운영 방법에 의해 존재물 자체의 파기를 가져올 수 있으며 또한 극한 상황을 뛰어넘어 질적 비약을 이룩할 수 있는 상대적인 가능성을 동시에 갖고 있다.

그러므로 역사 의식이란 것은 존재로부터의 단순한 소외라는 일반 상황이 아니라 실존과 관련된 심각한 일탈이라는 극한 상황 속에서 빚어지는 운동을 뜻하는 것이다. 따라서 역사 의식을 통해서는 행위자와 대상체와의 절실하고 긴박한 만남이 이루어져야 하고 그 관계는 영향력 있는 결과를 가져와야 한다. 그러므로 이 관계 속에는 행위자의 의식이 가능한 한 많이 투여되어야 하고 생활의 일부를 희생시킬 마음가짐이 있어야 하며 최후에는 생존의 파기까지도 각오해야 한다.

역사를 단위로 할 때 그 힘의 주체가 되는 인간에게는 한계 상황이라는 결코 소멸될 수 없는 대상이 있다. 인류 역사의 초기에는 천체의 변화, 기상의 변이, 자연의 변동, 그에 따른 생활 조건의 변화, 식량의 결핍, 생존의 위협 등의 물리적 한계 상황(인간의 생존과 직접 관계를 맺고 있는 생산에 기준한 의식과 행위)이 주를 이루었다. 그러나 인간의 인식 영역이 확대되면서 한계 상황은 자신의 생존 유지에 필요한 물리적 조건을 뛰어넘어 그들 자신의 존재 내부에서 발생하였다. 그것은 이미 인간이 만들어진 순간부터 인간 내부에 자리잡고 있었던 것이며 이제 비로소 그것을 눈으로 발견한 것이다. 그런가 하면 사회적 존재로서 필연적으로 관계를 맺어야 하는 조직과 계급이 있고 또한 종교, 이념, 관습 등 관념적인 것이 있다.

인간에게 이 같은 한계 상황이란 결코 끝이 있는 것이 아니다. 시대와 환경, 또 주체에 따라서 그 종류는 달라지고 양의 강, 약, 질의 농담 등 형태의 차이는 있을지언정 한계 상황 그 자체는 결코 소멸될 수가 없다. 인간은, 스스로가 붕괴시키지 않으면 내적 욕구나 외적 자극에 의해 필연적으로 파멸되고야말 상황을 때로는 과감하게, 때로는 주저하는 채 극복하면서 새로운 상황을 창조해 나갔다.

이제 우리는 역사 속에서 보여지는 운동성의 구체적 개념에 대해 한 가지를 덧붙이면서 다음과 같은 중간 결론을 내릴 수 있게 되었다. 즉 역사 활동은 자체의 운동성을 갖고 있으며 그 운동성의 출발은 선구적이어야 한다. 그리고 그 선구성을 띈 운동은 일반적 상황이 아닌 극한 상황 속에서 이루어져야 한다는 것이다.

3. 도달점 – 목적 지향성

이제 출발에서 과정을 거쳐 온 우리가 관심을 갖고 찾아야 할 부분은 마지막 단계, 즉 운동성이 도달해야 할 곳, 그 힘이 마지막으로 모아져야 할 서에 관한 것이다. 역사 속에서의 운동성은 뚜렷한 「목적 지향성」을 갖고 있어야 한다.

인간은 우주에서 가장 늦게 태어난 생물체로 출발하여 다른 존재물들의 위협과 경쟁 속에서 생명을 유지해 왔다. 초창기에는 오로지 먹이를 구하고 적으로부터 신체를 방어하는 등 가장 기본적인 것 외에는 별다른 관심을 가질 여유가 없었을 것이다. 그러나 오랜 세월 동안 경험의 축적 속에서 점차 능력이 향상되어 가면서 인간은 단순한 채집 생활 외에도 다른 생물 – 특히 동물들을 사냥하여 먹이로 충당하는 과감한 모습을 보이기 시작했다.

그렇게 수십만 년을 지내던 어느 날, 아직도 몸뚱이에 털이 반 정도쯤 덮힌 원시인은 불현듯 자신을 둘러싸고 있는 자연의 변함없는 현상들을 이해하기 시작했다. 그는 해가 뜨고 지고, 여름이 가면 겨울이 오며, 사람이 죽으면 흙으로 돌아간다는 사실을 알았다. 또한 봄이 되면 마른 나뭇가지에서 잎이 돋고 굳은 땅에서는 푸른 새싹이 고개를 내미는 것을 보며, 자연은 변하고 변하는 것이며 죽음과 삶은 결코 다른 것이 아니란 것을 깨달았다. 그래서 그들 중의 몇몇은 용기를 내어 돌창과 돌칼을 던져 버렸고 땅바닥에 쭈그리고 앉아 붉은 흙을 팠다. 그리하여 그 파여진 구멍 속에는 말라붙은 몇 개의 씨앗이 심겨졌다.

이렇게 해서 이제 인간은 스스로를 알려 했고 자연을 배우며 그들이 어떻게 하면 잘 살 수 있는가를 의식적으로 구하기 시작하면서 역사를 이루어 왔다. 인간은 내부에만 간직했던 본능적이고 막연했던 의지의 충동을 이젠 확실히 보고 들으며 만질 수 있게 된 것이다. 이 같은 의지의 행위는 점점 그 영역을 넓혀 종교, 경제, 정치, 예술, 철학 등으로 분산되었으며 다시 그것들은 꾸준한 확대 행위를 계속하면서 정체에 기반을 둔 보편적 사상의 관념을 깨뜨리고 의식과 영역을 더욱 확대시켜 인류 발전에 큰 공헌을 했다.
　그런데 이 행위를 유발시키고 확산시켜 주는 운동성은 인간의 본성과 잘 조화되어 그 활동성을 증가시켜 가는데, 인간은 욕구에 의해 도전할 필요성을 보다 강하게 느끼지 못하면서도 그 운동량을 분출시키기 위해서 다양한 행위를 계속하는 것이다. 본능적인 이익 추구와는 무관할지도 모를 바로 이 운동성이야말로 인간과 다른 생물과의 격차를 더욱 크게 하여 오늘날의 인간으로 발전시켜 온 역사의 원동력이었다. 왜냐하면 역사 활동의 대상은 물리적 힘의 겨룸이나 초자연과의 무의미한 경쟁이 아니라 바로 인간의 보편적 통념과 인간을 억압하는 것에 대한 도전이고, 그 과정과 결과는 바로 대자연과 우주와 전체 인간과의 완전한 일체화를 지향하는 것이기 때문이다. 인간은 자신에게 주어진 갈등을 완전히 극복했을 때에 자유를 획득하게 되고 자유로운 인간으로서 일의 철저한 주체가 될 때 일체화를 경험하게 된다. 이렇게 역사 활동을 하면서 인간은 그 궁극적인 목적, 즉「자유의 획득」과「인간의 해방」을 지향한다.
　만약 대상체가 경쟁의 대상으로서만 존재한다면 그것은 언제까지나 한계 상황일 수밖에 없고 그 변함없는 한계 상황은 역시 움직일 수 없는 통념을 산출할 뿐이다. 따라서 역사란 애당초 존재하지도 않았을 것이고 또 있었다 해도 경쟁을 위한 단순한 파괴 행위가 되었을 뿐이다. 인간을 둘러싸고 있는 대상체의 한계가 인간의 위대한 역사 행위에 의해 극복될 때 모든 한계로부터 자유로워지고 그 대상체는 바로 인간과 일체가 되는 것이다. 그리고 그 극복의 순간에 인간과 대상체 사이의 대립감은 해소되고 간격은 통일을 지향하며 그

주와 객은 주고받는 서로의 이익이 일치되어 합일의 단계에 도달하는 것이다.

　인간은 이미 오래전부터 자연을 적의에 찬 대상이 아니고 언제나 인간에 의해 합일이 될 가능성이 있는 조화로운 관계로 인식하여 왔으며, 사회 또한 그런 범주로 이해하여 왔다. 그러므로 역사의 목적은 인간이 우주 내의 일체의 것과 합일을 지향함으로써 인간성의 완전한 구현과 이상 사회를 추구하는 것이며, 그 대상은 인간의 모든 활동 영역(의식 행위)에 두는 것이다. 그리고 그 최후의 목적은 자유의 획득과 인간의 해방이다.

　그런데 역사는 그 영역 안에서 발생된 정체에 바탕을 둔 통상적인 관념을 깨뜨려 가면서 그 한계 상황을 극복하는 행위이며, 그 자체로 스스로의 운동성을 갖고 있는 것이다. 그러므로 역사의 이러한 목적을 달성하기 위하여 운동성은 그 행위의 시초부터 일정한 세계관과 사회 의식을 토대로 해서 힘의 목적을 세워놓아야 하며, 그것을 실천하기 위한 의지적인 행동이어야 한다.

　우연한 출발과 주어진 과정, 그리고 행위자와의 관계가 미약한 결과는 진정한 의미의 역사 행위라고 볼 수 없다. 일시적이고 우연적이며 목적의식이 희박한 것은 그 행위 자체로 끝나기 쉬우므로 사회의 진보에 구체적인 영향을 끼치지 못한다. 그러므로 사회 진보의 중요한 수단이고 동력이 되는 역사의 운동성이라는 것은 뚜렷한 「목적 지향성」을 갖고 있어야 한다.

V. 맺음말

 이렇게 해서 역사 활동 속에서 나타나는 운동성의 구체적인 개념을 그 행위의 동인, 출발, 진행 과정, 도달점 등의 여러가지 각도를 통해 진행 순서대로 살펴보았다. 역사의 구체적 활동과 유기적인 관련을 짓지 못하고 운동성 자체를 평면적으로 분석하다 보니 논리를 위한 논리가 되어버린 듯한 느낌이 든다. 운동성의 보다 구체적인 모습과 그것이 한국사 속에서 나타는 실증적인 측면은 다음 기회로 미루고 본문의 내용을 아래 결론으로 요약하면서 이 글을 끝맺음하려 한다.

 첫째, 역사는 그 자체 내에 「운동성」을 갖고 있어야 하며, 그것은 적극적이고 능동적인 의지여야 한다. 그리고 갈등 조정 기능을 부여한다.

 둘째, 그 운동성은 기존의 통념을 깨뜨리며 질의 종류, 방향에 우선해서 「선구성」을 띠어야 한다.

 셋째, 적극적인 역사 행위가 이루어지는 상황은 일반적 상황이 아니라 실존의 위협이 발생될 수도 있는 「극한 상황」이다.

 넷째, 그 운동성은 행위자의 일정한 세계관을 토대로 한 뚜렷한 「목적 지향성」을 갖고 있어야 하며, 그것은 대상체와의 합일을 통한 자유의 획득과 인간의 완전한 해방이다.

역사학 연구 대상으로서의 민속

I. 머리말

역사는 인간이 주체가 되어 시간과 공간 속에서 상황을 창조해 가는 과정이며 동시에 생산 활동의 결과물이다. 이때 대다수 인간들에 의해 수용되고 영위되며 또 의도적인 보존 노력이 희박함에도 불구하고 꾸준히 전승되어지는 것이 있다. 이것은 사람들의 삶의 양식이고 소산이며 역사 활동의 가장 많은 부분을 차지하고 있다. 그럼에도 불구하고 이것은 정치, 경제적 권력을 획득한 사람들, 또는 인간 삶을 구획짓고 해석하고 나름대로 방법론의 제시 기능까지 갖고 있는 지식 소유 계급들의 관심 대상이 되지 못했다. 뿐만 아니라 그 의미와 기능의 중요성 역시 크게 부각되지 못했다.

근대에 이르러 역사 활동 주체의 범주가 확산되고 역사에 대한 평가 기준이 달라짐에 따라 이러한 부분들에 대한 의미 부여와 함께 역사적 중요성이 점차 부각되었다. 이리하여 민속이란 이름을 얻게 되고 이를 체계적으로 연구하는 학문으로서 民俗學(FOLKLORE)[1]이라는 독립 영역이 만들어졌다.

민속에 접근하는 한 방법으로써 민속학은 그 성격상 다른 기타의 제 학문과 밀접하고 유기적인 관련을 맺을 수밖에 없었다. 때문에 독립 학문으로 완성된 이후에도 상당 기간 동안 독자적인 영역의 구축이 어려운 상태로 지내 왔다. 이 과정 속에서 민속에 대한 접근 방법은 다각도로 탐색되었고, 특히 특수한

---

1   민속학의 명칭이나 개념 정의는 다양하다. 보다 상세한 것은 민속학 개론서를 참조하기 바란다. 가장 일반적인 정의는 민간 전승을 소재로 민속 문화의 역사적 유래를 밝힘과 동시에 민족이 지녀온 기층 문화의 성격과 본질을 규명하려는 학문이다. 朴桂弘, 『한국民俗學槪論』, 형설사, 1987, 17쪽에서 인용.

역사적 경험을 간직한 한민족의 현대사 속에서 나름대로의 자기 성격을 갖게 되었다.

민속에 대한 개념은 정의의 다양한 차이에도 불구하고 접근 태도에 있어서 자료의 수집과 유형화 작업을 우선시하는 경향을 갖게 되었다. 즉 민속이라는 역사의 총체적 덩어리를 몇 개의 공통분모를 적용하여 유형화시켜 놓고, 그 유형화된 덩어리를 자체 분석하는 것이다. 반면에 그 덩어리들간의 상호 연관성, 혹은 전체를 관통하는 구조나 의미를 파악하는 데에는 비교적 소홀히 하는 경향이 있었다.

이러한 태도는 민속에 대한 그릇된 이해로부터 출발하였으며, 역사에 대한 편향적인 생각에도 그 원인이 있다.

민속은 단순한 삶의 집적물, 또는 배설된 과거의 폐기물질이 아니며 가장 절실하고 지속적이며 영향력있는 역사 활동의 결정체이다. 그리고 각개의 구성 요소들이 치밀한 상호 연관성을 갖고 거대한 통일자로서 자기운동을 해 온 결과물이다. 그러므로 민속에 대한 접근과 이해는 제1차적으로 유형화 작업이 필요하고 그 다음 작업으로는 관계성에 대한 논리화 작업이 필요하다.

그것은 일의 순서에 따른 선후의 나눔이지, 의미상으로 볼 때는 후자가 더욱 절실한 작업이 아닐 수 없다. 향후의 민속에 대한 접근 태도는 기왕에 있었던 유형화 작업의 성과를 토대로 해서 우선 민속에서 보여지는, 또 민속이 가지고 있는 논리를 추구하고 다음으로 그것을 형상화시키는 작업을 해야 한다.

더구나 대외관계에서 발생한 복합적인 모순에 의해 강한 영향을 받아 온 역사적 경험과 민족 자주와 주체가 위협받고 있는 현 시대적 상황은 민족 내부가 간직한 논리의 탐색을 요청하고 있다. 이것은 민속에 대한 우리의 접근 태도와 인식에 있어서 기존의 통념과는 다른 일면을 생각하게 한다.

이 글은 기존의 작업과 같은 민속물의 집적, 또는 민속 문화에 대한 유형화 작업이 아니다. 민속과 민속학이 가지고 있는 논리를 찾는 작업으로서 민속을 대하는 태도의 점검을 제1차 목표로 하고 아울러 민속이 가진 논리적 측면을 부각시켜 보려는 의도를 갖고 쓰여진 것이다. 따라서 민속 현상에 대한 새로운 발견과 연구 성과는 전무하다. 다만 민속에 대한 논리적 이해를 위해서 역사적 접근의 방법론을 부분적으로 언급하였다.

Ⅱ. 역사 활동 영역으로서의 민속

역사라는 광범위한 범주 속에는 인간 활동의 방대함과 다양성이 하나의 통일적 형태를 이루고, 그것을 축으로 해서 자기 발전을 지속시키고 있다. 역사 과정 속에서 통일이라는 개념은 전체를 구성하는 각 부분부분의 산술적 통합을 뜻하는 것이 아니라 각개의 부분이 고유성과 독립성을 유지한 채 연속된 관계 속에서 통일의 과정을 이루는 것을 의미한다.

그러므로 역사에 대한 정확한 이해를 위해서는 활동을 이루는 모든 관계를 포함하여 하나의 단위로써 총체적인 파악을 하는 작업이 매우 중요하다. 아울러 그것을 보완해 주는 작업으로서 전체를 이루는 각 부분에 대한 각론적인 의미 분석이 필요하며, 동시에 그것을 연결해 주는 관계성의 기능과 역할에 대한 이해도 필요하다.

역사 활동을 분석하고자 할 때 각개의 개별 학문을 통해서 각론적인 접근을 해나가는 것이 연구자들의 일반적인 태도이다. 이때 접근의 기본 틀이 되는 것은 현재의 인간 개개인에게 남겨진 것으로서 보다 구체적이고 직접적인 산물이다. 그것들은 동시대인들 혹은 그 후 시대의 인간들에 의해 중요성이 인식되어 선택적으로 남겨진 것들이다.

그러나 상황과 사건들을 구성하는 커다란 뼈대와 줄거리 혹은 사건의 특성을 결정짓는 중요 인자, 요소들로서만 구성된 것은 아니다. 오히려 양적으로 많은 부분과, 또 질적으로 근본이 되는 것은 뼈대와 줄거리를 받쳐 주는 부수적인 역할로서, 드러난 사건들 또는 중심의 덩어리들을 서로 연결해 주는 관계성이다.

분리 독립된 각론들을 연결해 주는 관계성이야말로 경험의 근원이며 현재의 산물이다. 표면에 드러난 개성있는 각론들은 다만 그것들의 집약체이자 결정체인 것이다. 따라서 일정 경험의 성격이나 역할, 특성 등을 이해하기 위해서는 각 부분과 특정 사건들에 대한 이해가 필수적이다.

위와 같은 관점에서 인간의 역사적 경험을 연구 또는 학문의 대상으로 다루고자 할 때 역사학과 민속학의 차이가 생기는 것이다. 역사와 민속은 그 자체만으로도 활동 주체의 성격과 범위 규정, 역사 활동 속에서의 의미 부여 기준, 시간과 공간 개념에 대한 미묘한 차이 등이 있다. 그런데 개별 학문으로서 연구의 대상이 되고 역사와 민속에 대한 개념 조정과 이해가 부족할 때 그 차이는 더욱 커질 수가 있다.

민속은 전통의 복원과 탐구를 행하는 현재적 활동이며 동시에 논리의 추출을 시도하는 작업이다. 민속과 역사를 구성하는 것들은 그 질의 종류와 양, 또는 배합 양식의 차이는 있을지언정 민속과 역사가 공통적으로 역사적 산물임을 주장하는 데에는 대부분 일치되고 있다. 민속과 역사를 구분지으면서 그것을 생산하는 담당 주체인 인간들은 자신들이 역사적 존재임을 현시적·묵시적으로 주장하고 있다.

역사적 존재인 인간들은 스스로가 역사 활동의 주체임을 자각하고 역사 활동에서 빚어지는 소외감을 주체적으로 극복하고자 한다. 이때 전통의 복원 탐구와 논리의 추구 완성은 자연인으로서의 존재가 역사적 존재로서의 자각을 행하는 과정의 소산으로서 그것을 정당화시켜 줄 일종의 명분 확인(名分確認) 작업이다.

명분 확인 작업은 생존의 필수 조건은 아니며 존재의 발생 단초부터 절대적 영향을 끼친 것도 아니다. 그러므로 인류 역사의 시초로부터 있어 왔던 것은 아니다. 그러나 자각과 함께 역사적으로 존재하고자 할 때, 인간은 개인이건 집단이건 자신의 존립 근거를 인식하고 그 사실을 인정하며 또한 존재의 명분을 확인받고 싶어한다. 명분 확인이라는 서글픈 절차를 통해서 존립과 행위의 타당성을 확인하고 입증받으려 하는 것이다.

인간은 행위의 근거를 미리 알고 방향을 스스로 결정지으며 결과물을 완전하게 소유하고자 하는 성질이 있다. 그러나 이것은 어느 시대 누구에게나 반드시 필수적인 것은 아니다. 반면에 인간 이외의 다른 존재물에서는 발견되지 않는 점이기도 하다. 그런데 이처럼 필수적이지 않은 명분 확인 작업은 왜 집요하게 요구되는 걸까? 그것은 인간으로서의 자각, 즉 자신과 대상체 사이에 엄존하는 현실적 괴리를 자각하고, 소외를 느끼는 데서 발생한다.

인간이 겪는 소외의 종류는 다양하다. 소외의 주체와 대상체도 각각 다르며, 또 동일 존재가 시간과 공간의 변화, 전이에 따라 각각 다르게 나타날 수도 있다. 그러나 소외는 결국 인식의 소산인 만큼 존재와 인식의 불일치에서 처음으로 비롯되고 있다. 왜냐하면 인간은 그 자체가 완전함에도 불구하고 인식은 그렇지 못하다고 여기며, 그것을 사실로서 끊임없이 일깨우고 있기 때문이다. 존재와 인식 사이에서의 불일치는 질적인 척도에서 볼 때 완전과 불완전 사이의 괴리로 표현일 수도 있다.

일정한 존재물에게 있어서 완전이란 존재를 성립시키게 하는 기본 조건, 근본 조건의 충족을 뜻한다. 기본 조건이 갖추어지지 않았을 경우, 또 조건에 이상이 발생했을 경우 그 즉시로 존재물은 파기되거나 붕괴되어 버린다. 때문에 인간이 존재하는 한 적어도 인식하게 마련이고 인식하는 한 존재는 완전한 것이다. 그럼에도 불구하고 인간의 인식은 보다 많은 것을 지향하고 보다 더 근원적인 것을 찾으려 한다. 이것이 인간으로 하여금 단순 변화에 고착되지 않고 끊임없이 전진·상향 운동을 하게 하는 원동력이다.

역사의 진보[2]는 이런 방향성 있는 운동 과정 속에서 이루어진다. 그런데 개체로서의 인간은 이러한 운동 과정 속에서 자신과 전체 사이의 불일치를 느끼고 그 속에서 강한 소외를 자각한다. 인간은 때때로 개체에 대한 고립감, 불안감을 갖게 되고 그로 인하여 자신의 존립이 불안정하다고 느낀다. 이것은

---

2 진보에 대한 상세한 논의는 다음 발표 예정인 「역사 활동에서 나타나는 진보(進步)의 문제」에서 다루어지고 있다. 특히 소외의 문제는 더욱 그러하다. 그러나 기본 논리는 「역사 활동에서 나타나는 운동성 문제」(『국학연구 2』, 1988, 국학연구소)에서 출발하고 있다.

특히 개체가 전체와의 관계를 원만하게 연결시키는 데 자신이 없을 경우에 나타나며, 때로는 개체를 둘러싸고 있는 외적 조건의 급격한 변화와 그에 신속히 적응하지 못할 경우에도 불일치를 자각한다.

이러한 불일치의 자각은 곧 강한 소외감을 불러일으켜 존재를 완전치 못하게 여긴다. 더구나 존재는 기본 조건, 근본 조건만으로 이루어지는 것은 아니므로 그것들 외의 것에 대한 끊임없는 추구와 욕구가 강렬하여 항상 불일치가 생긴다. 인간의 인식이 고양되고 역사가 진보하면 할수록 그 폭과 골은 점차 확대되어 간다. 이처럼 역사적 존재가 갖고 있는 강한 소외감의 극복, 존재와 인식 사이의 불일치 등을 일치로 전환시키고자 하는 강력한 운동이 바로 인간의 역사 과정이다. 이 같은 소외감의 극복은 소수의 특수한 인간이 가진 질적 고양으로 해결될 수도 있으나 대다수의 역사적 존재들은 아(我)와 비아(非我)의 일치, 주(主)와 대상체(對相體)의 일치 등을 통해서 부분적으로 극복될 수가 있다. 다시 말해서 개체로서 전체성을 획득하고, 주어진 갈등의 상당 부분을 지양함으로써 통일성(統一性)[3]을 획득하면 소외는 극복이 가능하다.

역사적 인간은 이 숭고한 목적을 달성하기 위하여 자기 운동을 적극적이고 지속적으로 행하는데 이 운동은 해소의 방법으로서 두 가지를 찾게 된다. 하나는 관념(觀念)을 통한 방법이고, 또 다른 하나는 행위(行爲)를 통한 방법이다. 두 방법 모두 실천적이란 것에는 차이가 없으나 과정이나 성과 면에서는 차이가 있으며, 특히 성과물의 혜택을 다수의 인간에게 주고자 할 때 그 차이는 더욱 분명해진다.

첫째. 관념을 통한 해소의 방법은 인식의 전환, 즉 개별자가 아닌 전체자로서의 자각 내지 위치 전환을 의미한다. 관념적으로 자각에 이르는 단계에는 수다한 어려움이 따르고 대다수 인간에게는 비효율적인 것으로 여겨진다. 특히 위치 전환의 상태 도달은 더욱 그러하다. 그리고 무엇보다도 인식은 각 단계의

---

[3] 새로운 단계로의 질적인 비약을 의미한다. 깨달음(學)의 단계와 유사하다.

상승 과정이 불철저하고 확인이 불확실하므로 완전한 극복에 이르기까지에는 수없는 반복과 자기환시(自己幻視) 등 넘어야 할 단계가 수없이 많이 있다.

거기에 비해서 주체적 행위를 통한 해소의 노력은 직접적인 실천을 수반하기 때문에 비교적 현실적 해결이 용이하다. 즉 극복의 과정과 결과가 가시적이므로 해당 단계마다 확인할 수 있으며 그 혜택을 순간순간 받는 장점이 있다. 이 불일치의 해소와 소외의 극복에는 어느 한 방법의 일방적 집행으로서는 불가능하다. 인간 존재의 구성과 마찬가지로 관념과 행위, 즉 인식과 실천이 농도 짙은 상보성(相補性)을 갖고 변증법적으로 지속적인 통일을 이루어야만 보다 완벽한 상태에 이를 수가 있다.

그런데 이 같은 방법론만을 가지고 그것을 당장 실천에 옮길 수는 없다. 인간이 가진 소외감은 이 부분에도 역시 작용하여 방법론을 실천에 옮기고자 할 때 행위자로 하여금 주저케 한다. 방법론과 실천 의지 사이의 괴리가 그것이다. 그것은 당위를 당위로서 인식하지 못하거나 소외 해소에 대하여 불충분하게 자각한 때문이다.

이 같은 해소 노력에 대한 불완전한 자각은 의지를 실천에 옮기고자 할 때 당장 필요로 되는 방법론의 구체성이 결여되어 있거나 집행 능력이 결핍한 데서 발생한다. 또 다른 하나는 당위를 당위로서 인식시켜 주고 자신들의 행위를 정당화시켜 줄 명분이 미약하거나 부족하기 때문이다.

이렇게 볼 때 인간이 역사를 이루어가면서 부딪히는 소외의 문제는 그 종류의 다양함과 질의 강·약에도 불구하고 결국 혁신적인 힘과 논리. 그리고 관념적인 명분(名分)의 문제로 귀결된다. 즉 힘을 포함한 논리의 추구와 명분의 확보가 역사 속에서 발생한 소외를 극복하는 가장 주되고 근본적인 해결 고리가 된다. 논리의 추구와 명분의 확보를 위해서 역사적 인간은 자신의 과거 경험을 축적하고 그에 대한 지식을 재료로 해서 주변 세계, 즉 소외와 갈등을 일으키는 제 요소들을 해석하고 탐구하는 수밖에 없다. 인간에게 주어진 것은 과거와 현재의 축적된 경험이다. 이것은 완벽하고 강력한 것으로써 모든 역사 활동의 수단이고 재료가 된다.

경험에는 행위 주체와 대상체의 성격, 행위되는 상황에 따라서 여러가지 종류가 있다. 인간의 경험 중에서 가장 큰 것은 전체가 한 단위가 되어서 다양한 시간과 공간 속에서 겪는 역사적 활동의 총량인 총체적 경험이다. 그리고 그 외에 개체로서 자신이 소속된 개별단위 속에서 생활하는 과정 가운데서 겪은 특수한 경험들도 있다. 물론 전자 속에는 후자의 경험이 포함된다. 그러나 이 양 경험은 고유성을 갖고 완전히 일치되는 것은 아니므로 하나의 관계성 속에서 위치를 조정하고 있다.

인간은 경험을 갖고 누리며 자신의 삶 또는 인간의 역사를 적절하게 조정한다. 거기에 비해서 주체적 행위를 통한 해소의 노력은 직접적인 실천을 수반하기 때문에 비교적 현실적 해결이 용이하다. 즉 극복의 과정과 결과가 가시적이므로 해당단계 마다 확인할 수 있으며 그 혜택을 순간순간 받는 장점이 있다. 이 불일치의 해소와 소외의 극복에는 어느 한 방법의 일방적 집행으로서는 불가능하다. 인간 존재의 구성과 마찬가지로 관념과 행위, 즉 인식과 실천이 농도짙은 상보성(相補性)을 갖고 변증법적으로 지속적인 통일을 이루어야만 보다 완벽한 상태에 이를 수가 있다.

인간의 역사 활동이 만약 자체의 질서가 없고 규칙이 부재한 혼돈의 덩어리라면 인간은 존립할 수가 없었고. 따라서 경험도 발생하지 않았다. 설사 발생했다 하더라도 그것은 인간의 존립 이전, 또 존립 이후에 있는 인간들과는 무관계성 속에 있을 뿐이다. 인간이 존재하는 한 존립을 가능케 하기 위해서는 인간을 둘러싸고 있는 경험이 잘 조화되어 원만한 통일체가 구성되어야 한다.

경험은 모든 것이 제자리를 찾고 잘 정리된 질서의 구성체이다. 그런데 이 잘 정리된 구성체는 일단 완성되면 그것으로 고정되어 항상 일정한 자기 역할만을 하는 것은 아니다. 경험은 끊임없이 활동하며 새로운 것을 수용하고 추가시키고 있다. 그것은 경험 형성의 주체인 인간이 운동하고 있으며, 그 운동이 있어야만 존재가 지속적일 수 있다는 데 있다.

운동의 과정 속에서 현재는 과거가 되고 과거는 그보다 직전 단계인 과거의 영역으로 흡입된다. 과거는 끊임없이 저 먼 과거로 흘러들어가고 미래는 현재를 거쳐 또 과거로 향하려 한다. 이 같은 운동의 순간순간에 경험에는 새로운 혼란이 적지 않게 발생하게 된다. 이 혼란은 정리되지 않으면 안된다. 미래에서 현재를 거쳐 과거로 넘어가는 순간순간의 단계에서 발생한 혼란은 자체만으로 끝나는 것이 아니라 자기가 흡입되어 간 그 과거의 전체 영역, 거대한 경험의 영역에 혼란을 주입시켜버린다. 그리하여 현재 이전에 있는 모든 과거 경험의 영역은 거대한 혼란의 도가니가 된다.

　인간이 존재하고자 할 때, 또 존재를 지속시키고자 할 때 이 혼란의 정리는 불가피하다. 기본적으로는 진행시켜야 할 운동의 질과 방향, 강·약 등을 조정해야 하는데 과거의 경험을 혼돈의 상태로 놓아두고서는 운동이 불가능하다. 그러므로 과거 경험을 재단하고 유형화시켜 자기 위치를 찾게 하는 작업이 필요하고, 다음 작업으로는 그것에 대한 해석을 통하여 정지된 인간·존립을 마감한 인간이 아니라 운동하는 인간·살아있는 인간에게 주어진 과거 경험이라는 혼란의 덩어리를 질서화시키고 범주화시켜야 한다.[4] 이 같은 질서화 작업의 필요성은 인간으로 하여금 과거 경험에 대해 관심을 갖고 해석하고 분석하는 태도를 낳게 하였다.

　이렇게 제2장의 논의를 통해서 민속은 역사의 영역이고 인간에게 주어진 소외를 극복하기 위해서는 논리 추구와 명분 확보가 필요하며, 그것은 인간의 경험 속에서 찾아진다는 것을 살펴보았다. 또한 인간의 경험은 끊임없는 운동으로 인하여 혼돈스러워지고, 반면에 그 혼돈을 '질서화', '범주화'시키는 것이 인간 삶의 가장 기본임을 살펴보았다.

4 　필자는 역사적 활동을 재단하는 툴로써 '단위시간'이라는 새로운 개념의 적용을 제안한다.

Ⅲ. 민속의 발생과 그 특성

현재 이전의 인간을 중심으로 해서 산출해 낸 생산물의 총체를 역사라고 할 때 그 의미와 범주는 매우 포괄적이다. 그러나 이 같은 광범위한 인간의 역사 활동은 개념이 적용되는 기준과 상태에 따라서 협의의 역사와 민속으로 나눌 수가 있다.

이 같은 두 가지 형태의 개념 분류가 가능한 것은 역사의 진행 과정에서 이미 서로 차별성 있는 양식을 갖고 생성되었으며 그 결과물로서 현재에 전승되고 있는 것이 각각 다른 모습을 띠고 있기 때문이다. 그러나 모든 것이 역사 활동의 한 부분이듯, 민속도 그 한계를 전제로 하면서 민속의 특성을 찾고 범주화시키면서 협의의 역사와 다른 점을 부각시키고자 한다.

민속은 사건 자체에 특별한 의미가 부여되고 그 과정과 결과가 특별히 의식되는 역사[5]와는 다르다. 민속은 보편적이며 일상적인 것이다. 목적과 의도성이 미약함에도 불구하고 단절 없이 전승되며 지속적으로 삶에 영향을 끼치는 것으로써 집단 전체의 산물을 말하고 있다. 그러므로 포괄적 의미의 역사적 활동 또는 역사적 산물임에는 틀림이 없으나 기존의 통념으로 수용되고 있는 협의의 역사 개념과는 그 의미나 범주 기능 등에서 적지 않은 차이를 갖고 있다.

민속은 현재의 입장에서 볼 때 잔존문화(殘存文化)의 성격을 갖고 있다. 그것은 학문 연구의 대상이 될 때이다. 그러나 민속 자체는 언제나 시간적으로

---

[5] 이 이후에 사용하는 '역사'라는 용어는 협의의 개념으로 이해해야 한다.

현재성을 띠고 있으며 생성 주체와 동시성을 갖고 끊임없이 생성·변천하고 있다. 이 같은 활발한 운동성은 민속 생성의 출발점이다. 그 같은 운동성은 저절로 발현되는 것이 아니며 일정한 조건의 성숙과 그것을 발현시킬 계기가 마련되어야 가능하다. 이러한 관점에서 민속이 생성되는 동기와 국면은 여러 가지가 있을 수 있으며, 그 다양성이 통일적으로 이합집산(離合集散)해 가는 과정과 결과가 민속임은 앞에서 언급한 바와 같다.

민속 발생의 다양한 동기 중에서 가장 근간이 되는 것은 인간의 직접적인 이익 관계이다. 직접적인 이익에는 인간의 탄생과 질병·죽음 등 존재의 생존 문제가 우선하고 있으며, 다음으로는 생존해 가는 양식으로서의 생활의 문제가 있었다. 생존과 생활은 자연적 존재이면서 동시에 역사적 존재의 영역을 갖는 인간에게 있어서 무엇보다도 가장 절실한 부분이다. 이것의 해결 불능은 다른 부분의 존립 근거를 상실케 한다.

그러므로 생존과 생활을 위협하는 문제의 원만한 해결을 위해서 인간은 자신에게 주어진 모든 종류의 갈등과 억압으로부터 해방을 시도한다. 이것은 자유라는 개념으로 나타나기도 한다. 이런 가운데 특히 민속은 생명의 탄생과 죽음·병고 등 근본적인 것과 의·식·주 등 하루하루를 연명해 나가는 데 필요한 기본적인 물적 조건의 획득 등 비교적 직접적인 이익 또는 존립과 관련된 것들에 의해서 기본 동기가 유발된다.

두번째의 발생 동기가 되는 것은 외부 단위(外部團位) 혹은 외부 집단과의 관계에서 발생한다. 일정한 단위 혹은 집단은 필연적으로 외부 조건과 관계를 맺을 수밖에 없다. 혼자서 외부와의 관련 없이 성립하는 단위는 아무것도 없기 때문이다. 심지어는 모든 존재물, 또는 존재 현상의 최고 통일체인 자연마저도 스스로 존재하지 못하고 내부의 상반된 요소를 갖고 있음으로써 자체 운동을 유발시켜 존재하고 있다.

자연은 단순한 집합체이기보다는 통일체로서 내외(內外)로 관계를 맺으며 존재한다. 하물며 인간 또는 인간들이 모여 형성된 단위의 경우, 그들이 관계를 맺는 외적 조건과 관련을 맺으면서 각각 대응 양태를 갖게 되는데 특히나 외력(外力)의 작용이 강한 압력으로 다가올 때 내외관계의 복잡성은 더욱 심각해지고 발생하는 운동량 역시 강력해진다. 이 관계는 주체자 혹은 수용자의 입장에서는 자기화(自己化)의 모습을 띠게 된다. 초기 단계에서는 정치, 군사력의 충돌 등 직접적이고 가시적인 모습을 띠지만 시간이 지나면 결국 민속의 영역으로 수용된다.

그리하여 문화의 습합(뽑음) 등 관념적이고 추상적이거나, 또는 생활 영역 속에서 생활 양식의 변화 등으로 변모된다. 특히 이 부분에서 발생하는 민속의 경우는 장기간의 시간. 다수의 참여와 인정이라는 포괄적인 성격을 갖게 된다. 흔히 민속이라고 할 경우에는 이 외력과의 관계가 조정을 끝마치고 외부적인 요소가 완전히 탈색되거나 의식하지 못하게 되었을 때의 결과물을 말한다. 결국 문화·역사적 사실은 내부에서 자체 생산될 수도 있으며 또한 전파에 의해서 수용될 수도 있다.

그에 비해 민속의 경우는 이 양자의 관계, 즉 내외의 적극적인 통일에 의해서 완성되며 습합, 또는 상대방의 요소를 자체 내에 부분적으로 수용하는 상태에서 성립된다. 이처럼 민속은 발생 동기에 있어서 협의의 역사 개념과는 다른 몇 가지 특성을 갖고 있다. 이것이 통념상의 역사와 민속을 구분하게 하는 요인이며 역사학과 민속학이라는 독립된 개별 영역이 있는 이유이다.

민속은 역사적 경험의 중요한 영역으로서 협의의 역사와는 다른 자체의 특성을 몇 가지 갖고 있다. 먼저 그것은 내용상에서 나타난다.

첫째, 민속의 내용물은 허술한 논리 체계와 비조직성으로 채워져 있다. 이러한 특성은 민속 생성의 주체와 그것이 담아내는, 혹은 표현 내용에서 나타난다. 민속을 생성하는 주체 혹은 담당자는 역사와는 달리 불특정 다수이며 이들은 구체적인 역사 의식을 갖고 있지는 않다. 그러나 역사적 산물의 내용물은 역사 활동의 방향을 일정하게 유도하려는 생성 주체의 의도성이 강하게 배어 있으며, 그들의 계급이 어떠하든 관계 없이 스스로 자각한 사람들에 의해서 이루어진다. 그러므로 자기 집단의 의지, 힘 또는 논리를 전파·설득시키기 위하여 치밀한 논리 체계를 갖고 있으며 실제적으로 집행하기 위한 수단과 조직력을 갖고 있다.

　더구나 지배계급에 의한 것일 경우에 그것은 정치·경제·군사력을 배경으로 한 것일 경우가 많다. 실제로 인류 역사 활동의 상당 부분은 이렇게 해서 채워졌다. 이러한 경우는 역사 기록의 측면에서도 유사하다. 여기서 인간의 역사는 지배자 중심이나 특수 능력자 중심으로 전개되고 역사 서술 또한 특정 집단, 특정 계급의 이익을 대변·옹호하는 모습을 띠게 되었다.

　거기에 비하여 민속의 경우 생성의 주된 주체는 계급적 기반에서 볼 때 대다수 기층 민중이며 인식 면에서는 역사의 방향에 대한 뚜렷한 자각이 없거나 미약한 상태를 말한다. 이들이 자기집단(自己集團)을 유지시키고자 하는 노력에서 얻어낸 소산물이 민속이다. 때문에 행위자의 의도가 배제되어 있으며, 있다 해도 논리가 치밀하지 못하다. 이 같은 허술한 논리 체계는 때로 '자연스럽게'라는 표현으로 대체되기도 한다. 그러나 주체의 분명한 설정과 주체의 방향이 완성 여부와는 관련없이 의지의 소산임이 분명하다는 점에서 역사와 민속은 구별되어야 한다.

　민속에서는 계급과 계층의 구별 없이 대다수의 사람들이 무의지적으로 참여하는 경우가 많다. 민속의 비논리·비조직성은 민속이 담아내는 내용 때문에도 나타난다. 민속은 역사에 비해서는 상대적으로 내면의 의식을 많이 표현하고 있다.

　반면에 역사는 전체를 구획짓거나 특성화시키는 지표가 되므로 일상이 아닌 특별한 사건들과 전체를 반영하고 운동량이 큰 것들로써 채워져 있다. 따라서 논리적이고 인과관계가 분명하며, 한편 상대방을 설득시킬 수 있는 합리성과 구체성을 가져야 한다. 거기에 비하여 민속은 기층민들의 삶, 그 자체이거나 산물이므로 정서나 호소·경험 등 실제적인 것과 밀접한 관련을 맺고 있다.

　일상 생활은 운동량도 크지 않고 주목도 받지 못하며 논리적으로 설명 안되는 것들이 많이 있다. 현상은 있으나 논리가 없거나 부족한 경우가 많은 것이 인간의 삶이다. 논리 이전의 것, 현상 이전의 것 등 인간의 관념 영역. 비정상적인 현상들은 생활의 필요라는 현실적 요구에 응할 수밖에 없다.

그러다보니 민속에서는 이것들이 구체화되고 가시화되어 일정한 형태를 띨 수밖에 없다. 질서화(秩序化)를 위하고 자기 나름대로의 형식화(形式化)가 필요하기 때문이다.

민속의 이러한 특성은 일견 종교의 영역과 유사한 모습을 띠고 있다. 그러나 종교가 조직화되어 있고 논리적이며 추상적인 데 반하여 민속은 순수성이 보존되어 있고 감정이 솔직하게 표현되어 었다. 또한 종교가 역사적 사건을 주재하고 역사적 사건의 논리적 배후와 명분을 제공해 주는 데 반하여, 민속은 그 흔적 또는 그 걸러진 결과를 수용하고 일상의 삶을 관리할 뿐이다.

이러한 민속의 특성을 현재적 입장에서 볼 때 그것은 일상 생활의 구체적 모습 속에 혼용되어 있으므로 구분이 어려울 정도까지 되어 었다. 민속은 종교가 발생하기 이전부터 있어 왔으며 인류 역사의 상당한 기간 동안 의식적이건 무의식적이건 역사와 종교의 기능까지도 아울러 담당해 왔다.

민속의 두 번째 특정은 그 내용이 총체적 산물로 채워져 있다는 것이다. 민속은 다양한 인간의 다양한 역사적 경험이 각각 다른 장르로서 상호 연관성을 갖고 있다. 이것들은 커다란 현상으로 확대되어 나타나며 각개의 이질적 관계(異質的 關係)들은 통일자(統一者)의 모습을 띠고 있다.

민속은 아무리 최소화된 단위라도 그 자체가 완결된 상태를 이루고 있다. 이를 테면 사건을 구성하는 논리와 사건이 갖고 있는, 또는 나타내고자 하는 의미가 있다. 그리고 그 것이 실천되어 나타난 행위가 갖추어져 있으며 그것들은 일치된 상태로 있다. 결국 분석 이전의 인간 경험은 그것이 크든 작든, 또는 최소 단위든 최대 단위든 완결된 상태로 나타날 수밖에 없다. 그것이 바로 인간의 생활이요 인간의 역사 과정인 것이다.

더구나 민속은 역사의 경우와는 달리 목적이 뚜렷하고, 진행 방법이 고정된 상태에서 주체가 일정한 것도 아니다. 집단의 구성원들이 그때그때 주어진 상황을 타개하고, 삶을 유지시키기 위하여 어떤 의도된 질서가 아닌 본능적이고 자연스러운 선택을 거쳐 완성된 것이다. 그것은 중간에 있는 각 관계 틀을 조정하는 기능과 역할이 미약하므로 의식하지 못한 상태에서 이루어진 것이기 때문이다.

그러므로 민속은 생활 자체로서 항상 완결된 것이며 바로 그 같은 특성 때문에 총체성을 갖게 되는 것이다. 역사 속에는 각 관계의 조정이 중요한 부분으로 되어 있음에 반하여 민속은 이미 조정된 결과를 대상으로 하고 있는 점이 다른 것이다.

위의 글을 통해서 민속이 가진 내용상의 특성을 살펴보았다. 이제 다음 단계로 민속의 모습을 더욱 구체화시키기 위하여 그 특성을 형식 면에서 살펴보고자 한다.

첫째, 민속은 형식과 내용에 있어서 원형(原形)[6]과 변형(變形)의 모습을 동시에 갖고 있다. 운동의 발생을 그 존재의 근원, 또는 영역으로 하고 있는 민속은 문화 등의 모든 역사적 산물과 마찬가지로 주(主)와 객(客), 혹은 내부의 힘과 외력(外力)[7]의 작용에 의해서 생산된다. 특히 민속은 삶 그 자체이므로 비교적 명분이나 논리에 미약하게 얽매이는 탓으로 인하여 그 관계성이 더욱 강조된다.

일정태의 민속이 자체 생산되어 독립된 단위를 완성시켰을 경우 이것은 원형이 된다. 또한 일정 기준시간을 설정하고 그 시간까지 완성된 형태를 원형이라고 한다. 반면에 일정한 판단 기준을 설정했을 경우, 그 기준에 해당됐던 원형이 내적인 변화나 혹은 외력의 전파 강요에 의해 수용되고 습합되므로 새로운 형태로 전환된 것을 변형이라고 한다.

역사는 이와 같은 원형과 변형의 변증법적인 통일 속에서 단절없는 생성을 계속한다. 그런데 민속은 위에서 언급한 바와 같이 역사 활동의 한 범주인 만큼 역시 마찬가지로 원형과 변형의 논리가 적용될 수가 있다. 그리고 더 나아가 어떤 면에서는 항상 원형의 모습을 띠고 있다고 여겨진다.

---

6   여기서 사용된 原形의 개념은 Eliade 의 原型(Archetype. 本, 꼴) 과는 다르다. 原形은 형성된 시초에 만들어진 것이고 반복의 대상 또는 기본 틀은 아니다.
7   외력(外力)이란 외부세력에 의해 강요되는 정치 군사 문화 등의 압력을 말한다.

민속을 원형과 변형으로 구분하기 위하여는 재단(裁斷)의 기준 시간이 필요하다. 그러나 삶의 영역 속에서 시간의 단절 내지 공백은 있을 수 없으며 인위적인 재단은 더욱이 있을 수 없다. 다만 그것은 설정되었을 뿐이다. 그러므로 민속은 순간순간마다 완성의 형태로 있는 것이며 그것은 원형이다. 그리고 변형은 그 직전 단계로서 원형 속에 포함되어 있는 것이다.

역사의 경우는 커다란 사건이 존재하고 그것에 의미를 부여하고 유형화 시키는 작업이므로 공간은 물론 시간별로도 단계를 설정해야 한다. 그러므로 단계와 단계의 구별을 분명히 하고, 각 단계 사이에는 과정의 움직임과 가치에 대한 평가가 가해진다. 그런 까닭으로 전 단계에 비해서 다음 단계는 항상 변형의 형태를 띨 수밖에 없다. 역사와 민속의 이 같은 차이는 시간에 대한 관념의 차이가 적지 않기 때문이다.

역사는 시간에 대한 강한 자각을 바탕으로 인간의 삶을 판단하고 있으며 시간의 선후관계를 상당히 중요시한다. 즉 하나의 사건과 또 하나의 사건이 있을 때 이 사건의 상관 관계를 인과 관계의 측면에서 분석하고 파악하는 성질이 있다. 이것은 역사가 질서화 작업과 가치 평가를 중요한 역할로 하고 있기 때문이다.

그러나 이에 비해 상대적으로 민속의 경우는 시간의 흐름에 대해서 비교적 그 자각이 미약하며, 시간의 흐름을 사건의 계기성으로 파악하기는 커녕 그 흐름의 과정을 인식하지 못하는 모습까지 보인다. 따라서 시간의 흐름 속에 담겨 있는 사건 또는 역사 활동도 민속이란 덩어리 속에서 즉각 반응을 일으키지 못하며, 특히 시간의 움직임에는 영향을 끼치지 못한다. 다만 사건으로서 영향을 줄 뿐이다.

이러한 모습이 때로는 민속에 대한 비판적인 평가, 즉 역사 의식이 미약하다는 평가를 가져오는 요인이 되며 역으로 민속 자체가 역사성을 방기해 버리는 모습을 보이게 한다. 민속은 시간에 대한 자각이 부분적으로 제거된 사건들이 삶의 형태로서 끊임없이 운동 생성되는 것이므로 상호작용이 있음에도 불구하고 언제나 원형의 상태로 우리에게 보여지는 것이다.

둘째, 민속 구성에서 보여지는 특성은 생성 단위(生成單位)의 소규모성과 평가의 전체성이다.

민속은 대규모의 단위(집단)가 조직적인 강요를 통해서 완성되는 경우도 적지 않다. 그러나 대부분의 경우, 어떤 한 부분이 새롭게 형성될 때 그것은 비교적 소규모의 단위를 중심으로 이루어진다.

인간은 생존, 생활과 관련을 맺으면서 자연적 필요에 의해 그것을 수용하는 집단이 형성된다. 특히 소규모 단위의 경우는 고등 종교나 이데올로기 또는 정선된 문화처럼 강고한 조직과 치밀한 논리가 강요됨으로써 형성되는 것이 아니다. 먼저 수용의 필요성을 느끼고 수용 방법에 대한 탐구와 실험이 행해지면서 서서히 집단 내부의 갈등을 최소화시키고, 그 다음에 적절하게 변형되어가는 것이다. 그러므로 변화의 진폭이 미약하고 생성 속도가 느린 점이 있다.

이러한 특성은 민속으로 하여금 고립분산적이고 국지적이며 보편적이지 못하다는 평가를 받게 한다. 그러나 그와 같은 평가가 내려지는 것은 민속이 형성되어 가는 과정을 기준으로 볼 때이지 장기간의 과정 또는 완성의 단계에서 봤을 때는 다른 평가가 나올 수 있다. 과정의 비효율성·비조직성은 외부의 힘, 또는 내부에서의 특수한 힘이 강력하게 작용하지 않았다는 것을 반증한다. 민속은 집단의 구성원이 스스로 선택하고 조직된 힘을 동원하지 않으며 생활에의 적용이라는 방식을 사용했기 때문에 극적인 면이 부족하고 효율성이 약하다. 반면에 수용 능력 의지와 집행 능력이 있는 구성원들에 의해 받아들여지고. 그것의 타당성이 집단 내부에 확산됨으로써 공감대가 형성된 특성이 있다.

이와 같은 특성은 결국 집단의 구성원 전체가 인정하고 전체가 주체가 되어 생성해가는 것이므로 민속으로 하여금 정통성(正統性)의 확보를 용이하게 한다. 그렇게 때문에 민속은 전체의 산물로서 전체상의 발전에 큰 역할을 하며 생성 지속되는 것이다. 따라서 일단 한번 형성된 민속의 경우는 정통성자체가 확보된 것이므로 변화의 정도에 약간의 차이는 있을지 언정 그것이 완전히 소멸되는 경우는 없다. 이미 형성된 민속은 어떠한 형태로든 계승이 되고 그것은 다른 것에 비하여 구체적이고 가시적인 형태로 남게 된다.

Ⅳ. 민속의 기능과 역할

앞의 제2장과 제3장의 논의를 통해서 민속이 형성되는 과정과 그 특성을 살펴보았다. 그리하여 민속에 대한 구체적 이해에 접근해 보았다. 이제 다음 작업으로 민속이 가진 중요한 역할과 기능을 살펴보고자 한다.

어떠한 존재물, 또는 사건을 막론하고 모든 것은 스스로 갖고 있는 역할이 있으며 그것은 때때로 자신만의 독특한 기능으로 발현된다. 민속의 경우에 있어서도 예외는 아니며 더욱이 민속은 인간의 삶과 밀접한 관련을 맺고 있기에 그 역할과 기능이 가진 중요성은 더욱 의미가 있다.

민속이 가진 역할 중의 하나는 '집단논리' 기능(集團論理機能)이다. 민속의 생성 주체는 집단의 구성원 전체이다. 그리고 생성된 민속을 누리고 영위하는 주체도 역시 전체이다. 다시 말해서 생성 주체와 영위 주체와의 괴리가 없다는 것이다. 거기에 비하여 문화, 종교, 경제생활은 물론 또 이것들의 모든 통일체인 역사의 경우마저도 생성 담당자와 분배 주체, 영위(수혜) 주체 등이 반드시 일치하는 경우는 많지 않다.

근대 이전 사회에 있어서 생성 활동의 주체는 정치 권력의 집행자 또는 그것을 옹호해 주는 이론과 기관이었으며, 그 생성물의 분배 수혜자들은 적든 많든, 또는 옳건 그르건 피지배계급이었다. 그리고 역사 활동의 주인은 모든 집단의 구성원이었으나 역사의 진행 방향을 일정한 곳으로 유도하고, 집단 구성원들의 운동량을 관리 통제한 것은 지배계급이었다.

근대 이후 역사에 대한 평가 변화와 역사 발전 형태의 변화에 따라 생성 담당 주체들의 범위는 더욱 확산되고 신분이라는 자격의 공식적인 제한들도 사라졌다. 그러나 현실적으로는 아직도 소수의 인간들이 다수의 권리를 위임받아 그들을 관리하며 역사를 일정한 방향으로 진행시키고 있다. 따라서 다수의 인간들은 소수의 의지와 행위에 찬동하거나 아니면 비주체적으로 끌려가고 있다. 이렇게 볼 때 역사는 총체성을 갖고 있음에도 불구하고 행위자와 동조자, 혹은 방관자와의 괴리와 간격이 있음을 인정할 수밖에 없다.

그러나 민속의 경우는 다른 면을 갖고 있다. 민속은 앞 장에서 언급한 생성동기와 특성 등에서 보여지듯 집단의 구성원 전체가 생성 과정에서부터 참여하고, 그것도 동등한 자격으로 동등한 능력과 의사로써 자발적으로 참여한다. 그리고 민속의 형성 과정과 완성에서(사실 민속은 그 순간순간이 완성이라고 할 수 있다. 왜냐하면 완성의 구체적 목표나 상태가 없고 언제나 변화하고 있기 때문이다) 집단의 구성원은 외부의 강요나 압력 없이 그 민속을 그대로 누린다. 그러므로 구성원들 간에 괴리가 없으며 있어도 비교적 미약하다. 집단 구성원 전체의 산물이라는 이 같은 특성은 민속이 집단 논리의 기능을 할 수 있는 첫 번째의 요건을 충족시킨다. 민속 속에서 전체 구성원은 정선된 공통의 역사적 경험을 소유하고 있을 뿐만 아니라 서로가 민속 형성의 공동 주체이기도 하다.

그러므로 이들은 당연히 공통의 정서를 갖고 있으며 공통의 생활과 역사관을 갖고 있는 것이다. 그들은 공통으로 우주와 자연을 해석하고 질서화시키며 그 틀 속으로 자신들을 공통으로 밀어넣고 싶어 한다. 신화, 제의, 기타 종교 행사 등의 집단 의식은 자신들을 하나의 공동체로 만들고자 하는 의도의 소산이다. 이때 민속은 이것을 뒷받침하는 집단 논리의 기능을 담당하게 된다.

민속이 가진 또 하나의 기능은 '내부통합성(內部統合性)의 역할 수행'이다.

첫째 기능으로 언급한 집단 논리의 기능은 상황에 따라 내부통합성의 기능으로 전환된다. 일정 단위의 공고성이 깨어지고 내부에 균열이 생길 때 민속은 이 균열을 방지하고 원상복구시켜주는 기능을 한다.

한 집단은 크게 나누어 두 가지 경우에 내부 균열이 생긴다. 하나는 통일 단위 내부에서 특정 집단의 강요에 의해 기타 집단의 이익이 침해받거나, 기타 요인에 의해 심각한 갈등이 유발될 때이다. 이것은 내부 모순으로서 흔히 계급의 발생과 맥을 같이 한다. 또 다른 하나는 외적의 침략, 혹은 외래 문화의 강요 등 강고한 외력의 힘이 단위의 계속적인 유지에 충격을 줄 때이다. 이것은 대외 관계에서 발생하는 모순으로서 인류 역사상에는 주로 민족 간의 갈등 문제로 나타난다.

이 두 가지 요인에 의해 일정 단위에는 균열이 생기고 심각할 경우에는 단위 체제(單位體制)가 완전히 파기되는 경우가 있다. 이러한 과정 속에서 민속은 집단의 지향 모습을 발견하는 절차를 거치면서 내부의 결속력을 다진다.

한편 민속은 존재의 원근거를 발견케 하여 자주를 회복시키거나 민속, 역사적 경험을 복구시키게 할 수도 있다. 특히 단위 집단이 붕괴되었을 경우에 집단이 자기의 경험을 유기해 버리는 태도를 확인할 수 있으며 상대 집단이 자기 집단의 경험을 왜곡·파괴시키는 방법과 과정을 관찰할 수 있다. 즉 주체 상실의 과정을 복원, 확인할 수 있는 것이다. 근대 이후에 비서구권에서 시작된 민속학 연구와 작업은 이와 맥을 같이 하며, 특히 한국의 민속학이 성립 당시의 시대적 배경 속에서 독립운동의 일환으로서 이루어진 것은 민속의 이러한 역할을 입증한다.

그러나 위에서 언급한 민속의 몇 가지 기능은 주어지는 상황에 비하여 속도가 느리고 비효율적이며, 자칫하면 극복의 과정에서 오히려 침윤당할 우려도 다분히 있을 수 있다. 그러나 외력에 대한 대응 태세를 기본적으로 확립하면 민속을 통해서 집단 내부의 가장 근원에서 저항과 자주의 논리, 그리고 힘을 찾아낼 수 있다. 결국 민속은 집단체제의 산물로서 그 기능이 가진 논리는 전체 구성원이 추구하는 이익의 내용을 탐색하고 집단 자주, 주체의 방법론을 모색하는 데서 출발한다. 특정 계급의 소유가 아니며 편향성을 띠지 않은 이익, 또 주체를 위한 외력에 대한 대응 태도의 개발과 자존심의 복원 작업, 이것이 민속이 가진 역할이며 특히 한국 현대사 속에서 당면한 중요한 역할 중의 하나인 것이다.

V. 결론

제2장, 3장, 4장을 통해서 언급한 대로 민속은 집단 체제의 산물로서 구성원 전체가 주체가 되어 생산해 낸 공통의 산물이다. 그러므로 민속은 역시 넓은 의미의 역사 활동이다. 그러나 이 글에서는 서술 목적상 역사 활동을 협의의 역사와 민속으로 나누고 그것의 차이점을 정리하는 데 관점을 두었다.

민속과 역사, 또는 민속학과 역사학에는 분명히 그 차이가 있다. 그러나 그 차이는 통일성을 전제로 한 차이이지 차별성을 전제로 한 차이는 아니다. 민속은 역사상의 복원 또는 이해에 절대적으로 필요한 부분이다. 특히 지나간 과거의 역사 활동을 대단위 사건 위주로만 파악하다 보면 사건의 발생 근원이며 그것을 연결시켜 주는 생활이 빠져버린다. 그렇게 될 때 역사는 사건의 무의미한 나열이 되거나, 대다수 구성원들의 일상적인 삶이 사상되어 버리는 우를 범하기 쉽다. 이 같은 태도는 결국 역사 주체자로서의 기층 민중들의 역할이 약화되는 결과를 가져온다.

민속에 대한 이해는 이러한 역사상의 커다란 공백을 메꾸어 주고, 지나가버린 역사를 생생하게 살아있는 것으로 복원시켜 주며 역사 주체에 대한 재확인 및 진행 방향에 대한 새로운 관점을 제시해 준다. 따라서 민속을 다루는 민속학은 역사학의 주된 범주가 되어야 하며 기존의 역사학과는 상보관계를 맺어야 한다. 그럼으로써 역사학은 진보적인 삶을 실천하기 위한 방법론으로서 보다 완전에 가까운 역할을 할 수가 있는 것이다.

민속은 진빨강 고추와 푸른 생솔가지를 꿰듯, 의미있는 역사 사실들을 연결하는 샛노란 인줄이며, 어머니의 따뜻한 태반처럼 역사가 태어나고 활동하는 무한한 터(場)이다. 역사학의 전공자로서 민속학에 대한 이론적 기초가 부족함에도 불구하고 사유만에 의해 민속학을 다루었다는 점에서 적지 않은 두려움을 느낀다. 그러나 역사를 바라보는 하나의 관점을 알고자 하는 의도에서 쓰여진 만큼 널리 폭넓은 이해를 부탁드린다.